CATARATA

José Manuel Rambla (ed.)

Sagunto 1984

RECONVERSIÓN INDUSTRIAL Y CAMBIO SOCIAL

COLECCIÓN INVESTIGACIÓN Y DEBATE

LA PUBLICACIÓN DE ESTE LIBRO HA CONTADO CON UNA AYUDA A LA EDICIÓN DEL AYUNTAMIENTO DE SAGUNTO, LA UNIVERSIDAD DE ALICANTE, LA UNIVERSITAT DE VALÈNCIA Y LA UNIVERSITAT POLITÈCNICA DE VALÈNCIA.

VNIVERSITAT DE VALÈNCIA

FUENCARRAL, 70
28004 MADRID
TEL. 91 532 20 77
WWW.CATARATA.ORG

SAGUNTO 1984.
RECONVERSIÓN INDUSTRIAL Y CAMBIO SOCIAL

ISBN: 978-84-1067-149-2
DEPÓSITO LEGAL: M-23.694-2024
THEMA: LNHR

ÍNDICE

INTRODUCCIÓN

En febrero de 1985, Manuel Vázquez Montalbán se lamentaba en una de sus columnas en *El País* de que el proceso de la transición democrática había dejado "desarticulada y bien desarticulada la conciencia crítica de la sociedad". La consecuencia era que la sociedad española parecía haberse convertido en una esfinge, incapaz de mover un solo músculo ante los derroteros que estaba tomando el modelo *modernizador* impulsado por Felipe González. Sin embargo, en aquel páramo de apatía social y conformismo, el escritor encontraba una excepción: "Solo la protesta obrera contra la reconversión industrial ha demostrado una cierta capacidad de articulación frente a la prepotencia y fatalidad de los designios del poder".

Aquella resistencia obrera destacada por Montalbán comenzó en Sagunto un 4 de febrero de 1983, cuando la dirección de la empresa ordenó el apagado del horno alto número 2, como paso previo al cierre de Altos Hornos del Mediterráneo (AHM). Era la primera de las grandes reconversiones industriales que, bajo la ortodoxa batuta económica de Miguel Boyer y Carlos Solchaga, pusieron en marcha los primeros Gobiernos *socialistas* de González. El rechazo al cierre de la fábrica y a la desaparición de miles de empleos activó la decidida reacción de unos trabajadores saguntinos con una larga tradición sindical fogueada en los duros años de la dictadura. También la de sus esposas, sus hijos e hijas, sus amigos, los tenderos del barrio. En realidad, toda la vida en el núcleo de Puerto de Sagunto, surgido al calor de la siderurgia, giraba en torno a la fábrica y al ulular de la sirena que marcaba los turnos de trabajo y el ritmo cotidiano de la población. Para sus habitantes, el cierre de la factoría implicaba, irremediablemente, la muerte del pueblo. Por eso salieron a defender AHM con uñas y dientes.

Fueron 14 largos meses de lucha, de huelgas, de manifestaciones, de encierros, de caceroladas. Meses de incertidumbre, desasosiego y barricadas, enfrentamientos con la policía, heridos. Sin embargo, su determinación no fue suficiente para doblegar la "prepotencia y fatalidad de los designios del poder". Al final, conscientes de que solo podían aspirar a una rendición digna, el 10 de abril de 1984 los trabajadores de AHM aceptaron en referéndum el cierre de *su* fábrica a cambio de unas condiciones lo menos traumáticas posible para los miles de afectados por los despidos. Unos meses más tarde, al filo de la medianoche del 5 de octubre, el mítico horno alto número 2, que los trabajadores se negaron apagar durante más de un año, producía su último acero. Se cumplen de aquellos hechos 40 años.

En poco tiempo, las moles de hierro y cemento, las grandes máquinas, las esbeltas y ennegrecidas chimeneas fueron desmanteladas y los vastos espacios que ocupaba la siderurgia quedaron convertidos en un erial. Salvo algunos restos simbólicos, como el horno alto y algunas viejas naves, la omnipresente siderurgia saguntina desapareció del paisaje. Pronto correrían una suerte similar a lo largo de los años ochenta y noventa otros espacios industriales en Gijón, Avilés, Vigo, Bilbao, Cádiz o Cartagena. El fenómeno, además, no se limitó al territorio español. Por toda Europa, miles de trabajadores y sus familias deberían afrontar experiencias similares, desde los aguerridos mineros británicos asediados por Margaret Thatcher, hasta los siderúrgicos de la cuenca del Ruhr.

En realidad, detrás de este proceso no solo desaparecían las grandes y humeantes fábricas. También lo hacía, y especialmente, un modo de vida, una cultura del trabajo, un sentimiento de identidad compartida, un orgullo de clase forjado con memoria y aspiraciones democráticas de futuro. El impacto en este ámbito fue más dramático que en el económico. Especialmente cuando el relato modernizador que justificaba las políticas de reconversión industrial fue metamorfoseando de forma natural hacia el discurso de la globalización neoliberal, sin supuesta alternativa. Las viejas seguridades, la dignidad del trabajo, las formas de socialización y participación colectivas, de solidaridad en el taller o en barrio, todo iba saltando por los aires. Y ese vacío fue llenado por una nueva realidad líquida de incertidumbre, inseguridad, precariedad y creciente desigualdad. En cierto modo, en aquella *batalla de Sagunto* el siglo XXI había echado a andar.

Por todo eso, nos parece oportuno aprovechar este 40.º aniversario del cierre de AHM para volver la mirada sobre aquellos hechos, no como un ejercicio de nostalgia sobre el tiempo pasado, sino como un modo de reflexionar sobre nuestro presente y los retos sociales y democráticos que tenemos por delante. Aportar algunos elementos para esa discusión es el objetivo que se marca este libro. El volumen se abre con un preámbulo de Joaquín Estefanía, director del diario *El País* coincidiendo con la lucha de los trabajadores saguntinos y durante buena parte del periodo álgido de las reconversiones industriales en España, en el que analiza el fenómeno en el marco de las políticas económicas de los primeros Gobiernos de Felipe González y su impacto en el distanciamiento de una base social que años más tarde mostrará ese descontento en la histórica huelga general del 14 de diciembre de 1988.

A partir de aquí, el libro se articula en torno a tres grandes bloques. El primero de ellos está dedicado al impacto socioeconómico que tuvieron las políticas de reconversión industrial a partir de la experiencia concreta del caso de Sagunto. Lo abre un trabajo de los profesores del Departamento de Economía Aplicada de la Universidad de Alicante, Pablo Díaz Morlán y Miguel Ángel Sáez García, que estudian el proceso en AHM para destacar los errores que, a su juicio, tuvo aquel plan de reconversión, que impidieron consolidar un sector siderúrgico español competitivo internacionalmente y obligaron pocos años más tarde a tener que acometer nuevos cierres en Asturias y Euskadi. Por su parte, el historiador Sergio Gálvez Biesca aborda el conflicto protagonizado por los trabajadores saguntinos dentro del marco del último gran episodio de lucha de clases registrado en el país como consecuencia del proyecto *modernizador* de los Gobiernos de Felipe González, plasmado en sus planes de reconversión industrial. Juan R. Gallego Bono y Juan A. Tomás Carpi, profesores de Economía Aplicada de la Universidad de Valencia, profundizan en el proceso de reindustrialización que vivió Sagunto tras el cierre de su cabecera siderúrgica integral y que ahora tiene en la instalación de la gigafactoría de Volkswagen para fabricar baterías para coches eléctricos su proyecto más ambicioso. Con todo, alertan del agotamiento que en su opinión sufre este modelo de reindustrialización por su alta dependencia exógena y su falta de articulación con el tejido local de pequeñas y medianas empresas. Cierra este bloque el capítulo del profesor Ernest García, del Institut Interuniversitari López Piñero de Valencia, que plantea el paso del capitalismo del carbón encarnado en AHM al capitalismo *verdoso* representado en la gigafactoría proyectada en Sagunto, una alternativa a su juicio insostenible desde el punto de vista medioambiental.

El segundo bloque está dedicado a reflexionar sobre el pasado, presente y futuro del movimiento obrero y el sindicalismo, a la luz de la experiencia histórica del conflicto de AHM. En esta línea, Pere J. Beneyto, presidente de la Fundación de Estudios e Iniciativas Sociolaborales de CCOO-PV, nos aproxima a la historia del sindicalismo en Puerto de Sagunto, una tradición que resultó clave para afrontar su larga lucha durante la reconversión y su adaptación hoy a las nuevas estructuras supranacionales del sector siderúrgico. También el sociólogo de la Universitat de València, Miguel Ángel García Calavia, analiza la configuración del movimiento obrero en AHM a partir de la propia organización del trabajo imperante en la empresa y destaca la tendencia a priorizar la acción sindical dentro de cada fábrica como una de sus debilidades, al darse en un contexto en que las decisiones se adoptaban ya a nivel sectorial; en este sentido, aboga por una revisión del sindicalismo en un momento como el actual, en que los lazos de solidaridad son cuestionados por las nuevas relaciones laborales y las políticas empresariales tienen un carácter que supera el Estado nación. Por su parte, la historiadora Maria Hebenstreit estudia el protagonismo que la mujer tuvo durante el conflicto de AHM, un papel que surge de una tradición propia en la lucha de los trabajadores que suele pasar desapercibido en la historiografía sobre el movimiento obrero y que entronca con otras experiencias similares registradas por esos mismos años en Reino Unido o la República Federal Alemana. Este bloque culmina con el estudio realizado por el catedrático de la Universidad de Sevilla, Francisco Sierra, y el profesor Joan Pedro-Carañana, de la Universidad Complutense de Madrid, de la experiencia de radio comunitaria Radio Unidad, creada en Puerto de Sagunto como medio alternativo de comunicación durante el conflicto y ejemplo, en su opinión, de justicia comunicativa.

El último bloque está dedicado al impacto cultural que han tenido los procesos de reconversión industrial. Entre ellos, el surgimiento de un amplio patrimonio industrial surgido de los vestigios de las antiguas fábricas cerradas durante aquellos años. En este sentido, Paz Benito del Pozo, catedrática de Geografía Humana de la Universidad de León, analiza cómo ha evolucionado en España la protección de todo este patrimonio ligado al pasado industrial y hace una radiografía sobre el estado en que se encuentra los restos que han logrado sobrevivir de las antiguas instalaciones siderúrgicas saguntinas. Por su parte, el sociólogo Julio Acher Ramiro Bodí profundiza en el papel desempeñado por el patrimonio industrial en la reactivación del tejido social de Puerto de Sagunto, tras la década de frustración y apatía que siguió al traumático cierre de AHM. En un ámbito muy diferente, el profesor de la Universidad del País Vasco, Ion Andoni del Amo Castro, en colaboración con los investigadores Eduardo Leste y David Álvarez García, analizan la banda sonora de la reconversión y nos muestran el impacto que tuvo en aquellos años la cultura punk reivindicativa frente a otras corrientes escapistas y hedonistas más hegemónicas vinculadas a la movida o el bakalao. Por último, el periodista José Manuel Rambla reflexiona sobre la crisis de la identidad obrera, la invisibilización de la clase trabajadora de la esfera pública tras estos procesos de reconversión industrial y las consecuencias sociales, políticas y culturales que de ello se han derivado. Finalmente, el libro se cierra con un epílogo sonoro del profesor de Bellas Artes de la Universidad Politécnica de Valencia, Miguel Molina-Alarcón, y del miembro de Sagunt Territori Acústic, Pedro Montesinos Blasco, que abordan en clave simbólica el sonido de la vieja sirena de fábrica que marcó una identidad colectiva hasta el cierre de AHM y que sigue teniendo el potencial de conectar con las nuevas generaciones a través de la reconstrucción sonora de la memoria.

Recuperar lo que supuso aquellos años de reconversión para miles de trabajadores y sus familias que lucharon con todas sus fuerzas para defender su empleo y su modo de vida, es saldar una deuda histórica que tenemos con todos ellos. En Sagunto y en otros muchos lugares repartidos por toda la geografía española. También es una forma de seguir avanzando en la complicada tarea de volver a articular esa conciencia crítica que tanto reclamaba Manuel Vázquez Montalbán. Hacerlo en el 40.º aniversario de la batalla de Sagunto es una buena ocasión.

José Manuel Rambla

PREÁMBULO
LLOVIENDO PIEDRAS

JOAQUÍN ESTEFANÍA

En la primavera de 2024, Carlos Solchaga cumplió 80 años. Con tal motivo un grupo de amigos escribió los textos de un libro sobre su trayectoria pública, desde el inicio de la transición política —año 1976— hasta nuestros días, insistiendo enfáticamente en su larga etapa de colaboración con los Gobiernos de Felipe González y, en muchos casos, en su protagonismo en la reconversión industrial que se hizo aquellos años. Es imposible hablar de la reconversión industrial en España sin vincularla a la figura de Solchaga. Es una casualidad aprovechable para la reflexión que el citado cumpleaños coincida prácticamente con el cuadragésimo aniversario del cierre de Altos Hornos del Mediterráneo, en Sagunto, una de las piezas fundamentales de aquella política industrial de choque que básicamente consistía en que convergieran la oferta y la demanda en un mercado de sectores en crisis.

Para actualizar el análisis de qué significó todo aquello conviene aportar primero unas pinceladas de la España sociológica de la primera parte de los años ochenta del siglo XX, tan distinta de la de hoy, una España en la que todavía no había ni rastro de teléfonos móviles, de ordenadores portátiles... dentro de un mundo en el que nadie sospechaba de la existencia de un fenómeno que transformaría radicalmente el mundo apenas unas décadas después, como es internet. Es curioso interrogarse sobre cuánto habría sido de distinta y de agresiva la reconversión industrial en un entorno digital. En aquel país, casi de blanco y negro aún, no había más que una televisión, la pública, con dos canales, la uno y la dos.

Después del apunte sociológico, el político: desde 1982 no había en el país más que un líder indiscutible, el socialista Felipe González, que en octubre de ese año había arrasado en las elecciones legislativas. Su partido, el PSOE, con mayoría absoluta en el Congreso de los Diputados, había formado el primer Gobierno socialista químicamente puro de la historia de España, pues en la Segunda República los socialistas siempre habían gobernado en coalición con otras formaciones políticas. La extraordinaria fortaleza del PSOE arrastró, como en un juego de contagios, a la crisis al resto de los partidos existentes, la derecha posfranquista, el centro y los comunistas.

Por último, la economía. Todo lo dice el cuadro que se encuentran los socialistas al llegar a la Moncloa: un producto interior bruto (PIB) prácticamente estancado, inflación de dos dígitos (14%), tasa de paro del 17% de la población activa, elevado déficit exterior (se importaba más que se exportaba), déficit público del 5,5% del PIB y hemorragia de reserva de divisas. Ante la posibilidad de que los socialistas ganasen las elecciones, que cada día que pasaba era más factible (un partido socialista que carecía de responsabilidades de poder desde la guerra civil y que había venido manteniendo desde la oposición una actitud bastante radical y hosca que no era muy tranquilizadora para los medios empresariales españoles y extranjeros), se produjo una fuerte sangría de divisas extranjeras entre diciembre de 1981 y septiembre de 1982: las reservas cayeron en 2.625 millones de dólares (un 17%), y el proceso se aceleró al aproximarse los comicios, pues solo en octubre de 1982 se perdieron 1.323 millones de dólares.

Además de los ajustes inmediatos que se han de ejecutar para corregir el rumbo de la coyuntura (ajuste del tipo de cambio —devaluación de la peseta—, elevación de la presión fiscal para desacelerar la demanda interna y frenar el crecimiento del déficit, subida de impuestos...), endurecimiento de la política monetaria para frenar la demanda y reducir la inflación; subida de los tipos de interés; repercusión de las alzas de los precios del petróleo de los años anteriores a los precios de los productos derivados, como las gasolinas; orientaciones sobre las elevaciones de los salarios, etc., los socialistas se encuentran con dos problemas estructurales de primera magnitud: la reconversión industrial y la reconversión financiera.

Lo primero que hay que significar es que Felipe González encarga ambas a los dos ministros más social-liberales de su Gobierno: Miguel Boyer y Carlos Solchaga. Boyer, que en el pasado había mantenido posiciones izquierdistas (*largocaballeristas*, se podía afirmar), fue la persona que acercó a Felipe González al mundo empresarial madrileño, que era como decir al español. González le hizo *superministro*, unificando los hasta entonces separados ministerios de Economía, Hacienda y Comercio, lo que significó, en palabras de Boyer, "el precio de echar una responsabilidad y una carga de trabajo tremendas sobre la dirección de ese departamento, además de dejar en la soledad más tremenda al ministro del ramo ante los otros ministros 'de gasto'". Carlos Solchaga, ministro de Industria y Energía, provenía de las sentinas de la banca pública y privada, era discípulo del que más adelante fue gobernador del Banco de España, Luis Ángel Rojo, llegaba del socialismo navarro y de él se decía que, estando como diputado en la oposición, en cada una de sus intervenciones metía 100.000 votos en el buche socialista, por la brillantez y la pedagogía de sus intervenciones. En el libro citado inicialmente se subraya que nunca ha coqueteado con una fuerza distinta al PSOE, a pesar de que muchos le recuerdan más como hombre de Gobierno que de partido.

Las palabras de Boyer sobre la soledad del ministro de Economía y Hacienda frente a los ministerios del gasto (Educación, Sanidad, Seguridad Social, Trabajo, Transportes...) combinan con la historia de las dos reconversiones. Unos años después de su dimisión, en una entrevista al diario *El País*, el superministro felipista declaraba: "Las reglas del juego que teníamos es que los ministros hacían sus peticiones al titular de Economía y si no había acuerdo entonces el presidente actuaba como árbitro. Ello significaba la continua intervención del presidente en los temas más insignificantes. Entonces planteé la conveniencia de que el ministro de Economía fuese vicepresidente y pudiera decidir sin más apelaciones. El partido [Alfonso Guerra] se opuso y yo dimití". En ese momento —julio de 1985— tiene lugar la primera crisis de Gobierno, cuando las dos grandes reconversiones, la financiera y la industrial, están pergeñadas pero no cerradas. González había decidido sustituir a Fernando Morán por Francisco Fernández Ordóñez en Asuntos Exteriores para preparar el referéndum sobre la OTAN, y quería cambiar a algunos ministros sectoriales de menor peso político. Pero nadie, ni el propio presidente de Gobierno, podía imaginar la dimisión de Boyer.

Hay una historia poco conocida de ese tiempo: cuando González comunica a sus ministros la marcha de Boyer se genera una gran confusión. Todo lo tenían previsto menos eso. Lo que sigue da idea de cómo se funciona en aquellos años, una *liaison* muy difícil de reconstruir en cualquier otro periodo: cuando es informado en la Moncloa de lo que sucede, el corazón del Gobierno, su parte más socialdemócrata, los principales ministros que por sus funciones forman el núcleo esencial del *sindicato del gasto*, se dan cita al atardecer en una terraza del madrileño paseo de Rosales para pensar en cómo resolver la crisis y ayudar a González a cerrar el enigma abierto. Allí están José María Maravall, Ernest Lluch, Joaquín Almunia y Javier Solana, posiblemente los ministros más cercanos personalmente a González, que pronto confluyen en el mismo nombre: el *hereu* debe ser Carlos Solchaga, hasta entonces ministro de Industria y principal colaborador de la política de Boyer. Aunque ello signifique un riesgo: Solchaga también tiene la enemiga cerrada del ala guerrista del Gobierno (incluso más que Boyer) y de su sindicato hermano, la Unión General de Trabajadores (UGT), ante todo por una reconversión industrial que iba a prescindir de más de 80.000 empleos, el 30% de la fuerza de trabajo de los sectores afectados.

No habría hecho falta la recomendación de Solchaga a González como ministro de Economía. El presidente ya la tenía pensada. En el periodo en que coincidieron en el Gabinete, el tándem Boyer-Solchaga fue absolutamente cómplice en su práctica política.

La paradoja es que, a pesar de haber llegado a superministro económico de rebote, Carlos Solchaga ha sido uno de los ministros de Economía más longevos de la democracia: ejerció como tal desde julio de 1985 a julio de 1993.

Cuando el PSOE llegó al poder, en 1982, se encontró con un gran deterioro tanto en el sector industrial como en el financiero, lo que se manifestaba en una crisis empresarial muy profunda. La reconversión industrial significaba un tratamiento de choque intensivo que conllevaba, entre otros muchos aspectos (reducción de la producción, saneamiento de las empresas, nuevos sistemas de organización y de gestión, modernización tecnológica...) grandes recortes de las plantillas, cuyos componentes eran en buena parte el núcleo de población que había dado a los socialistas más de diez millones de votos en 1982. Eran ciudadanos que pretendían olvidarse de un pasado sórdido y cerrar las incertidumbres de la transición, que llevaron en volandas al poder a una nueva generación de líderes de centro izquierda, que ahora los pretendían sacrificar en aras de la eficacia empresarial.

Así pues, se manifestaba una enorme contradicción entre los votantes y los afectados por una temible reconversión industrial. Esta no aparecía en el programa electoral con el que el PSOE ganó las elecciones, al menos en toda su crudeza. Elaborado tal programa electoral por un grupo muy amplio de economistas del partido, fue arrojado a la basura en cuanto González llegó a la Moncloa y Boyer ocupó el viejo caserón del Ministerio de Hacienda en la madrileña calle de Alcalá. Basado en la tradicional teoría keynesiana de expansión de la demanda, los socialistas españoles en el poder tuvieron en cuenta la experiencia francesa de unos meses antes, cuando François Mitterrand ganó las elecciones, elaboró un Gobierno de coalición entre socialistas y comunistas y puso en mar cha un proyecto keynesiano acompañado de nacionalizaciones de grandes grupos industriales y bancarios. Los mercados, omnipotentes, lo tumbaron casi inmediatamente y Mitterrand hubo de virar ante los desastrosos resultados. Era la primera manifestación de que en el club europeo parecía imposible la fórmula del keynesianismo en un solo país.

La primera declaración de Felipe González al llegar al poder fue: no consentiré que España vaya a la quiebra ni que tenga que intervenir el Fondo Monetario Internacional (FMI) para evitarlo. Parte de la prensa internacional calificó a los socialistas españoles como "jóvenes nacionalistas". González, Boyer, Solchaga, entre otros, apostaron desde el primer momento por una política económica ortodoxa; su lenguaje se aproximaba más a las recetas y pronósticos de la OCDE, el FMI, el Banco Mundial, etc. que al contenido del programa, con gotas de marxismo, con el que habían ganado las elecciones. En un largo artículo casi inencontrable hoy de Miguel Boyer —titulado "El segundo ajuste económico de la democracia española (diciembre de 1982 a julio de 1985)", dentro del libro colectivo titulado *La economía como profesión*, dirigido por Enrique Fuentes Quintana— se explica lo siguiente:

> El Partido Socialista fue preparando su programa y su estrategia electoral con el convencimiento de que iba a gobernar pronto. La orientación económica general era la de hacer una política expansionista utilizando la inversión pública como motor y las empresas públicas como elemento de creación de empleo. Era lo que habían venido proclamando los portavoces del partido en los dos años anteriores. Sin embargo, se pretendía conciliar esto con el rigor económico: se hacía hincapié en que la política monetaria debía combatir la inflación y en que el gasto público necesario debía controlarse con rigor, al tiempo que se elevaría la presión fiscal para reducir el déficit. Yo mismo había advertido a Felipe González, en 1981, de que convenía moderar todo entusiasmo respecto a los socialistas franceses —que acababan de ganar las elecciones— así como distanciarse de sus recetas, pues el fracaso de su política económica iba a ser de manual y sonado, y podría servir en la política española de argumento contra nosotros. Siempre he creído que la política económica del primer gobierno socialista francés se debió más que a errores —que los había sobre las posibilidades del manejo de la demanda agregada y sobre la fase del ciclo económico en que se encontraban— a una estrategia puramente política del presidente Mitterrand: no

podía abandonar todo el lastre izquierdista que arrastraba desde el programa común con los comunistas —y virar 180 grados sin perder la cara— a menos de pasar por un batacazo que demostrase a su base política que era inevitable el cambio de rumbo. Por tanto, al menos un grupo de los que luego tuvimos responsabilidades económicas sabía qué orientación había que evitar. No obstante, el experimento francés, innecesario para abrirnos los ojos a algunos, sí resultó muy útil a efectos dialécticos y para convencer, en 1983 y años siguientes, a los militantes sin formación de economistas, cuál era el camino de la sensatez.

Entre ese grupo de los que tuvieron responsabilidades económicas y conocían los defectos del modelo francés estaban Boyer y Solchaga, que establecieron una alianza inquebrantable dentro del Gobierno. La reconversión industrial no fue una idea de los socialistas, sino que había sido iniciada al trantrán por el anterior Gobierno de Adolfo Suárez en 1980, en diversos sectores como el de electrodomésticos o el de los aceros especiales. Ello supuso la utilización de mucho dinero público en forma de subvenciones para absorber las pérdidas, pero cuando el PSOE llega al Gobierno, todavía no habían producido efecto. En su libro *El final de la sociedad dorada* (1997) —un documento esencial para conocer las razones de la reconversión industrial— sostiene Solchaga que la política de reconversión industrial no fue fruto de una libre decisión del Gobierno (primero de UCD, que la inició con bastantes vacilaciones y la compatibilizó con la socialización de pérdidas, y luego del PSOE), sino una salida prácticamente obligada a una situación caracterizada por la rigidez en los procesos de ajuste industrial que tenía rasgos suicidas:

> No quiero decir que antes de la reconversión no se estuviese produciendo un fuerte ajuste industrial. De hecho, entre 1977 y 1982 la industria perdió 600.000 puestos de trabajo y fueron innumerables las empresas manufactureras que desaparecieron. Lo que quiero decir es que una parte de esas reducciones en el número de empresas y de puestos de trabajo, así como de la

> pérdida de crecimiento potencial que se produjo en España (en el contexto de una auténtica explosión salarial que redujo rápidamente el empleo), se debió a que existían islotes de rigidez en el ajuste que iban absorbiendo cada vez mayor porcentaje de los recursos escasos existentes en España para proporciones que, dejadas en manos de las fuerzas de mercado, tenían un futuro más que precario, a juzgar por lo que pasaba en todo el mundo industrializado.

La reconversión industrial socialista está basada en el *Libro Blanco sobre la Reindustrialización*, publicado en 1983 por el ministerio que dirige Solchaga. En él, una vez concretado su contenido en forma de legislación, se objetiva el marco para el tratamiento de sectores industriales en crisis, con el objetivo de disminuir su endeudamiento, reducir su capacidad y la mano de obra excedentaria, y abordar nuevas inversiones. El coste de la reconversión industrial entre 1984 y 1989 se ha calculado en 6.000 millones de euros, y la inversión realizada en esos sectores en el mismo periodo, en unos 4.000 millones de euros; las reducciones de plantilla alcanzaban a 83.000 personas, un 30% de la fuerza de trabajo total total y un 92% de lo previsto, generalmente a través de bajas incentivadas por el sistema de Fondos de Promoción de Empleo. Boyer dice en el texto citado que estas últimas instituciones eran, con mucho, las más favorables de las establecidas en Europa con un propósito semejante, ya que ofrecían a los trabajadores afectados por la reconversión mantener el 80% de su último salario durante tres años, "lo que resultó muy oneroso desde el punto de vista presupuestario". La reconversión industrial supuso una tensión muy fuerte con los sindicatos (sus afiliados formaban parte de la base electoral de los socialistas). Tuvo especial relevancia el encontronazo entre el PSOE y su sindicato hermano, UGT (antes, todos los militantes socialistas eran afiliados obligatoriamente a UGT). Se originó la primera de las fracturas en la familia socialista que se han dado desde entonces, aunque los conflictos fueron mucho más amplios, sobre todo entre el Ejecutivo y los trabajadores de los sectores siderúrgico y naval. Por ejemplo, en relación con el tema central de este libro, el cierre de la cabecera de la siderúrgica de Altos Hornos del Mediterráneo, en Sagunto, exigió la amenaza de cortar el combustible que mantenía los hornos, pues los obreros se negaban a apagarlos a pesar de ser imposible sostenerlos económicamente después de las crisis del petróleo: la demanda interna de acero, que era de casi 12 millones de toneladas en 1974, cayó a prácticamente la mitad en 1985. Otros capítulos de este libro describen y analizan los conflictos laborales relacionados con la reconversión industrial.

El entonces ministro de Economía describe el conflicto con las siguientes palabras:

> Hubo un aspecto de los Fondos de Promoción de Empleo que llevó a un durísimo conflicto entre los sindicatos y los ministerios de Industria y de Economía, ya que aquellos se negaban a que se extinguiera el vínculo laboral entre los trabajadores excedentes acogidos a los Fondos y sus empresas de origen. Ello era absurdo, porque suprimía todo incentivo para que esos trabajadores excedentarios buscasen un empleo, puesto que se mantenía su derecho a volver a sus puestos de origen tras cuatro años. Los representantes de UGT —los máximos de los cuales eran diputados del Grupo Socialista— consideraban imposible para ellos votar en el Congreso a favor de la normativa de Fondos de Promoción de Empleo si se rescindía el citado vínculo laboral. La cuestión quedó relegada, con dudosa legalidad, a un reglamento posterior que tenía que ser aprobado por las Cortes y que les evitó la dificultad, pero cuando se presentó el reglamento, también le hicieron una oposición frontal.

Años después, con crecimiento de la economía y del empleo, Solchaga consiguió que, a cambio de prorrogar un año más los beneficios de los Fondos, los sindicatos aceptaran la ruptura con su empresa, de los acogidos a los mismos.

Es muy sugerente la descripción de los valores que Solchaga consideró (y en sentido contrario, los que no consideró o fueron subsidiarios) en esta reconversión: como ministro de Industria se propuso desde el primer momento evitar la socialización de pérdidas asociada a la nacionalización de empresas, como había sucedido en las etapas anteriores de UCD, que nunca tuvo la fuerza política para llevarla a cabo. Todo el Gobierno socialista compartía esta idea fuerza y no fue difícil evitar las tentaciones nacionalizadoras (excepto la de la red eléctrica de alta tensión, que figuraba como uno de los principales objetivos de aquel programa que inmediatamente se olvidó). Solchaga refleja un detalle muy significativo de su ideología social-liberal: la política de *manos fuera* en los casos de crisis industriales aisladas de empresas promovidas por la iniciativa privada fue tan solo una pieza más de una visión política general. Lo coherente con esa visión hubiera sido también la consigna de *manos fuera* en las empresas públicas y en las crisis sectoriales a las que se ha hecho referencia. "Sin embargo", escribe, "política y socialmente parecía imposible llegar hasta ese punto". Por un lado, en 1983 la crisis industrial ya estaba en su séptimo año de duración; por otro, un Gobierno de centroderecha como el de UCD había puesto en marcha una serie de mecanismos de reconversión industrial a los que los afectados se agarraban como tablas de salvación de sus intereses. Se trataba de elegir entre lo malo y lo peor, opina Solchaga, y se escogió lo primero:

> Es cierto que su instrumentación no se hizo exactamente sobre las pautas de extinción de los contratos de trabajo de los excedentes laborales que yo había diseñado y defendido, y que no solo hubieran ahorrado dinero a los contribuyentes, sino que, además, hubieran supuesto un aviso para los sindicatos sobre el coste de mantener posturas rígidas en materia de ajuste industrial en momentos de grave crisis. A pesar de ello, los resultados fueron bastante aceptables.

Las críticas sindicales no fueron las únicas que recibió el tándem Boyer-Solchaga, que es como decir, en última instancia, Felipe González. También estaban las que recibieron de la derecha política que, aunque en aquel momento, era muy débil parlamentaria y orgánicamente, y que entendía que hubiera sido mejor poner el dinero de los contribuyentes en el desarrollo de sectores de futuro más que en el ajuste de sectores obsoletos. El dilema consistía en determinar si el Gobierno hacía bien en limitar las consecuencias de un daño económico evidente o si debía favorecer, con capital público, el desarrollo subvencionado de otros sectores cuyos beneficios no estaban claros. Reindustrialización frente a reconversión.

Solchaga también tiene criterio ante esa hipotética política. ¿Por qué ha de saber el Estado mejor que la iniciativa privada cuáles son los sectores de futuro, quienes garantizarán que se están eligiendo las actividades *vencedoras* con mejor criterio que los inversores privados? Es, de nuevo, su lado social-liberal, que está en el alma de la reconversión industrial. ¿Es siquiera posible, sin introducir una mayor flexibilidad en el ajuste industrial de los sectores en crisis y una reducción general del proteccionismo, escoger con fundamento cuáles eran las actividades de futuro sin cometer graves errores en la asignación de recursos? Y remata con esta reflexión final, que sería muy sugerente actualizar tras los graves problemas de desabastecimiento industrial mostrados en Occidente, y especialmente en Europa, después de la pandemia de la COVID:

> Estos son los puntos de vista que defendí en aquella polémica sobre política industrial que se llevó a cabo a cabo en relación con la reconversión. No puedo decir que en su defensa me sintiera muy acompañado. Una parte de la profesión de economistas desconfiaba de las políticas industriales activas, pero constituía una minoría. Los sindicatos se opusieron cuanto pudieron a la reconversión industrial, que deseaban que fuera mucho menos traumática, lo cual era perfectamente previsible, y tanto el decreto ley que las inició como la propia ley de Reconversión Industrial no hallaron más amparo en el Parlamento que el voto disciplinado más que convencido de los socialistas. Prejuicios industrialistas y cálculos electorales se dieron la mano para que esto fuese así. Hoy [es el año 1997 cuando publica estas

palabras] sigo creyendo en esta materia lo mismo que entonces defendí.

El golpe asentado a la industria española por las dos crisis del petróleo fue tremendo porque sus bases eran muy endebles. Crecida bajo el manto del proteccionismo franquista, esa industria no descansaba en altos niveles tecnológicos y organizativos, sino en bajos salarios y precios baratos de las materias primas y de la energía, por lo que era muy vulnerable. El empleo industrial cayó en 858.000 trabajadores entre la década entre 1975 y 1985.

Al lado de la reconversión industrial hubo que hacer, como hemos adelantado, la reconversión financiera. Solo corresponde mencionarla de paso en este capítulo. Problemas bancarios que comenzaron en 1978 y finalizaron en los años 1984-1985, y que tuvieron su eclosión con la expropiación de Rumasa. También en la solución de los mismos funcionó la dupla entre Boyer y Solchaga, aunque en este caso hubo más apoyo intelectual del resto del Consejo de Ministros. La crisis tuvo un doble origen: por un lado, afectó a establecimientos financieros pequeños o medios, constituidos gracias a la ruptura del *statu quo* bancario del franquismo y a la liberalización posterior al año 1962, pero que carecían de una gerencia bien preparada, prudente y dispuesta a respetar las reglas de la legalidad y de la ética económica; por otro, se produjeron crisis de bancos de tamaño medio o grande que estaban muy involucrados en empresas industriales, por la vía del capital o del crédito. Tanto en un caso como en el otro, la crisis general de la economía, golpeada por las alzas de los precios, hizo insostenibles, desde finales de la década de los años setenta, los negocios basados en la pura especulación y la situación de los bancos muy relacionados en las industrias en crisis, como por ejemplo fueron Banca Catalana y el Banco Urquijo.

Pero el cénit de la reconversión financiera y de la actuación socialista en ella fue la expropiación de Rumasa, un grupo compuesto formalmente por unas 770 empresas españolas y unas 80 extranjeras, y realmente por unas 150 operativas, siendo las otras meramente instrumentales de una maraña que dificultaba el análisis del grupo y la comprensión de las relaciones de propiedad entre las empresas. El 23 de febrero de 1983, el grupo fue expropiado por el Gobierno socialista.

A pesar de los dramáticos acontecimientos vinculados a la reconversión industrial en forma de cierre de empresas, despidos, disturbios en las calles y muertos en las mismas, el desgaste del Gobierno no se produjo hasta años más tarde. Seguramente, el acontecimiento más traumático en el área socioeconómica para la familia socialista en sus 14 años de mandato (y posiblemente hasta ahora mismo) fue la huelga general del 14 de diciembre de 1988. El 14D forma parte del mito de las movilizaciones en nuestro país y su seguimiento fue casi absoluto en la sociedad española. Más allá de los motivos concretos (un plan de empleo juvenil que no gustó a casi nadie), la huelga fue contra la política económica que habían comandado Miguel Boyer y Carlos Solchaga. Ella no hubiera tenido la extensión que mostró si no hubiera encontrado el ambiente propicio en la sociedad española, más allá de los sindicatos de clase.

Poco antes de la misma, en enero de 1988, se celebró el XXXI Congreso del PSOE. Ya se habían producido las primeras movilizaciones importantes contra el Gobierno, sobre todo en los sectores de sanidad y educación. Los organizadores del congreso *olían* un cambio de ambiente e introdujeron en las conclusiones del mismo tres propuestas orientadas a devolver el corazón al proyecto socialdemócrata de Felipe González, que estaba siendo cuestionado: un cambio en las prioridades presupuestarias para favorecer el gasto social; *gobernar de otra manera*, pactando con la sociedad a través de sus asociaciones intermedias, sobre todo los sindicatos; y atender de modo prioritario el efecto ejemplificador de los comportamientos individuales y sociales de los gobernantes: la ética socialista como valor político recobrado.

El 14D llegó como una especie de reprimenda moral que la sociedad quería dar a sus gobernantes. El descontento contra el Ejecutivo no procedía solo del desacuerdo con su política económica, sino que hundía sus raíces en las zonas abisales de la política donde habitan las expectativas de cada uno. El historiador Santos

Juliá[1] escribió que 1988 pasará a la historia como el año "en que cundió la opinión de que los políticos socialistas no habían sabido escapar de las redes de la *old corruption* —amiguismo, nepotismo, clientelismo— que acompañaron al nacimiento del Estado moderno". Y un editorial[2] del diario *El País* indicaba que, como quien despierta de un sueño, el Gobierno había descubierto que no era tan amado como creía merecer, y que los sindicalistas expresaban con su iniciativa el sordo descontento, y desconcierto, que en la base social del proyecto del cambio se había ido germinando por el efecto de la adaptación vertiginosa a los valores, usos y costumbres de quienes hasta hace poco habían mandado siempre en el país.

1. Juliá, S. (1989): *La desavenencia. Partido, Sindicatos y huelga general*, El País-Aguilar, Madrid, p. 202
2. "La guerra del 14", *El País* 1 de diciembre de 1988.

BLOQUE 1

RECONVERSIONES SOCIOECONÓMICAS

CAPÍTULO 1

EL DESMANTELAMIENTO DE LA SIDERURGIA INTEGRAL DE SAGUNTO

PABLO DÍAZ MORLÁN Y MIGUEL ÁNGEL SÁEZ GARCÍA

El 6 de octubre de 1984 marcó el cese definitivo de la producción de la acería de Altos Hornos del Mediterráneo en Sagunto. Se ponía fin así a una historia que se había iniciado el Día de Reyes de 1923, cuando la Compañía Siderúrgica del Mediterráneo encendió su primer horno alto. Durante esas seis décadas, Sagunto fue uno de los principales centros siderúrgicos de España, junto con Asturias y Vizcaya. Desde principios de los años setenta, estaba previsto que sus obsoletas instalaciones fuesen reemplazadas por la denominada IV Planta Siderúrgica Integral (IV PSI), el mayor proyecto industrial de la historia de España hasta ese momento. Sin embargo, la grave crisis económica de los años setenta cambió drásticamente el rumbo de la siderurgia de Sagunto[1].

LA IV PLANTA SIDERÚRGICA INTEGRAL Y ALTOS HORNOS DEL MEDITERRÁNEO

La idea de construir una planta siderúrgica integral en el sur peninsular para complementar las tres existentes en la cornisa

1. Salvo que se indique lo contrario, la información de este capítulo procede de los trabajos de los autores que se recogen en la bibliografía.

cantábrica comenzó a tomar forma el 1 de julio de 1971, cuando el Gobierno promulgó un decreto que sometía a concurso entre la iniciativa privada la construcción y explotación de la IV PSI, que debía ubicarse en el término municipal de Sagunto[2]. El objetivo del Gobierno era cubrir el déficit de productos planos (bobinas laminadas en caliente y en frío, hojalata y bandas recubiertas) previsto para el final de la década, para lo cual se precisaría una planta integral con una capacidad de producción de acero de entre cuatro y seis millones de toneladas anuales.

Para participar en el concurso, la siderúrgica privada más importante de España, Altos Hornos de Vizcaya (AHV), y el mayor productor de acero del mundo, U. S. Steel (USS), constituyeron el 25 de octubre una nueva empresa con el nombre de Altos Hornos del Mediterráneo (AHM). Un 46,2% del capital social fue suscrito por AHV, un 15% por USS y el resto por los principales bancos del país y varias cajas de ahorros. El 10 de marzo de 1972, el Boletín Oficial del Estado (BOE) publicó el decreto que adjudicaba la construcción de la IV PSI a AHM. La puesta en marcha de la nueva planta se llevaría a cabo entre 1975 y 1982 en tres fases. En la fase I, se instalaría un tren de laminación en frío con una capacidad de producción de 1,2 millones de toneladas, que comenzaría a funcionar en 1975; en la fase II, que arrancaría en 1979, se pondrían en funcionamiento todas las instalaciones de cabecera de una planta integral (acería, hornos altos e instalaciones complementarias) y un tren de bandas en caliente capaz de producir tres millones de toneladas anuales; por último, la fase III añadiría nuevos elementos para poder producir, en 1982, seis millones de toneladas de acero y 4,5 millones de bobinas laminadas en caliente.

La mala fortuna quiso que la construcción de la IV PSI coincidiese con el inicio de "la crisis más larga y profunda de toda la historia de la siderurgia española" (Unión de Empresas Siderúrgicas,

2. Las tres plantas integrales eran las asturianas de Avilés y Veriña, pertenecientes a la empresa pública Ensidesa, y las instalaciones de AHV en Vizcaya. Debido a sus dimensiones reducidas y la obsolescencia de sus instalaciones, la fábrica de Sagunto, propiedad de AHV, se daba por amortizada y no merecía la misma consideración que las plantas del norte.

1985: 12). Inicialmente, el estallido de la crisis del petróleo no llevó al Gobierno a replantearse las importantes inversiones que se estaban realizando en el sector; más bien al contrario, animó a las empresas a continuar con los proyectos en marcha. Lo que hoy puede parecer un grave error se justificaba, en primer lugar, porque tanto en España como en el resto del mundo la caída de la demanda se percibió como la fase contractiva de una más de las recurrentes fluctuaciones cíclicas de la actividad económica. Y, en segundo lugar, porque, ante la previsible integración de España en las Comunidades Europeas, se consideraba imprescindible mejorar la competitividad del sector. En un primer momento, la crisis tampoco modificó los planes de AHM. En 1974, el Consejo de Administración había decidido acelerar las inversiones de la fase II, cuyas instalaciones debían sustituir a las de la vieja fábrica integral de Sagunto, que habían sido transferidas por AHV a la nueva empresa en julio de 1974. La fase I se completó en julio de 1976 con la puesta en marcha del tren de laminación en frío.

No obstante, a medida que avanzaba el año 1976, surgieron dudas sobre la viabilidad del proyecto. La situación se agravó desde mediados de 1977, cuando se hizo evidente el carácter estructural de una crisis que golpeaba con fuerza a la industria española. El consumo de acero cayó ininterrumpidamente entre 1977 y 1985, pasando de 10,1 millones de toneladas a 6,2 millones, lo que suponía retornar a los niveles de consumo de 20 años antes. La duración y la profundidad de la crisis pusieron en graves dificultades financieras a todas las empresas del sector, pero incidieron especialmente en AHM, cuya situación era ya muy complicada a finales de 1976, cuando solo contaba con 7.132 millones de fondos propios, frente a 34.463 millones de recursos ajenos, de los cuales 11.199 eran exigibles a corto plazo. La fragilidad financiera de AHM y los compromisos adquiridos para la construcción de la IV PSI se convirtieron en el principal problema de AHV, que luchaba por su propia supervivencia, la cual pasaba por abandonar el proyecto. Por el contrario, su socio americano, USS, era partidario de continuar adelante e incluso estaba dispuesto a aumentar su participación. Desde 1977, las tres empresas mantuvieron numerosas reuniones con representantes del Gobierno, los principales bancos del país y el Instituto Nacional de Industria (INI) para decidir el futuro de AHM. Los acuerdos tardaron en llegar, no solo por la dificultad de cuadrar las aspiraciones de cada uno de los implicados, sino también por las dos remodelaciones del Gobierno que tuvieron lugar en julio de 1977 y febrero del año siguiente, en las cuales cambió el titular del Ministerio de Industria y Energía.

La primera decisión importante sobre el futuro de AHM se tomó en el Consejo de Ministros del 28 de octubre de 1977, que decidió dejar en suspenso los plazos para la terminación de la fase II de la IV PSI, o lo que es lo mismo, el aplazamiento *sine die* del proyecto. En junio del año siguiente se alcanzó un acuerdo para la reestructuración del capital social de AHM, por el cual los accionistas aceptaron que los 6.000 millones de pesetas del capital social se destinaran a compensar las pérdidas acumuladas, para proceder acto seguido a una ampliación de 12.000 millones, de los cuales dos tercios serían aportados por el sector privado y el resto por el INI. Este último se comprometía además a adquirir el resto del capital en un plazo no superior a un año al precio que determinase una auditora independiente. La aportación del sector privado consistió en su mayor parte en la conversión de créditos en capital —solo 891 millones correspondieron a nuevos desembolsos—, de los cuales aproximadamente la mitad fueron a parar a AHV, un tercio a los bancos y el resto a cajas de ahorros. USS, que se había mostrado contraria a que el INI se hiciera cargo de la empresa, no acudió a la ampliación de capital y, por lo tanto, quedó fuera del accionariado.

El Proyecto de Ley de 25 de agosto de 1978 recogió los términos del acuerdo alcanzado que, no obstante, no pudo ejecutarse hasta su aprobación por las Cortes cuatro meses después. La Ley 60/1978, de 23 de diciembre, de medidas urgentes en apoyo del sector siderúrgico, no solo supuso el traspaso de AHM al INI, sino que también incluyó un rescate financiero de las otras dos siderúrgicas integrales, cuyas pérdidas se habían disparado desde 1977 y se encontraban al borde de la suspensión de pagos.

LA REESTRUCTURACIÓN DE LA SIDERURGIA INTEGRAL (1980-84)

EL INICIO DE LA REESTRUCTURACIÓN: EL REAL DECRETO DE MAYO DE 1981

La política industrial experimentó un giro significativo con el nombramiento de Ignacio Bayón como ministro de Industria en mayo de 1980, marcando el inicio de las políticas de reconversión industrial. Sus predecesores se habían limitado a proporcionar apoyo financiero a las empresas en crisis sin abordar las reformas estructurales que necesitaba el sector, como la reducción de capacidad productiva, ajustes de plantillas y nuevas inversiones. En lo que respecta a la siderurgia integral, el rescate financiero de finales de 1978 había servido para proporcionar un alivio temporal a las tres empresas, pero no resolvió los problemas derivados de su deficiente estructura financiera y de sus desequilibrios productivos. A mediados de 1980, las elevadas pérdidas hacían que su situación financiera fuera insostenible.

El Programa de Saneamiento y Reconversión de la Industria Siderúrgica Integral Española, aprobado por el Gobierno en agosto de 1980, sentó las bases para la reestructuración del sector. Este programa constaba de dos fases: una primera de reestructuración, con una duración prevista de tres años, seguida por una segunda etapa de lanzamiento, que debía iniciarse en 1985 y que consistiría en una serie de inversiones destinadas a modernizar las instalaciones siderúrgicas. El objetivo último del programa era mejorar la competitividad del sector, alineando los costes financieros y de personal con los de sus competidores europeos, para facilitar una integración no traumática en las Comunidades Europeas.

La reducción de los costes laborales era una parte crucial de la fase de reestructuración. Desde octubre de 1980 se llevaron a cabo negociaciones entre empresas, sindicados y Gobierno para llegar a acuerdos sobre las necesarias reducciones de plantilla para lograr los objetivos fijados. El acuerdo alcanzado finalmente en marzo de 1981 cifraba los excedentes laborales de la siderurgia integral en 5.800 trabajadores (un 13,5% del total de las plantillas), de los que 700 correspondían a AHM, que en ese momento empleaba a 4.850 personas. Los ajustes de plantilla debían llevarse a cabo entre 1981 y 1983 mediante jubilaciones anticipadas, incapacidades y bajas voluntarias. Como contrapartida a las reducciones de plantilla, los sindicatos consiguieron que el Gobierno concretase las inversiones que se realizarían en la fase de lanzamiento, cuyo importe ascendería a 130.000 millones de pesetas y que incluirían como elementos fundamentales dos acerías y un tren de bandas en caliente, aunque no se concretó la localización de cada uno de ellos. El Real Decreto 878/1981, de 8 de mayo, recogió los términos del acuerdo y declaró a la siderurgia integral como sector en reconversión.

EL INFORME KAWASAKI

Los ajustes de las plantillas se fueron desarrollando según lo previsto en el Real Decreto, pero no ocurrió lo mismo con el plan de inversiones. No se trataba de un asunto menor. El futuro de la siderurgia integral, y de cada una de sus empresas, dependía de estas inversiones, cuyo fin último era garantizar su competitividad ante la futura integración de España en las Comunidades Europeas. La elaboración del plan fue encargada a la Comisión Coordinadora de la Siderurgia Integral, integrada por responsables de los ministerios de Industria, Economía y Trabajo, y los presidentes de las tres empresas integrales. A estos se añadieron representantes de los Gobiernos regionales de Asturias y el País Vasco, y del Ministerio de Asuntos Exteriores, debido a la influencia que la decisión que se adoptase podía tener en las negociaciones con las instituciones comunitarias.

Dado que la ubicación de las dos nuevas acerías en AHV y Ensidesa estaba fuera de discusión, la principal cuestión que se debía dilucidar era el destino del tren de bandas en caliente. Aunque AHV y Ensidesa contaban con trenes de bandas en caliente, estos presentaban importantes limitaciones para la fabricación de determinadas calidades y dimensiones, siendo especialmente destacable el hecho de que no podían producir bobinas de más de 1,5 metros de ancho, un producto fundamental para la fabricación de chapas para automóviles. Por este motivo, la empresa asturiana reclamaba para sí el nuevo tren de bandas, mientras que AHV apostaba por la modernización de los que ya existían en lugar de instalar uno nuevo. En cuanto a AHM, que carecía de tren de bandas, este elemento resultaba absolutamente imprescindible para poder retomar el proyecto de la IV PSI, ya que le permitiría conectar sus instalaciones de cabecera con el moderno tren de laminación en frío. Sin el tren de bandas, las instalaciones de la vieja fábrica estaban condenadas al cierre y el proyecto de la IV PSI quedaría definitivamente abandonado.

Los intereses contrapuestos de las tres empresas impidieron llegar a un acuerdo aceptable para todas las partes. Para tratar de resolver el tema, el Gobierno decidió encargar un estudio sobre el asunto a una consultora extranjera. En 1981 se firmó el contrato para la realización del estudio con la empresa Kawasaki Steel Corporation, en ese momento la tercera mayor siderúrgica de Japón. El informe resultante se entregó en mayo del año siguiente, y su principal conclusión era la necesidad de una acería integral moderna en la costa para que la siderurgia integral española pudiera competir a nivel internacional. No obstante, debido a las dificultades financieras de las empresas, el informe recomendaba limitar inicialmente las inversiones a mejoras menores, en particular coladas continuas, con el objetivo de reducir los costes de producción. Estas mejoras y la incorporación de un nuevo convertidor en la acería de Ensidesa en Avilés permitirían satisfacer la demanda prevista hasta 1992. Por otra parte, ante el previsible aumento de la demanda de productos planos y la consiguiente necesidad de bobinas laminadas en caliente, el informe sugería como principal inversión a medio plazo la instalación de un tren de bandas en caliente con una capacidad de producción de dos millones de toneladas, ampliable hasta 3,6 millones, y recomendaba ubicarlo en Sagunto para aprovechar al máximo las posibilidades del tren de laminación en frío de AHM. Sin embargo, aconsejaba posponer la inversión hasta finales de la década, cuando la demanda de bobinas laminadas en caliente alcanzase el millón de toneladas, lo que permitiría una utilización óptima del equipo sin necesidad de parar la producción de los trenes de bandas de Asturias y Vizcaya.

Las conclusiones del informe fueron rechazadas por AHV y Ensidesa, que veían peligrar las inversiones previstas para la mejora de sus instalaciones y, lo que aún les resultaba más preocupante, dejaba abierta la posibilidad de retomar el proyecto de la IV PSI. Si se atendiesen las recomendaciones del informe Kawasaki, las plantas siderúrgicas del norte quedarían obsoletas frente a la moderna planta integral de Sagunto, poniendo en peligro su supervivencia a medio plazo. Con el respaldo de los sindicatos y sus respectivos Gobiernos regionales, AHV y Ensidesa exigieron que no se aplicasen las conclusiones del informe y que se llevasen a cabo las inversiones según lo previsto en el Real Decreto de mayo de 1981.

Ante la falta de acuerdo, a finales de 1982, el Gobierno elaboró un plan de inversiones que, a pesar de las presiones recibidas, incorporaba las principales conclusiones del informe Kawasaki. Según la propuesta gubernamental, hasta 1987, las inversiones quedarían limitadas a la instalación de coladas continuas. A medio plazo, se priorizaba la instalación del tren de bandas en Sagunto para facilitar la eventual construcción de una moderna planta integral. Aunque se preveía que el déficit de bobina laminada en caliente no haría necesaria su puesta en marcha hasta 1989, no se descartaba la posibilidad de adelantar su construcción para evitar que la integración en las Comunidades Europeas frustrase el proyecto de la nueva planta integral. Además, el plan rechazaba la ampliación de los trenes de AHV y Ensidesa debido a las limitaciones en la gama y calidad de productos que podían obtenerse en ellos. Sin embargo, el plan no pudo llevarse a cabo porque su presentación coincidió con las elecciones de octubre de 1982, en las que resultó victorioso el PSOE.

SOLCHAGA Y EL CIERRE DE LA CABECERA DE SAGUNTO (1983-1986)

El 1 de diciembre de 1982 marcó el inicio del mandato de Carlos Solchaga como ministro de Industria y Energía en el primer Gobierno de Felipe González. Al igual que había ocurrido durante el último gobierno de UCD, la reestructuración de la siderurgia integral recibió una atención primordial y absorbió una cantidad considerable de recursos. Sin embargo, esta vez el enfoque adoptado iba a ser radicalmente diferente. El ministerio dejó de lado el informe Kawasaki y, el 26 de febrero de 1983, presentó un plan de inversiones para su discusión en la denominada Comisión de Seguimiento, donde además de las tres empresas implicadas también participaban representantes sindicales. El plan proponía la instalación de nuevas acerías en AHV y Ensidesa, así como la modernización de sus trenes de bandas en caliente, en lugar de optar por la construcción de uno nuevo. A diferencia del elaborado por el anterior Gobierno, este plan carecía del aval de una consultora externa, lo cual era inusual, dado que históricamente, para todos los grandes proyectos siderúrgicos desarrollados en España, se había contratado la elaboración de informes técnicos por empresas extranjeras de renombre y experiencia en el sector. Aunque el plan no carecía de argumentos técnicos, estos eran muy cuestionables.

El Gobierno estableció el 30 de junio como fecha límite para que la Comisión llegara a un acuerdo sobre el plan de inversiones, debiendo elegir entre el presentado por el Ministerio y el elaborado por el anterior Gobierno basado en las conclusiones del informe Kawasaki. Solchaga era consciente de que este último no tenía ninguna opción, ya que había sido rechazada previamente por AHV, Ensidesa y los sindicatos. En cuanto a la propuesta del Ministerio, aunque coincidía con el plan presentado por la empresa vizcaína a finales de 1982, no era aceptable para Ensidesa y AHM. La primera no veía satisfecha su aspiración de obtener un nuevo tren de bandas en caliente, teniendo que conformarse con la modernización del existente, mientras que AHM sabía que, sin el tren de bandas en caliente, sus instalaciones principales estaban condenadas al cierre inminente, lo que implicaba además el fin definitivo del proyecto de la IV PSI.

Ante la falta de acuerdo, el 6 de julio de 1983, el Gobierno aprobó el Real Decreto 1853/1983, que recogía las inversiones básicas a realizar en la siderurgia integral conforme al plan presentado en febrero, y solicitó a AHV y al INI los planes financieros e industriales para su ejecución. El 9 de enero, el Gobierno autorizó los planes presentados por las empresas, que detallaban las inversiones a realizar entre 1984 y 1988, ascendiendo a un total de 187.260 millones de pesetas. De esta cantidad, la mayor parte (94.900 millones) estaba destinada a la nueva acería de convertidores LD de Ensidesa y a la ampliación y modernización de su tren de bandas en caliente. También era significativa la inversión propuesta para AHV (71.860 millones), que incluía la construcción de una nueva acería, la modernización de su tren de bandas en caliente y mejoras considerables en sus instalaciones de cabecera (hornos altos, *sintering* y baterías de coque). Por su parte, AHM iba a recibir 20.500 millones, de los cuales 4.105 serían para cubrir los costes laborales de la reestructuración y los 16.395 restantes para inversiones en instalaciones complementarias para su tren de laminación en frío (líneas de electrocincado y recocido continuo), para fortalecer su especialización creciente en la producción de chapa fría para el sector automotriz[3].

A pesar de que el Real Decreto no mencionaba el cierre de las instalaciones de cabecera de AHM en Sagunto, las acciones llevadas a cabo desde principios de 1983 dejaban claro que su cierre ya había sido decidido. Ni las jornadas de huelga ni los meses de movilizaciones de la población de Sagunto lograron evitar el cierre definitivo de la antigua fábrica, que se llevó a cabo en octubre de 1984. Como resultado del cierre, quedaron sin empleo 1.794 trabajadores, de un total de 4.000 que incluía la plantilla de la empresa (Ortiz y Prats, 2002: 130-143). Previamente, el 3 de abril, el vicepresidente del INI, Julián García Valverde, había alcanzado un acuerdo con los trabajadores, comprometiéndose a crear 2.100 puestos de trabajo en la zona entre 1984 y 1987 a cambio de que aceptasen el cierre de la cabecera. En diciembre de 1985, AHM cesó sus operaciones industriales y los activos relacionados con su

3. AHM ya destinaba, directa o indirectamente, cerca del 50% de su producción a la industria del automóvil, aunque esta se limitaba a las partes no vistas del vehículo.

tren de laminación en frío fueron transferidos a una nueva empresa, Siderúrgica del Mediterráneo (SIDMED), cuyo capital social fue adquirido en su totalidad por Ensidesa. De este modo, se ponía fin al proyecto de la IV PSI.

La interpretación más común sobre la reconversión del sector siderúrgico resalta la valentía y determinación con la que el Gobierno socialista enfrentó medidas socialmente duras y fuertemente contestadas por los trabajadores afectados, lo que permitió resolver de manera definitiva la hasta entonces aplazada reestructuración del sector (Tortella y Núñez, 2011: 420). Sin embargo, esta percepción no refleja la realidad. Las medidas adoptadas en la década de los ochenta no lograron resolver los problemas de la siderurgia integral, ni fueron valientes, ya que el objetivo principal era minimizar los costes sociales y políticos, incluso si eso implicaba dejar de lado los criterios técnicos y económicos. El propio Solchaga dejó esto claro en una intervención en el Congreso en abril de 1983: "El problema no es tanto elaborar un informe técnico sino tener los arrestos políticos para decir que si hay un plan hay que llevarlo a cabo, hay que hacerlo con el coste que sea; [...] el informe Kawasaki, y este es el problema de base, no puede sustituir una decisión política" (Cortes Generales, 1983: 11-12).

Ignorar las cuestiones técnicas, es decir, las conclusiones del informe Kawasaki, ofrecía dos ventajas significativas al Gobierno. En primer lugar, facilitaba la aceptación del plan de inversiones por parte de UGT y CCOO, ya que garantizaba la pervivencia de las dos principales empresas integrales. El acuerdo entre el Gobierno y los sindicatos para favorecer a AHV y Ensidesa en detrimento de AHM se comprende mejor si consideramos la importancia de cada una de ellas en sus respectivas regiones. Un indicador clave de esto es el peso de sus plantillas en el empleo industrial de sus respectivas provincias: a finales de 1983, los trabajadores de AHM representaban un 1,88% del empleo industrial en Valencia, mientras que los de AHV suponían el 7,13% del total en la industria vizcaína y los de Ensidesa el 22,18% en Asturias. Es evidente que el cierre de la cabecera de AHM tendría un impacto social mucho menor que una medida similar en Asturias o Vizcaya.

En segundo lugar, el plan de inversiones permitía reducir los obstáculos en las negociaciones para la integración de España en las Comunidades Europeas. Durante las negociaciones del tratado de adhesión, el Gobierno logró que la Comisión Europea aceptara que las empresas siderúrgicas españolas continuaran recibiendo ayudas públicas hasta el 31 de diciembre de 1988, a diferencia de la Europa comunitaria, donde estas ayudas estaban prohibidas desde el 1 de enero de 1986. Sin embargo, esto conllevó condiciones especialmente duras para el sector. En primer lugar, se exigió a España un esfuerzo de reducción de capacidad productiva similar al que estaba llevando a cabo la siderurgia comunitaria, lo que implicaba eliminar 3,3 millones de toneladas de laminación en caliente. En segundo lugar, el periodo de transición sería de solo tres años, en contraste con los siete otorgados a otros sectores industriales. Por último, la siderurgia española sufrió un trato discriminatorio en los mercados europeos: mientras que las importaciones se liberalizaron completamente desde el momento de la adhesión, las exportaciones españolas a la Europa comunitaria estuvieron restringidas a las cuotas impuestas en los años previos a la integración. Es probable que estas condiciones hubieran sido aún más severas si las inversiones en el sector integral hubieran incluido un nuevo tren de bandas en caliente y se hubiera continuado con la IV PSI. La Comisión Europea no podía aceptar que, mientras la siderurgia europea reducía significativamente su capacidad productiva y sus plantillas, el Gobierno español considerara expandir su capacidad productiva con un nuevo tren de bandas en caliente o, peor aún, una nueva planta integral.

LAS CONSECUENCIAS DE LA REESTRUCTURACIÓN

LA INTEGRACIÓN EN EUROPA: UN GOLPE DE REALIDAD

A pesar de la incertidumbre que generaba la integración de España en las Comunidades Europeas, el Ministerio de Industria se mostraba optimista respecto al futuro de la siderurgia. Consideraba que, gracias a las cuantiosas ayudas públicas, se habían sentado las bases para que las empresas en reconversión pudieran alcanzar por sí mismas la viabilidad económica exigida por la Comisión Europea al finalizar el periodo de transición. El cambio del ciclo económico invitaba a compartir el optimismo del Gobierno respecto al futuro del sector. Los resultados de explotación de las empresas podrían verse favorecidos por la caída de los precios de las materias primas y, sobre todo, por la recuperación de la demanda interna. Desde 1986, el consumo de acero volvía a crecer con fuerza, pasando de 6,16 millones de toneladas en 1985 a 11,6 millones en 1990.

Sin embargo, la integración en las Comunidades Europeas mostró la infundada confianza del Gobierno y evidenció las limitaciones de la política de reestructuración. A pesar de las cuantiosas ayudas públicas y las importantes inversiones realizadas, la siderurgia integral española no era competitiva a nivel internacional, lo que condujo a un aumento considerable de las importaciones de productos planos. Aunque el Ministerio atribuyó este incremento a "las actuaciones de competencia desleal de buen número de exportadores siderúrgicos del resto de la Comunidad", que daban lugar a "precios notablemente inferiores" a los vigentes en otros Estados miembros (Ministerio de Industria y Energía, 1986: 28), lo cierto es que se debía sobre todo a la falta de competitividad de la siderurgia integral española. Ante esta situación, el Gobierno solicitó la activación de la cláusula de salvaguardia establecida en el tratado de adhesión, que permitía imponer limitaciones cuantitativas a las importaciones de determinados productos. Sin embargo, las importaciones continuaron aumentando en los años siguientes, especialmente las de bobinas laminadas en caliente, que pasaron de una media anual de 422.000 toneladas a principios de los años ochenta a 1,28 millones en 1988. Mientras las importaciones de bobinas aumentaban, los trenes recién reformados de AHV y Ensidesa operaban muy por debajo de su capacidad máxima de producción, debido a unos costes de producción que superaban en un 20 o 25% los de sus competidores europeos, y a la incapacidad para obtener bobinas del tamaño y la calidad adecuados para satisfacer la creciente demanda de la industria automotriz.

Una vez más el Gobierno acudió al rescate de la siderurgia integral, aunque en esta ocasión iba a precisar la aprobación de las autoridades comunitarias. La Comisión Europea aprobó en marzo de 1987 un nuevo paquete de ayudas por valor de 223.332 millones de pesetas, de los cuales Ensidesa recibió 68.803 y AHV 117.700, exigiendo como contrapartida un recorte de la capacidad de laminación en caliente de 750.000 toneladas, lo que, sumado al acuerdo previo en el tratado de adhesión, elevaba a 4,05 millones la capacidad que debía eliminarse antes de que finalizara 1988.

LA SEGUNDA REESTRUCTURACIÓN Y EL CIERRE DE AHV

En 1989, la Unión de Empresas Siderúrgicas (Unesid) valoraba de manera muy positiva el proceso de reestructuración de la siderurgia española llevado a cabo desde 1980. Por su parte, el Ministerio de Industria consideraba que el sector se encontraba "en una saneada situación para hacer frente a la competencia del exterior y, en particular, de los países de la CECA" (Ministerio de Industria y Energía, 1989: 197). El hecho de que, tras más de una década de pérdidas continuadas, las empresas integrales mostraran resultados positivos en 1989 parecía confirmar la visión positiva ofrecida por la patronal y el Gobierno. Sin embargo, el cambio del ciclo económico en 1990 iba a poner de manifiesto los errores del proceso de reestructuración de los años ochenta. AHV y Ensidesa necesitaron nuevamente el respaldo del Estado para evitar su quiebra. Pero, en esta ocasión, el Gobierno español debía rendir cuentas ante unas instituciones europeas que mostraban una actitud mucho menos permisiva con respecto a las ayudas públicas.

La nueva reestructuración de la siderurgia integral se inició en julio de 1991 con la creación de la Corporación Siderúrgica Integral para coordinar la actividad AHV y Ensidesa, y como paso previo a su fusión. A principios de 1992, el Gobierno solicitó a la Comisión Europea la autorización para conceder ayudas públicas. Sin embargo, la oposición de algunos Estados miembros a aprobar nuevas ayudas estatales para empresas que ya habían sido objeto de dos rescates financieros dificultó su aprobación, lo que se retrasó hasta abril de 1994. La Comisión Europea autorizó un nuevo paquete de ayudas por un importe de 437.800 millones de pesetas, exigiendo como contrapartida importantes reducciones en la capacidad de producción de las dos empresas: un 35% de la capacidad de producción de arrabio, un 20% del acero bruto y un 50% de las bobinas laminadas en caliente. Estas reducciones implicaron un significativo proceso de desinversión. Todas las instalaciones de AHV que se habían puesto en marcha o renovado una década antes debían ser cerradas para concentrar cada fase del proceso productivo en las instalaciones más eficientes, es decir, las de Ensidesa, que incluso verían aumentada su capacidad de producción gracias a nuevas inversiones cifradas en 100.000 millones de pesetas. Para asegurar que el cierre de las instalaciones no competitivas fuese definitivo, la Comisión exigió que fuesen completamente desmanteladas o vendidas fuera de España antes de 1999. Dado que los equipos de AHV habían iniciado su producción en 1987 (acería de oxígeno de Sestao y baterías de cok), o habían sido renovados y ampliados en esa fecha (tren de bandas de Ansio), pudieron ser vendidos a dos compañías de la India. Además, el cierre de instalaciones supuso acometer los importantes ajustes de plantilla que el Gobierno había tratado de evitar a toda costa en la anterior reestructuración: 10.347 trabajadores, un 42% del total, perdieron sus empleos.

En resumen, la reestructuración de la siderurgia integral llevada a cabo en los años ochenta implicó el cierre de las instalaciones de cabecera de Sagunto y el abandono definitivo del proyecto de la IV PSI, pero no logró que el sector fuese competitivo a nivel internacional. Las dificultades surgidas tras la adhesión de España a las Comunidades Europeas evidenciaron los errores de la reestructuración y obligaron a tomar medidas complementarias. A finales de la década, el aumento de la facturación y el retorno de los beneficios a las cuentas de resultados de AHV y de Ensidesa llevaron a valorar positivamente el proceso de reestructuración y a mirar con optimismo el futuro del sector. Sin embargo, esto resultó ser un espejismo provocado por el cambio del ciclo económico. La recesión de principios de los años noventa demostró que el sacrificio de la siderurgia saguntina y de la IV PSI solo había servido para posponer una década los ajustes imprescindibles que deberían haberse realizado en la siderurgia integral vizcaína a principios de los años ochenta.

BIBLIOGRAFÍA

Cortes Generales (1983): *Diario de Sesiones*, Comisión de industria, Obras Públicas y Servicios, 14 de abril, Madrid.

Díaz Morlán, P. y Sáez García, M. A. (2015): "Las ayudas estatales para la reestructuración de la siderurgia española en perspectiva europea (1975-1988)", *Documentos de trabajo de la Asociación Española de Historia Económica*, 15.

— (2019): "Estado, industrialización y desindustrialización: las políticas siderúrgicas españolas en la segunda mitad del siglo XX", *Revista de Historia Industrial*, 75.

Ministerio de Industria y Energía (1986): *Informe anual sobre la industria española*, Madrid.

— (1989): *Informe sobre la industria española*, Madrid.

Ortiz, A. y Prats, J. M. (2002): *El Puerto: crónica de un siglo*, Martínez Impresores, Puerto de Sagunto.

Sáez García, M. A. (2023): *Acero y Estado. Las políticas siderúrgicas en España (1891-1998)*, Comares, Granada.

Sáez García, M. A. y Díaz Morlán, P. (2009): *El puerto del acero. Historia de la siderurgia de Sagunto (1900-1984)*, Marcial Pons, Madrid.

Tortella, G. y Núñez, C. E. (2011): *El desarrollo de la España contemporánea*, Alianza Editorial, Madrid.

Unión de Empresas Siderúrgicas (1985): *La siderurgia española en 1985*, Libro de Actas.

CAPÍTULO 2

EL 'LABORATORIO DE PRUEBAS' DE LOS ALTOS HORNOS DEL MEDITERRÁNEO (1983-1997)

SERGIO GÁLVEZ BIESCA

"De este modo, la reconversión industrial, cuya necesidad nadie pone en duda, se sustenta en una mera política de saneamiento financiero y no en una estrategia industrial bien diseñada", afirmó el catedrático de Economía Aplicada Carlos Berzosa en la temprana fecha de 1986. He aquí parte de la lógica (o ilógica) que acompañó a la política de reconversión para algunos, de desindustrialización para otros tantos, durante la primera legislatura del Ejecutivo socialista (1982-1986).

A su pesar, Sagunto se transformó en el laboratorio de pruebas del proyecto de la *modernización socialista*. Pero a diferencia de otros capítulos parejos de nuestra historia contemporánea, se trata de un tiempo bien conocido en lo referente a la compleja experiencia de lucha obrera que se vivió dentro y fuera de los Altos Hornos del Mediterráneo (AHM).

De ello da buena cuenta numerosos estudios académicos —principalmente económicos e historiográficos— sustentados, en no pocos casos, en fuentes primarias procedentes del fondo de Industria del Archivo General de la Administración y el Archivo de la Fundación para la Protección del Patrimonio Histórico

Industrial de Sagunto. A sumarse otros apoyados en los fondos documentales del Archivo de Historia del Trabajo o el Archivo de la Fundación Francisco Largo Caballero. De igual forma, debe apuntarse la publicación de no pocos relatos por parte de sus protagonistas, así como otros acercamientos procedentes del periodismo, lo que tampoco suele ser común para este tiempo y esta materia. Un hito si tenemos en cuenta que la historia del movimiento obrero en la España de los ochenta y noventa ocupa posiciones marginales en la agenda investigadora desde hace décadas.

Todo un reto, pues, aportar algo novedoso. En este objetivo, además, de recorrer las claves de aquel episodio de la historia del movimiento obrero reciente, se contextualiza el mismo dentro de la primera oleada reformista radical del Ejecutivo socialista entre 1983 a 1985 y que como efecto correlativo provocó el estallido del último episodio de lucha de clases en la España contemporánea. Con la ayuda de documentación inédita procedente del Archivo Central del Ministerio de Trabajo y Economía Social (ACMITES) redimensionaremos cómo se vivió aquel intenso tiempo desde la óptica de la política laboral. Pero ante todo somos de la opinión que la tarea pendiente para Sagunto así como para el resto de experiencias obreras similares que se enfrentaron al proyecto de modernización socialista, se encuentra en analizar los costes sociales, humanos y económicos que conllevó.

SAGUNTO Y LA *MODERNIZACIÓN SOCIALISTA*

El cierre de los AHM demostró la ilógica económica que escondía el dogma neoliberal de la *única política posible*, adoptada a modo de fe política por los tecnócratas del Gobierno socialista. Técnicos, trabajadores y organizaciones sindicales, vinculados o no a los AHM, evidenciaron como frente a la supuesta racionalidad técnica que sustentaba las tesis de la modernización socialista, esta no dejaba de ser el eufemismo tras el que se encontraba el proyecto de reestructuración del sistema capitalista español en busca de su deseada internacionalización, bajo la dirección del Estado y el

cerraría, sí o sí, AHM[2]. Sencillamente, no se contempló ninguna inversión para garantizar su futuro. Una de otras tantas formas de dictar sentencia.

La decisión política, con o sin informes, que justificarán la supuesta inviabilidad de AHM o de la potencial calidad competitiva del acero producido en Sagunto —porque, aunque no lo parezca, aquí estamos hablando de una referencia obligada de la siderurgia industrial en el Mediterráneo—, estaba tomada de antemano. Como contó en su momento Alberto Olmos: se ignoraron de forma deliberada todo un conjunto de estudios elaborados por un grupo de técnicos de AHM "a petición de las centrales sindicales", que demostraron la "viabilidad económica para el mantenimiento de la cabecera". Eso sí, se tuvo el detalle de que, al menos, el denominado *Plan de Mantenimiento de la Cabecera de Sagunto* fuera contestado por la División Siderúrgica del INI en octubre de 1983. De aquel plan existieron otras dos revisiones y ampliaciones que confirman nuestra hipótesis de trabajo: "A la vista de estos resultados, la Administración abandona la línea de argumentación económica que había seguido para justificar el cierre de Sagunto" (Olmos, 1984: 56). Entonces, ¿por qué cerrar una empresa estratégicamente necesaria y que podría haber sido viable en pocos años? ¿De qué tipo de racionalidad económica estamos hablando?

Con el número de expediente 378/1984 quedó registrado en el Ministerio de Trabajo y Seguridad Social el Contrato-Programa —con fecha de 28 de febrero de 1984 en Puerto de Sagunto— firmado por el Comité de Empresa de AHM —CCOO, UGT, CNT y la Asociación FF (Confederación General de Cuadros de Valencia)— y que, dirigido al director general de Trabajo (DGT), demostraba la viabilidad económica y financiera de los AHM. Este documento inédito localizado en el ACMITES ejemplifica el absoluto desprecio del Ejecutivo socialista a cualquier mínima posibilidad

2. A modo de evidencia documental, en esa dirección se encuentra el expediente localizado en el ACMITES que se inicia, precisamente, con una carta de Solchaga a Almunia un 30 de junio de 1983 con toda la programación diseñada. ACMITES. Ministerio de Trabajo y Seguridad Social. Subsecretaría. Gabinete Técnico. "Proyectos de Reales Decretos y Leyes Orgánicas 1983", RE 1996/36, c. 16, exp. 87D.

de renegociar el cierre de AHM: no recibió ni un mero acuse de recibo[3]. Para aquellas alturas, y como se evidenció un 14 de marzo de 1984 en un Consejo de Ministros, en lo único en que estaba interesado el Ejecutivo era en el cálculo de costes del cierre que generaría el futuro expediente de regulación de empleo (ERE) y otras tantas medidas a ponerse en marcha[4].

Como *laboratorio de pruebas*, el experimento resultó regular en múltiples frentes, aunque todas y cada una de las lecciones aprendidas se aplicaron a rajatabla en las siguientes fases de la desindustrialización. Empezando por Euskalduna, en donde se optó por ametrallar a los trabajadores dentro de la fábrica para avanzar en el cierre el conflicto laboral a finales de 1984. O lo que sucedió en 1987 en Reinosa, con ocupación paramilitar de la ciudad. Pero lo de *liarse a tiros* en medio de un conflicto obrero también lo inauguró para la época socialista Sagunto un 27 de diciembre de 1983, cuando la "policía disparo fuego real contra las personas que realizaban un corte de carretera, e hirió de bala al electricista de AHM Manuel Tárraga" (Wilhelmi Casanova, 2020: 91).

Más allá de la violencia política, judicial y policial que se utilizó contra los trabajadores de AHM —a quienes poco más que se les tildó de delincuentes en una campaña de criminalización amparada desde el Gobierno con el apoyo de los grandes medios de comunicación— o de caerse abajo todo aquel dogma de fe sobre la *única política posible*: el denominado *síndrome de Sagunto*, entre otros frentes, obligó a González Márquez a comparecer un domingo 10 de marzo de 1984 a las 22:00h en TVE. No se anduvo con rodeos: "Durante el año 1983 hemos hecho un enorme esfuerzo de explicación a las organizaciones sindicales y a las organizaciones empresariales", en tanto, "este Gobierno tiene una enorme responsabilidad,

3. ACMITES. Ministerio de Trabajo y Seguridad Social. Dirección General de Trabajo. "Asunto: remitiendo un contrato programa para solucionar el problema planteado por la reconversión. Altos Hornos del Mediterráneo, S. A.", RE 1997/51, c. 21, exp. 378/1984.

4. "[E]l acuerdo de Consejo de Ministros, cuya finalidad era aprobar los planes elaborados en cumplimiento de dicho Real Decreto [1853/1983], sí se refería al cese de la actividad siderúrgica integral y cuantificaba su coste máximo" (Cortes Generales, 2002).

pero todos tenemos que ser conscientes de que solo el Gobierno no puede salvar la situación de la nación". Al más estilo peronista, también advirtió de cómo "[e]l Gobierno está dispuesto a sacar a España del hambre" (Gálvez Biesca, 2013: 1203).

ALTOS HORNOS DEL MEDITERRÁNEO Y EL ÚLTIMO EPISODIO DE LUCHA DE CLASES EN ESPAÑA (1983-1984)

Exceptuando el particular caso italiano, España durante 1983 y especialmente en 1984 encabezó (con holgura) las principales estadísticas de conflictividad en Europa y prácticamente a nivel mundial. Por detenernos en tres variables: 1.483.600 trabajadores implicados en huelgas en 1983 y 2.242.200 en 1984 (años sin huelgas generales); el 26,46% de la población activa en 1983 participó en un conflicto laboral, elevándose a un 30,23% en 1984; y, en lo relativo a jornadas perdidas en 1983 se contabilizaron 4.414.700 y la espectacular cifra de 6.357.800 al año siguiente (Gálvez Biesca, 2013).

Estos y otros muchos datos nos sitúan ante el último episodio de lucha de clases en España. Tesis que confronta radicalmente frente a los discursos dulcificadores entorno a la época socialista. Relatos en donde el conflicto obrero y social apenas aparecen citados cuando, por lo contrario, el conflicto capital-trabajo constituye un factor de primera magnitud para explicar tanto las resistencias al proyecto de la modernización socialista, el freno a la ofensiva del capital en alianza con el Gobierno en la lucha contra la inflación vía devaluación salarial —tan solo en 1984 se perdieron 5,72 puntos de poder adquisitivo— y de lo tampoco se habla: el papel protagonista del movimiento obrero en la limitación de los efectos más brutales de aquel proyecto macroeconómico, por más que, con razón, posteriormente se haya hablado de la *cultura de la derrota* de la clase obrera. Cierto es que aquella *revolución burguesa pendiente*, en palabras de los socialistas, tuvo que afrontar los efectos de la crisis económica de finales de los setenta, la inaplazable reconversión y una alta inflación entre otros múltiples problemas. No obstante, la modernización socialista, en líneas generales, se llevó a cabo mediante medidas escasamente imaginativas y en ningún caso socialdemócratas.

Además de lo que aconteció entre febrero de 1983 y abril/octubre de 1984 en Sagunto, potentes, duros y violentos conflictos obreros —fuera por la reconversión industrial, la negociación de los convenios colectivos o los conocidos como expedientes de crisis— llegaron a cuestionar durante aquellos meses la legitimidad política del Ejecutivo —hecho que no se repitió a excepción de la huelga general del 14 de diciembre de 1988—. Un vistazo por sectores como químicas, construcción (Madrid y Barcelona), RENFE —en donde la estrategia de UGT de desmovilización del conflicto obrero llegó a cuotas históricas—, transportes —con militarización del suburbano madrileño incluida—, el metal por descontado, el textil (con notable resonancia en Cataluña), banca; a lo que aconteció en regiones, pueblos, comarcas como la de Gijón —en donde en la temprana fecha del 25 de enero de 1983 se convocó una huelga general en defensa del empleo y de la industria, obteniendo un rotundo éxito—, Vigo (caso de Astilleros Vulcano), el Ferrol (cierre de factoría de Astano), y País Vasco, sin olvidarnos del movimiento prerrevolucionario (en donde poco o nada tenían que perder los implicados) que se dio en el campo en Extremadura y Andalucía; a conflictos obreros clásicos como Aceriales, Transportes Navarro, Talbot y, por supuesto, Hunosa o Euskalduna con movilizaciones y huelgas de todo tipo: la suma de todas y cada una de estas movilizaciones certifican su potencialidad histórica en términos de lucha de clases. Con el añadido de unos índices de violencia que, observados desde nuestro presente, podrían llegar a alamar a más de un lector.

Y, sin embargo, Sagunto sobresale debido a una confluencia de factores que lo posicionan en la primera línea de la lucha de clases en la España contemporánea y que en términos internacionales comparativos se sitúa al nivel de la huelga de los mineros británicos de 1984 y 1985 (Milne, 2018). Más allá de la de la estética obrerista —con episodios memorables como los actos de desobediencia contra las órdenes de apagado del alto horno n.º 2 y el cierre del departamento del tren, o la propia *batalla del AHM*— los Altos Hornos del Mediterráneo concentraron en un corto pero acelerado tiempo histórico todas y cada una de las herramientas y estrategias de la lucha de la clase obrera y del movimiento obrero en su más de siglo y medio de existencia: huelga de fábrica, huelgas locales, huelgas de hambre, manifestaciones de todo tipo y condición, secuestros de directivos y funcionarios, cortes de carreteras, encierros dentro y fuera de la fábrica, asambleas vecinales y obreras multitudinarias, referéndums, votaciones, cierre patronales, autogestión obrera y toma de fábrica; hasta hablarse del *soviet de Sagunto*. Con una característica unívoca en cada una de estas acciones: la defensa de la producción. La represión policial pasando por la judicial y laboral —no hablamos de docenas, sino de más 4.000 sanciones "impuestas por Solchaga" (Olmos, 1984: 88)— pero bajo el sostén de la solidaridad obrera y un proyecto en defensa de los puestos de trabajo, ejemplificaron lo mejor de la construcción, inteligencia colectiva y pertenencia a una comunidad obrera (Bodí Ramiro, 2011). Un proceso con destacado protagonismo de las mujeres en el extrarradio de la fábrica con sus particulares acciones en las asambleas obreras y vecinales, su vestimenta y la defensa de la vida misma de una comarca entera.

La defensa de la producción de los AHM representa la mayor parte de las características de este periodo de huelgas. Pueden observarse seis rasgos —juntos o separados— en la mayoría de los conflictos de este tiempo: a) el estallido de un conflicto obrero industrial que rápidamente conecta con un malestar social derivado de la duración y costes de una larga crisis económica, hasta alcanzarse un desborde generalizado a nivel local y que suele incluir el cuestionamiento del orden público; b) la intensidad y duración de estos conflictos no pueden entenderse si no se aplica una óptica local, pues es este ámbito en donde transcurre la mayoría de los conflictos. Pocos de ellos darán el salto a un nivel geográfico mayor. Lo cual imprime a estos movimientos, por un lado, una considerable fortaleza al basar su capacidad de movilización-presión-diálogo en la fuerza de la solidaridad de clase, local, vecinal;

pero, por otro lado, esta misma dimensión local será también causa de su principal debilidad al poder ser aislados del resto de luchas similares; c) en tercer lugar, nos encontramos, y aquí Sagunto es un ejemplo muy significativo, ante conflictos a la defensiva con el objeto de evitar el cierre de las grandes empresas públicas —en su mayoría— que amenazaban con desertificar regiones enteras; d) en cuarto término, se ha observar una enorme tipología de vías de presión y acciones colectivas en donde la violencia física constituye un componente central en no pocos casos; e) en quinto lugar, este tipo de conflictos obreros desbordarán en un significativo número de casos los cauces institucionales y oficiales establecidos para la resolución habitual de las movilizaciones laborales. De hecho, en determinadas ocasiones quedó patente la incapacidad de los grandes sindicatos por controlar a sus propios militantes, sin poder detenernos en el momento de enfrentamiento total entre UGT y CCOO a nivel estatal. También el caso de Sagunto marcó una diferencia cualitativa y sustancial frente a otros tantos conflictos obreros en aquel tiempo: la unidad de acción inquebrantable entre el Comité de Empresa (con destacado protagonismo de CCOO como sindicato mayoritario), la mayoría del Ayuntamiento de Sagunto y la coordinadora vecinal en defensa de los AHM (González de Andrés, 2011); f) a la hora de los resultados finales, lo que nos encontramos, de forma habitual, son con derrotas transformadas en victorias parciales aunque reversibles en el tiempo.

En medio de una crisis generalizada, Sagunto ocupó no pocos minutos informativos hasta su conclusión. En abril de 1984, justo cuando el ciclo conflictivo decaía, los muy estrechos límites de *victorias* y *conquistas* en torno a los que se movía el movimiento obrero no constituyeron una excepción en este caso. En aquella ocasión, de los 1.700 trabajadores considerados como *excedentes*, 1.200 con más de 55 años pasaron a los fondos de empleo y de ahí a la jubilación anticipada. Los otros 500 se les recolocaría en diversas empresas de INI.

La parcial *victoria*, precisamente, radicó en impedir un solo despido. Victoria acompañada de una clara derrota al no evitar el cierre de los AHM. Un conflicto que tuvo relevantes consecuencias para el Gobierno. Como remarcaba un editorial de *El País* del 8 de abril de 1984, tan alta conflictividad social conllevó un "profundo deterioro del propio Gobierno". Y lo que todavía era más grave: "Durante los últimos 13 meses se ha resentido la autoridad y la credibilidad de un Gobierno que amenaza [...] sin cesar y sin cumplir sus amenazas".

Nueve huelgas generales, 24 huelgas de fábrica, 11 manifestaciones en Valencia o 7 marchas a Madrid es tan solo parte del balance de las movilizaciones llevadas a cabo por los trabajadores y vecinos de Sagunto entre febrero de 1983 a abril de 1984. ¿Existió alguna vez la posibilidad de que el Gobierno diera marcha atrás por más que resultara contraproducente en términos estrictamente capitalistas cerrar los AHM? La respuesta es no. Transformado en la *experiencia piloto* (Vega, 2011) del proyecto de modernización socialista, la sola posibilidad de ceder mínimamente hubiera sido tanto como cuestionar la tesis de la *única política posible*.

LOS COSTES SOCIALES, HUMANOS Y ECONÓMICOS DEL PROYECTO DE INDUSTRIALIZACIÓN: EL CASO DE SAGUNTO

Año 1997. Informe de la Comisión Mixta del Tribunal de Cuentas sobre la "fiscalización de las actuaciones realizadas por la Sociedad Estatal Altos Hornos del Mediterráneo, S. A. (AHM)", publicado cinco años después en el BOE. En sus páginas dibuja un escenario de descontrol presupuestario y financiero. Por comenzar con un dato: desde el plan de reconversión de 1981 (Real Decreto 878/1981) hasta 1984 el INI asumió en pérdidas 36.424 millones de pesetas.

Pero el objeto de dicho informe era adentrarse en lo acontecido desde el cierre de AHM entre octubre de 1984 a 1997. Sus conclusiones fueron demoledoras: 1) "[N]o se ha realizado en ningún momento plan ordenado de liquidación", denunciando, al mismo tiempo, como se había iniciado "nuevas actividades atípicas"; 2) "El activo más importante de que disponía AHM en el momento del cese de su actividad [...] eran los terrenos de su propiedad situados en Sagunto. AHM no disponía en 1984 (ni lo elaboró hasta 1997) de un inventario contable de esta masa patrimonial en el que constasen debidamente identificadas y valoradas todas las fincas". Más de ocho millones de metros cuadrados en donde la sociedad estatal de AMH enajenó el 68% de los mismos al sector público. No solo, pues tal sociedad pública se dedicó a especular con terreno público: "Una parte de los terrenos fue adquirida por una sociedad estatal inmobiliaria", pero aunque "esta sociedad se constituyó expresamente para la compra de terrenos a AHM, no se le vendieron todos los que mantenía en activo"; 3) "Desde 1984 hasta el 31 de diciembre de 1997, AHM ha recibido aportaciones de recursos púbicos por importe de 76.030 millones de pesetas. Además del coste estimado de la culminación del proceso de liquidación supera los 11.000". Cifras que multiplicaban por casi cinco el citado contrato-programa del Comité de Empresa que *apenas* alcanzaba los 16.000 millones de pesetas según informaba *El País* el 2 de marzo de 1984.

Junto a este descontrol de determinadas sociedades públicas, a finales de los años ochenta se inició la privatización de las empresas rentables del INI y del Instituto Nacional de Hidrocarburos (INH). O, directamente, se procedió a la venta de empresas saneadas caso de SEAT, por nombrar el caso más conocido.

Volviendo a lo más duro de la reconversión, el Ejecutivo socialista, más allá de reconocer alguna que otra discrepancia interna, mantuvo una unidad de acción propia de una organización estalinista: cualquier opinión contraria, mínimo disenso, falta de entusiasmo o muestra de mínima debilidad, terminó con el cese de no pocos altos cargos y el fin de decenas de carreras políticas y administrativas. Pero a nivel interno las discrepancias fueron notables tal como relevan los fondos documentales del ACMITES, el proceso tanto de elaboración del *Libro Blanco sobre la reindustrialización* (Ministerio de Industria y Energía, 1983), pasando por Real Decreto-Ley 8/1983, de 30 de noviembre, sobre reconversión y reindustrialización, la Ley 27/1984, de 26 de julio, sobre reconversión y reindustrialización[5] y, principalmente, el Real Decreto 1990/1984, de 17 de octubre, sobre desarrollo de las medidas laborales de la reconversión industrial.

Con extraordinaria cautela, cuando no con preocupación, fueron seguidos tales proyectos por la DGT, los responsables de la Seguridad Social y el gabinete técnico del subsecretario departamento de Trabajo. De cualquiera de las formas, cuando se leen las observaciones y objeciones de Trabajo al respecto del enfoque adoptado se comprueba como en su inmensa mayoría fueron ignoradas frente a las tesis de Economía e Industria[6]. No era baladí, pues el Ministerio encabezado por Joaquín Almunia asumió, a la postre, el coste y gestión de millonarias partidas a través de los ERE, las jubilaciones anticipadas y otras iniciativas[7].

Puesta en marcha la Ley 27/1984, la posterior creación de los Fondos de Promoción de Empleo (FPE), las Zonas de Urgente Reindustrialización (ZUR) y más tarde las Zonas Industriales en Declive (ZID), generaron un elevado gasto presupuestario. Según la propia UGT cerca de 2,7 billones de pesetas[8]. 791 empresas se acogieron a tales planes, viéndose 280.000 trabajadores afectados. El número de efectivos del INI pasó de 219.829 a 151.674

5. De cara a internarse por el particular *making-of*, véanse los informes internos de Trabajo, el intercambio de observaciones entre diferentes ministerios y su paso por la Comisión Delegada del Gobierno para Asuntos Económicos. ACMITES. Ministerio de Trabajo y Seguridad Social. Subsecretaría. Gabinete Técnico. "Reconversiones, 1983-1985", RE 1996/36, c. 16, exp. 87D.
6. ACMITES. Ministerio de Trabajo y Seguridad Social. Subsecretaría. Gabinete Técnico. "Desarrollo de las medidas laborales de la reconversión industrial", RE 1999/10, c. 113 y 115, 1984/1985.
7. Un ejemplo perfecto puede localizarse en ACMITES. Ministerio de Trabajo y Seguridad Social. "Fondos de Promoción de Empleo. Sector de Aceros Especiales (1983-2001)", sig. 198854-199063.
8. Son las cifras que ofreció un informe de la UGT-Sector Metal, titulado: "La reconversión industrial en España", Madrid, julio de 1991 y que fueron recogidas en Marín Arce (2006). Miguel Boyer ofreció cifras sensiblemente más bajas: "El coste de la reconversión industrial entre 1984 y 1989 puede estimarse en un billón de pesetas y la inversión realizada en esos sectores, entre 1984 y 1989, en 650.000 millones" (2005: 93). En un voluminoso expediente conservado en el ACMITES sobre la "Evolución y ajuste laboral" de la reconversión, entre otros tantos informes, se incluyó unas fotocopias de un reportaje de la desaparecida revista Tiempo (n.º 303, 29 febrero-3 de marzo 1988) bajo el título: "Estalla un escándalo de más de 500.000 millones", relativo solo al coste de los FPE. ACMITES. Ministerio de Trabajo y Seguridad Social. Subsecretaría. Gabinete Técnico, "Reconversión Industrial", RE 1999/10, c. 134, 1985-1988.

entre 1982 a 1989, es decir, una reducción absoluta directa de 68.155 empleos dentro del propio grupo empresarial público. En una segunda lectura debe advertirse como "la industria no logró restablecer la capacidad impulsora de que había gozado con anterioridad a la crisis y reiteró su sólo mediana contribución al crecimiento económico, retrocediendo en su participación en el VAB [valor agregado bruto]" (Buesa y Molero, 1999: 155).

En cualquier caso, de lo que poco o nada se ha hablado y menos escrito ha sido en torno a los costes sociales y humanos —llámase también incremento cuantitativo de la desigualdad social (Colectivo IOE, 1992; Esteve Mora *et al.*, 1992)— vinculados al proceso de reestructuración del modelo capitalista español y, de forma concreta, a la estrategia desindustrialización que desertificó regiones enteras en los años ochenta. AHM cerró, pero dejó un reguero de heridos y lo más importante: sin un presente y sin futuro de toda una comarca para la generación activa y la generación más joven condenada a la emigración[9]. La tasa de desempleo rápidamente alcanzó el 40%, pese de las inversiones prometidas y demás iniciativas públicas. Fin a un modelo de vida y resquebrajamiento de la comunidad obrera. Y más pronto que tarde aquellos *parados de lujo* —como los calificara el periodista José Luis Carrascosa desde las páginas de *ABC* el 11 de abril de 1984 en un indisimulado ataque de odio de clase[10]— cayeron en graves problemas de depresión, psicológicos e inclusivo en suicidios. Un informe de CCOO alertó de cómo se ha había incrementado un 37% el suicidio en las zonas desindustrializadas (Gálvez Biesca, 2017).

El incremento de la desigualdad entre la propia clase obrera por regiones y comunidades autónomas —y que como se evidenció en Sagunto en las votaciones finales comenzaba, a su vez, a resquebrajarse entre fijos y temporales como un factor alarmante al que

9. Para descender a ras de suelo, véanse los testimonios recogidos en Gómez Caja (2012) y en Pérez Climent (2022).

10. Más sangrante todavía son las palabras procedentes de ciertos escritores seudoprogresistas: "Los saguntinos, gentes de toda España, mezcla de acentos y apellidos regionales, formaban una aristocracia proletaria que, a cambio de un trabajo inhumano que fundía los huecos y el alma, vivía razonablemente bien" (Molino, 2022: 199).

se tardó en prestar atención desde la óptica de la acción sindical (Bilbao, 1995)— y la desactivación de los principales núcleos organizados del movimiento obrero —a saber, las poderosas federaciones de Industria de los sindicatos de clase en torno a las grandes fábricas— se constituyeron en condiciones objetivas de la capacidad de éxito del nuevo modelo de relación capital-trabajo. Con la ayuda, recordemos, de millones de pesetas de los PGE. Ese fue el efecto ilusorio de la modernización socialista: hacer pasar por racionalidad y como *única política posible* lo que no dejo de ser un proceso de acumulación capitalista en perspectiva internacional.

CONCLUSIONES: REPENSAR EL 'LABORATORIO DE PRUEBAS' DE SAGUNTO EN EL 40.º ANIVERSARIO DEL CIERRE DE LOS ALTOS HORNOS DEL MEDITERRÁNEO

En febrero 2024 se declaró bien de interés cultural "con categoría de monumento, el alto horno n.º 2 de la siderúrgica de Puerto de Sagunto, en el municipio de Sagunto". No busquen en el BOE referencia alguna a las luchas y batallas obreras acontecidas en 1983 y 1984.

Sucede lo mismo con la web de la Fundació de la Comunitat Valenciana de Patrimoni Industrial i Memòria Obrera de Port de Sagunt. Magníficas fotografías. Sobre atención a su arquitectura. Anuncio de la potencialidad del museo. Posibilidad de alquiler de espacios. Pero llegado el caso, tan solo unas pocas palabras se dedican a los verdaderos protagonistas de esta historia: eso sí, después de hablar de cómo su objetivo pasa por la "protección, conservación y proyección social a futuro del patrimonio industrial de la comunidad", lo que "se plasma en la creación de un museo y su archivo entorno al horno alto n.º 2 [...]" para llegado el objeto de "rendir homenaje y testimonio de miles de trabajadoras y trabajadores en sus áreas específicas que contribuyeran al funcionamiento de una gran instalación industrial que determinaba los ritmos vitales y la misma existencia del núcleo de población de Puerto de Sagunto". Estamos aquí ante un lenguaje aparentemente aséptico, pero para nada neutral que, a la par que deforma la realidad, sitúa en los márgenes a los protagonistas esta historia. Un clásico de los relatos museísticos.

Poco o nada ayuda en esta tarea de la reconstrucción de lo histórico el escándalo, también en 2024, sobre la penosa situación por la que ha pasado el Archivo Industrial de AHM. Según la prensa, 7.000 cajas de mudanza se encontraban prácticamente abandonadas en una nave sin ningún tipo de medida de conservación. Todos los actores potencialmente implicados —desde la propia Fundació del Port de Sagunt (titular del Archivo) pasando por el Ayuntamiento y la Diputación de Valencia, el Ministerio de Cultura y la propia Sociedad Estatal de Participaciones Industriales (SEPI), que entre sus funciones está la de custodiar los fondos documentales del INI— se han ido pasando *el marrón* uno a otros; a pesar de que tales fondos documentales forman parte del patrimonio documental y cuenten con una alta protección según el artículo 49.2. de la Ley 16/1985, de 25 de junio, del Patrimonio Histórico Español. Una de tantas formas de privar al derecho a la verdad a todos aquellos que trabajaron en los AHM y a la sociedad en general. A modo de solución de urgencia, el ayuntamiento el 17 de junio de 2024, según informaba el diario *Levante-EMV*, tomó las riendas alquilando unas naves con condiciones adecuadas de conservación e iniciando los procedimientos administrativos correspondientes para su tratamiento archivístico.

Recorrer el *laboratorio de pruebas* que fue Sagunto con las herramientas propias del historiador interesado en una historia social desde abajo y con los de abajo nos dibuja la otra parte de la historia de la primera legislatura del Gobierno socialista: las contradicciones y debilidades de la estrategia de la modernización socialista. Un proyecto macroeconómico ejecutado con formas autoritarias, con grave prejuicios para las cuentas públicas y demoledoras consecuencias sociales y humanas para los trabajadores y sus familias del Camp de Morvedre.

Frente aquel proyecto sustentado en la deslegitimación y criminalización del hecho sindical, en este texto se ha tratado de reconstruir aquella experiencia única de lucha obrera en el contexto del último episodio de lucha de clases en la España contemporánea, con reivindicación del papel desarrollado por el sindicalismo de clase representado por CCOO —a través de su poderosa Federación del Metal— y el resto de las organizaciones sindicales. Sin olvidarnos, por último, que de Sagunto se habló largo y tendido, dentro y fuera de España, como un ejemplo prototípico de la resistencia a la oleada neoliberal de los años ochenta del siglo XX.

BIBLIOGRAFÍA

Berzosa, C. (1986): "La política económica del PSOE. Condicionantes y presupuestos", en Fundación de Investigaciones Marxistas (ed.), *La experiencia socialista a debate*, Fundación de Investigaciones Marxistas, Madrid, pp. 71-80.

Bilbao, A. (1995): *Obreros y ciudadanos. La desestructuración de la clase obrera*, 2ª ed., Trotta, Madrid.

Bodí Ramiro, B. (2011): "¿Y ahora qué? Patrimonio, identidad y trabajo a 26 años de la reconversión industrial en el Puerto de Sagunto", *Sociología del Trabajo*, (71), pp. 100-117.

Boyer, M. (2005): "Las etapas de la economía española desde 1975 en su contexto político", en L. Calvo Sotelo *et al.*, *Cinco lustros apenas. 25 años de economía y sociedad españolas*, Marcial Pons, Madrid/Barcelona, pp. 81-130.

Buesa, M. y Molero, J. (1999): "La industria: reorganización y competitividad", en J. L. García Delgado (dir.), *España, economía: ante el siglo XXI*, Espasa-Calpe, Madrid, pp. 151-174.

Colectivo IOE (1992): "Características de la desigualdad en el Estado español" en *La sociedad de la desigualdad: pobreza y marginación a debate* [Jornadas organizadas por el sindicato ESK-CUIS], Tercera Prensa, Donistia, pp. 25-37.

Cortes Generales (2002): *Resolución de 19 de febrero de 2002, aprobada por la Comisión Mixta para las Relaciones con el Tribunal de Cuentas en relación al Informe de fiscalización de las actuaciones realizadas por la "Sociedad Estatal Altos Hornos del Mediterráneo, Sociedad Anónima" (AHM), después del cese de su actividad siderúrgica y su situación a 31 de diciembre de 1997*, Boletín Oficial del Estado, número 103, 30 de abril de 2002.

Díaz Morlán, P., Escudero, A. y Sáez García, M. A. (2008): "El desmantelamiento de la siderurgia integral del Mediterráneo español (1977-1984)", *Revista de Historia Industrial*, (38), pp. 161-187.

Esteve Mora, F. *et al.* (1992): *Modernización económica y desigualdad social*, Cáritas, Madrid.

Gálvez Biesca, S. (2013): *Modernización socialista y reforma laboral (1982-1992)*, tesis doctoral, Universidad Complutense de Madrid

— (2017): *La gran huelga general: el sindicalismo contra la 'modernización socialista'*, Siglo XXI, Madrid.

Gómez Caja, F. (2012): *Voces de la fábrica*, Amaranto Cultural, Sagunto.

González de Andrés, E. (2011): "La lucha contra el cierre de Altos hornos del Mediterráneo de Sagunto (Valencia)", *Espacio, Tiempo y Forma, Serie V. Historia Contemporánea*, (23), pp. 201-220.

Guereca, L. (1986): "Impacto de la adhesión de España a la Comunidad Económica en el sector siderúrgico", *Ekonomiaz: Revista vasca de economía*, (4), pp. 105-122.

Marín Arce, J. Mª (2006): "La fase dura de la reconversión industrial: 1983-1986", en A. Soto Carmona (ed.), *La primera legislatura socialista, 1982-1986*, dossier monográfico *Historia del Presente*, (8), pp. 61-101.

Milne, S. (2018): *El enemigo interior. La guerra secreta contra los mineros*, Alianza, Madrid.

Ministerio de Economía y Hacienda. Secretaría General de Economía y Planificación (1984/1987): *Programa económico a medio plazo, 1984-87*, III vols., Ministerio de Economía y Hacienda, Madrid.

Molino, S. del (2022): *Un tal González*, Alfaguara, Barcelona.

Pérez Climent, B. (2022): "Reconversió industrial i moviment obrer al Por de Sagunt: actituds, resistència i memoria", *Braçal: revista del Centre d'Estudis del Camp de Morvedre*, (66), pp. 79-107.

Olmos, M. (1984): *Breve historia de la siderurgia saguntina. La batalla de AHM*, Fernando Torres Editor, Valencia.

Viaña, E. (1991): *Políticas industriales en sectores maduros. El caso de la siderurgia integral española (1980-1983)*, Universidad Complutense de Madrid, Madrid.

Vega, R. (2011): *Historia de la UGT. La reconstrucción del sindicalismo en democracia, 1976-1996*, Siglo XXI, Madrid.

Wilhelmi Casanova, G. (2021): *Sobrevivir a la derrota. Historia del sindicalismo en España (1975-2004)*, Akal, Madrid.

CAPÍTULO 3

LA REINDUSTRIALIZACIÓN DE SAGUNTO: IMPULSO POLÍTICO EXTERNO, REACTIVACIÓN ENDÓGENA Y REINSERCIÓN METROPOLITANA EN UN ÁREA DE ANTIGUA INDUSTRIALIZACIÓN

JUAN R. GALLEGO BONO Y JUAN A. TOMÁS CARPI

INTRODUCCIÓN: CONTEXTO E HIPÓTESIS BÁSICAS

Desde el cierre de la cabecera siderúrgica saguntina en 1984 a la comunicación de la decisión de la multinacional alemana Volkswagen de instalarse en Sagunto han transcurrido cuatro décadas. Ciertamente, existe entre ambos acontecimientos una línea de continuidad, en el sentido de que los dos procesos se inscriben en la misma lógica de un territorio cuya historia industrial está marcada por la presencia de grandes empresas por obra de decisiones estratégicas adoptadas fuera de Sagunto. Ahora bien, entre los dos momentos ha tenido lugar un accidentado proceso, que no solo es propio de cualquier realidad socioeconómica, sino que en el caso de Sagunto constituye el reflejo exacto de un modelo de desarrollo industrial que ha adquirido una complejidad creciente y que reproduce en el tiempo el carácter inestable del modelo. Justo por eso, el presente capítulo va a tratar de mostrar los rasgos esenciales de este modelo industrial que explican esta evolución accidentada desde el cierre de Fábrica (denominación con la que la población de Puerto de Sagunto se refería a la siderurgia integral), y que lo predisponen a una evolución no menos accidentada en el futuro, por más prometedor que este se presente en la actualidad. Lo que sigue se apoya en una investigación de los autores que abarca en gran medida el periodo estudiado y que ha supuesto la realización de más de un centenar y medio de entrevistas en profundidad con todos los protagonistas de los procesos bajo revista en contacto constante con la realidad.

Puerto de Sagunto se desarrolló como una *factory-town*, asociada a la creación de actividades minero-siderúrgicas a principios del siglo XX (Gallego y Nácher, 1996), pero también como un área de antigua industrialización (Gallego y Nácher, 1996; Tomás Carpi y Gallego, 1995) o complejo industrial con un tipo de aglomeración económica específica distinta a los sistemas de pymes o a las áreas metropolitanas (Gordon y McCann, 2000).

Las áreas de antigua industrialización, especializadas en sectores como la minería, la siderurgia o la construcción naval, tienen tendencia al *lock-in* o bloqueo estructural, es decir, tienen tendencia a quedar atrapadas en una serie de rutinas y de comportamientos que ponen en cuestión su resiliencia o capacidad de adaptación. Se trata de una serie de características estructurales tales como las relaciones estables (y poco creativas) de las grandes empresas con sus subcontratistas, la escasa innovación de producto y de proceso de las grandes empresas, la cultura de empleado de los trabajadores y de la población en general, la existencia de un ambiente que inhibe la atracción de otras empresas y sectores industriales y las coaliciones sociopolíticas locales que tienden a reproducir el modelo existente. Pero estas áreas también son capaces de desarrollar elementos de creatividad o *path creation* (Baeten, Swyngedouw y Albrechts, 1999; Greco y Di Fabbio, 2014; Grabher, 1993; Martin y Sunley, 2006; Tödtling y Trippl, 2004; Tomás Carpi y Gallego, 1995 y 1997; Gallego, Garnier y Mercier, 2008; Gallego, 2015; Hassink y Kiese, 2021). Además, como consecuencia de dichas características estructurales, estas aglomeraciones productivas, divergen de su entorno, tanto desde una perspectiva socioeconómica como cultural, y pueden pues quedar relativamente aisladas del mismo (Tomás Carpi y Gallego, 1995; Gallego, 2015; Gallego y Pitxer, 2019a).

Como un posible ejemplo de *path creation*, este tipo de aglomeraciones puede generar un importante potencial endógeno de desarrollo (saber hacer de la mano de obra, capacidad de organización colectiva, etc.) (Tomás Carpi y Gallego, 1995 y 1997). Sin embargo, el propio efecto compresor que ejerce la empresa o las empresas dominantes (Gallego y Nácher, 1996) dificulta el aprovechamiento de dicho potencial fuera de la propia actividad y organización dominante. Otro tanto puede ocurrir con otros atractivos como la localización, cuyo potencial puede quedar infrautilizado o incluso inactivo en la medida que el modelo dominante frene las posibilidades de desarrollo de iniciativas en actividades distintas a la hegemónica. Ahora bien, la crisis de las actividades dominantes podría tener el efecto de liberar todos estos recursos hasta ese momento solo en estado latente y contribuir con ello al relativo éxito de un proceso de reindustrialización (Tomás Capi y Gallego, 1995 y 1997).

Esta secuencia es la que hemos conceptualizado y mostrado empíricamente en el caso de Sagunto (Tomás Capi y Gallego, 1995 y 1997), además de compararla con otras zonas de antigua industrialización similares (Gallego, Garnier y Mercier, 2008).

Hay que tener en cuenta, además, que por las propias características estructurales de las áreas de antigua industrialización en general, y de Sagunto en particular (merced a su propio proceso de conformación histórica), existe una debilidad intrínseca para generar una dinámica de desarrollo autosostenido. Dicha debilidad es una consecuencia esencialmente de la dificultad para mantener un flujo continuo de creación y desarrollo de nuevas empresas en ausencia de una significativa capacidad endógena para el surgimiento de iniciativas empresariales y de la dificultad de lograr la atracción continuada de empresas foráneas.

Pues bien, a partir de esto último y de nuestras investigaciones previas sobre la realidad que nos ocupa, y a modo de hipótesis interpretativas, el presente trabajo va a tratar de evidenciar cómo los rasgos esenciales del proceso de reindustrialización de Sagunto se pueden explicar como consecuencia de cinco vectores básicos. En gran medida, dichos vectores persisten en el tiempo, en coherencia con su propio carácter genético, es decir, su condición de elementos enraizados en el proceso mismo de conformación del modelo de desarrollo industrial. Los cinco vestores-fuerza son los siguientes. En primer lugar, la necesidad recurrente del impulso externo para mantener el crecimiento industrial de Sagunto, y del que la política de reindustrialización de los Gobiernos central y autonómico es una muestra paradigmática. En segundo lugar, la reactivación del potencial endógeno que provoca tanto el nuevo contexto social y económico sin Fábrica como el impulso del proceso de reindustrialización. En tercer lugar, la reinserción externa (esencialmente metropolitana) que propicia este cambio en el ambiente asociado al ajuste siderúrgico, junto a la diversificación industrial, la mejora de las infraestructuras y la propia reactivación de la localización estratégica de la zona que favorece el comienzo de la reindustrialización. En cuarto lugar, la existencia de un vector político que, si bien se expresa de diferentes formas, es el auténtico hilo conductor del devenir industrial de la zona, y que permite: a) articular la dinámica interna y el impulso externo; b) entrelazar las diferentes etapas de la historia industrial de Sagunto; y c) dotar de continuidad a todo el proceso. Por ejemplo, es esencial para explicar cómo los trabajadores y sus organizaciones sindicales consiguieron arrancar una política de reindustrialización al Gobierno central en 1984; cómo los Gobiernos central y autonómico apostaron, en una segunda etapa, por un futuro industrial para Sagunto creando Parc Sagunt o cómo el Gobierno autonómico resultante de las elecciones de 2015 ha jugado fuerte para desbloquear Parc Sagunt y para atraer a Volkswagen.

En quinto lugar, es vital comprender que a lo largo de estas cuatro décadas ha tenido lugar un cambio crucial en la escala de la gobernanza que define los destinos de la realidad socioeconómica local, esto es, en la articulación y mecanismos de coordinación entre las diferentes escalas local, regional, nacional e internacional, en general, y muy especialmente la importancia relativa de la escala local. En este sentido, se tratará de evidenciar cómo durante el proceso de reconversión-reindustrialización los actores locales tenían todavía capacidad para incidir significativamente en su propio destino, tanto por la vía política (capacidad reivindicativa) como económica (mejora de las competencias de los trabajadores siderúrgicos en el tren de laminación en frío, etc.); pero esta influencia local se ha diluido con el propio agotamiento del proceso de reindustrialización, en su doble de dimensión oficial y espontánea, como veremos.

Después de explicar el origen y el devenir del proceso de reindustrialización en las páginas que siguen, y a modo de colofón del trabajo, se entenderá cómo la decisión de Volkswagen de implantarse en Sagunto constituye el último acto de una historia industrial no acabada que los cinco vectores a los que nos acabamos de referir permite representar.

LA LUCHA CONTRA EL CIERRE DE LA SIDERURGIA ARRANCÓ UNA POLÍTICA DE REINDUSTRIALIZACIÓN

La orden de cierre del horno alto n.º 2 decretada por el Gobierno central español en febrero de 1983 provocó una auténtica batalla (Olmos, 1984) por parte de la sociedad de Puerto de Sagunto y del conjunto del municipio por mantener la siderurgia. La consideración de toda una serie de informes técnicos, tanto internos a AHM (Altos Hornos del Mediterráneo) como externos a la empresa (como era el caso del informe Kawasaki), reforzaba el argumento de que eran razones políticas las que estaban detrás del posible cierre de la siderurgia. Y estas últimas eran tanto internas al país (la debilidad de la siderurgia saguntina frente a la vasca y asturiana) como externas al mismo, a saber, el tributo que había que pagar a Francia por la entrada en la Comunidad Económica Europea, dada la competencia que podía suponer la eventual modernización de la siderurgia saguntina para la siderurgia francesa, en especial, la planta de Fos-sur-Mer. Esta narrativa legitimaba la lucha de los sindicatos y de la ciudadanía por un objetivo que se consideraba justo. La propia confianza en el mantenimiento de la siderurgia que se derivaba de los Acuerdos de la Siderurgia Integral de 1981 y del reciente compromiso público verbal de Felipe González en este mismo sentido no hacía sino alimentar este argumento. Por supuesto, la amenaza de poner fin a un modo de vida y a las certidumbres que suponían el trabajo en la siderurgia también subyacían a la lucha contra el cierre. "No a la muerte de un pueblo", era el lema que sintetizaba esta última motivación, al tiempo que dejaba entrever la no consideración de una eventual política de reindustrialización como paliativo válido a un posible cierre de la siderurgia integral. Son estos factores los que permiten explicar que durante 15 meses existiese un proceso sistemático de movilización de la sociedad local en Sagunto, en Valencia y en el resto de España, en defensa de la siderurgia liderado por los sindicatos (Tomás Carpi y Gallego, 1995 y 1997).

Aunque finalmente los trabajadores aceptaron el cierre de la siderurgia integral con la firma de los acuerdos de abril de 1984, estos acuerdos suponían la obtención de importantes contrapartidas y, en especial, el compromiso del Gobierno regional de desarrollar una política de reindustrialización (Bono, 1984). De un lado, se creó el Fondo de Promoción de Empleo que implicaba una garantía (durante los tres años como máximo en que los trabajadores excedentes estaban pendientes de recolocación) de percepción del 80% del salario bruto que los trabajadores recibían como media en los últimos seis meses en activo. Esto se aplicaba a los aproximadamente 2000 trabajadores excedentes que se acogieron al Fondo de Promoción de Empleo. Además, estos trabajadores, que tenían hasta 52 años, recibieron en algunos casos formación para facilitar su recolocación en las nuevas empresas (Argente y Gallego, 1989; Tomás Carpi y Gallego, 1995 y 1997). Es importante destacar que, aunque las condiciones salariales y en general fuesen muy ventajosas en el contexto valenciano (Torrejón, 1990) y nacional (Tomás Carpi y Gallego, 1995), los sindicatos tuvieron que seguir luchando incluso en los tribunales para lograr su cumplimiento en el tiempo por parte del Gobierno central.

El segundo recurso para hacer frente al conflicto social y económico provocado por el cierre de la siderurgia fue el desarrollo de una política de reindustrialización. El instrumento clave para ello fue la creación de la CPES (Comisión para la Promoción Económica de Sagunto), liderada por el Gobierno regional y con presencia sindical, que se dedicó a la captación y seguimiento de proyectos empresariales maduros que pudiesen recolocar a los trabajadores excedentes; una labor a la que también contribuiría la División de Nuevas Actividades de AHM. Para que esta captación de empresas fuera posible, el Gobierno central declaró la zona de Sagunto como ZPLI (Zona de Preferente Localización Industrial) y ZPLA (Zona de Preferente Localización Agroalimentaria). Se trataba de una zona amplia que no solo abarcaba la comarca del Camp de Morvedre, sino una zona de las comarcas limítrofes (l'Horta Nord, El Alto Palancia y La Plana Baixa), al menos en la parte industrial o agroalimentaria según los casos. Esta definición amplia permitió captar más proyectos en el limitado periodo de tres años al que se circunscribía la posibilidad de acogerse a las ayudas. Las principales ventajas eran la posibilidad de obtener subvenciones de hasta el 30% de las inversiones en capital fijo, acceso preferente al crédito oficial hasta un 70% de la inversión restante y bonificaciones fiscales. Además, las empresas recibían 1.250.000 pesetas por cada trabajador contratado procedente del Fondo de Promoción de Empleo. El hecho de que el instrumento que servía de cobertura para la concesión de las ayudas a las empresas que invirtiesen en la zona fuese la declaración de Sagunto de ZPLIA, es decir, un instrumento desarrollista de los años sesenta del siglo XX, muestra bien a las claras que el Gobierno central no había previsto esta política y que se vio forzado a desplegarla por la beligerancia de la sociedad local (Argente y Gallego, 1989; Tomás Carpi y Gallego, 1995 y 1997).

Ahora bien, por esa misma razón el papel del Gobierno regional fue clave. Al haber apostado por la diversificación del tejido industrial de Sagunto frente a la opción de mantenimiento de la siderurgia integral, su papel fue vital en la reindustrialización. En primer lugar, lideró la Comisión para la Promoción Económica de Sagunto, un instrumento esencial en la captación y seguimiento de los nuevos proyectos de inversión industrial. En segundo lugar, desempeñó un rol esencial en la localización en Sagunto de SIVESA, empresa capital para completar el proceso de recolocación de excedentes de la siderugia (y en especial del colectivo de trabajadores fijos de AHM) y también de Bosal. Además, concedió subvenciones a estas dos empresas y a otra como Falk Ibérica.

La política de reindustrialización impulsada por el Gobierno central y apoyada por el Gobierno regional consiguió a 31 de diciembre de 1988 la captación de 54 proyectos industriales en los sectores de transformados metálicos, química, vidrio y plásticos, construcción y cerámica, textil, cuero y calzado, auxiliar del automóvil, sector agroalimentario, etc. Estos proyectos contemplaban la generación de 2.053 empleos totales, de los cuales 678 procedían del Fondo de Promoción de Empleo (Argente y Gallego, 1989; Tomás Carpi y Gallego, 1995).

DE LA REINDUSTRIALIZACIÓN OFICIAL A LA REINDUSTRIALIZACIÓN ESPONTÁNEA

Aunque según las entrevistas realizadas la disponibilidad de ayudas públicas fue la principal motivación esgrimida por las nuevas empresas subvencionadas para localizarse en la zona, el relativo éxito del proceso no se puede entender sin tomar en consideración la reactivación de los factores de desarrollo endógeno y de la propia localización estratégica que supuso el cambio en el ambiente y el nuevo contexto que suponía el cierre de la cabecera siderúrgico. Así, la elevada cualificación de la mano de obra industrial, el elevado nivel de formación de la población (vital para el desarrollo de un sector endógeno de servicios avanzados a las empresas) y la existencia de un importante cinturón de empresas subcontratistas de AHM (que se reorganizó con el cierre de la siderurgia) resultaron esenciales para la consolidación de una parte importante de las nuevas empresas industriales captadas por el proceso (Tomás Carpi y Gallego, 1995 y 1997). Esto no obsta para que la tardanza en la recepción de las subvenciones, el escaso periodo (tres años de vigencia de las subvenciones) y la ausencia de continuidad de la CPES para hacer el seguimiento de los proyectos supuso que una cierta cantidad de empresas cerrasen o que algunos proyectos no llegasen a ponerse en marcha (Argente y Gallego, 1989; Tomás Carpi y Gallego, 1995 y 1997).

Es más, hay que tener en cuenta que junto al cambio en el ambiente y la reactivación del potencial endógeno y de la localización estratégica tuvo lugar un proceso de diversificación industrial. Todo ello, unido a la apertura del puerto al tráfico comercial y su integración en la Autoridad Portuaria de Valencia, propició la reinserción de Sagunto y la comarca en el área metropolitana de Valencia. Una reinserción que es esencial para comprender que tanto en el mismo momento en que estaban llegando empresas subvencionadas como en los siguientes años se dio un proceso de reindustrialización espontánea fuera de las ayudas públicas. La prueba más evidente de este proceso fue la ubicación en el polígono SEPES de empresas industriales que no recibieron subvenciones públicas y que optaron por esta localización tras sopesar otras opciones de ubicación en torno al área metropolitana de Valencia (Tomás Carpi y Gallego, 1995 y 1997).

Si consideramos este proceso de reindustrialización espontánea como resultado de los atractivos endógenos de la zona para el desarrollo industrial, puede ser legítimo incluir en el mismo un proceso que se dio en los años noventa en el propio seno de la siderurgia. En efecto, el desarrollo de la estructura funcional en SIDMED (Siderurgia del Mediterráneo), que gestionaba el tren de laminación en frío, a principios de los años noventa del siglo XX supuso el establecimiento, sobre todo gracias al liderazgo sindical, de un amplio acuerdo entre la dirección de la empresa y los sindicatos para fijar los salarios en función de las competencias de los trabajadores y no de su antigüedad, lo que comportó la introducción de las polivalencias. Esto no solo permitió la resolución de un importante conflicto interno a la plantilla, sino la mejora de la productividad de la siderurgia saguntina (Tomás Carpi y Gallego, 1995 y 1997). Pues bien, se podría considerar como un segundo episodio de este proceso de reindustrialización espontánea las inversiones siderúrgicas en Sagunto de la empresa siderúrgica francesa SOLAC, porque, según algunos analistas consultados, se vio muy influida por el muy innovador cambio en la organización del trabajo, la introducción de las polivalencias y la propia actuación sindical en SIDMED.

Y de alguna manera la difusión de los principios de la estructura funcional a otras empresas industriales de la zona (procedentes en muchos casos del proceso de captación de inversiones industriales que sigue al cierre) también se podría incluir dentro del proceso de reindustrialización. Además, la difusión de esta auténtica innovación social es importante para explicar el modelo de crecimiento industrial posreconversión, esto es, un modelo más basado en el aumento de las plantillas de algunas nuevas grandes empresas que en la creación de nuevas empresas (Tomás Carpi y Gallego, 1995 y 1997; Gallego, 2017).

LA REINDUSTRIALIZACIÓN ACTIVA UN PROCESO DE INNOVACIÓN, PERO FALTO DE CONTINUIDAD

Para comprender bien el alcance de estos procesos y sus limitaciones es importante destacar que la competitividad de los territorios depende del capital territorial que, siguiendo a Camagni (2008), estaría formado por un conjunto de activos y de recursos que definen la competitividad de un territorio porque contribuyen a aumentar la eficiencia y la productividad de las actividades económicas que se desarrollan en el mismo. Estos activos y recursos presentan distintos grados de rivalidad (apropiabilidad privada) y grados diferentes de materialidad (tangibilidad física) y comprenden tanto un conjunto de elementos tradicionales a la hora de valorar la competitividad, como otros elementos más novedosos y decisivos en la generación de innovaciones. Entre los primeros cabe destacar (Camagni, 2008): 1) los recursos y el capital social fijo (infraestructuras); 2) el *stock* de capital fijo privado, los bienes y servicios tipo peaje y las externalidades pecuniarias tipo *hard*, es decir, beneficios positivos y económicamente visibles que obtienen personas y organizaciones de la presencia en una zona concreta especializada en la producción de bienes tangibles, tales como bienes intermedios; 3) el capital humano, con la inclusión de la capacidad de emprendimiento, la creatividad, el saber hacer privado y las externalidades pecuniarias *soft*, es decir, beneficios externos asociados a bienes no tangibles (conocimiento y relaciones entre actores); y 4) el capital social, o trama de instituciones, normas y valores compartidos por la comunidad, con inclusión de su propensión al asociacionismo. Estos elementos son importantes en la competitividad y capacidad de desarrollo de un territorio, pero presentan el problema de que o son muy tangibles y presentan una baja rivalidad (y, por tanto, son fácilmente disponibles por los competidores) como ocurre con 1), o son altamente rivales pero muy tangibles (2) o son tan rivales e intangibles (3) que son difíciles de compartir; o son tan poco exclusivos (4) que difícilmente pueden ser por sí solos la base de ventajas competitivas sostenibles. Desde esta perspectiva, Camagni (2008) defiende que hoy en día los factores clave para la competitividad de los territorios son una serie de factores que ocupan un espacio intermedio entre los ejes de la materialidad (tangible/intangible) y de la rivalidad (baja/alta). Este espacio intermedio supone una importante intensidad relacional entre actores, crucial para la coordinación entre los mismos y la fluidez del sistema de innovación y de la acción colectiva.

La reindustrialización saguntina se ha apoyado tanto en los factores tradicionales como en otros factores más determinantes en la innovación y la competitividad (Gallego, 2017). Entre los primeros, cabe destacar las nuevas infraestructuras (polígono SEPES, etc.), el capital humano (cualificación de la mano de obra, etc.) y el capital social (organización y capacidad de acción colectiva de los trabajadores y de la sociedad local, etc.) de la zona. Entre los relativamente más novedosos, y ocupando un nivel intermedio de rivalidad, cabría destacar, en primer lugar, el desarrollo de bienes de tipo club (apropiables por la comunidad) como es el caso de la creación de APM (Asociación de Profesionales de Recursos Humanos y Gestión de Empresas) por parte de directivos de grandes empresas de la zona, una iniciativa de mediados de los años 2000 esencial en la difusión de innovaciones entre grandes empresas (en buena parte procedentes de la reindustrialización) y sobre todo entre estas grandes empresas y las pymes del territorio. En segundo lugar, y en el ámbito de las redes de cooperación, tanto las grandes empresas como las pymes producto de la reindustrialización han desarrollado redes de colaboración con el sistema valenciano de innovación, en especial con la red REDIT de institutos tecnológicos. En tercer lugar, también se han desarrollado proyectos de cooperación entre empresas, actores sociales, administraciones públicas, etc., tales como el proyecto EQUAL o el COFECAM (Consorcio para el Fomento Económico del Camp de Morvedre) a mediados de la primera década del siglo XX. En cuarto lugar, y en el ámbito del capital relacional (bagaje de relaciones socioeconómica entre actores), al ya apuntado proceso de desarrollo de la cooperación entre las grandes empresas de la zona y los subcontratistas y el sector de la industria auxiliar en general, hay que unir el estímulo a la cooperación grandes empresas/pymes que supuso la creación de APM. En quinto lugar, y siguiendo con este capital relacional, habría que destacar la difusión de la lógica de la estructura funcional a otras empresas industriales de la zona, y la importancia que ha tenido tanto en la estructura funcional como en su difusión el liderazgo y la capacidad de acción colectiva de los sindicatos, en especial de CCOO del Camp de Morvedre y el Alto Palancia. En sexto lugar, y en el ámbito de los servicios privados relacionales, cabría destacar la creación de empresas de servicios avanzados por titulados universitarios de la zona que sigue al proceso de reconversión-reindustrialización o el desarrollo del terciario avanzado como consecuencia de las conexiones locales a consultoras avanzadas vía grandes empresas y cadenas globales de valor, o incluso la creación puntual de algunas empresas terciarias tecnológicamente avanzadas. En séptimo y último lugar, y con un grado intermedio de tangibilidad como en el caso anterior, habría que destacar el proceso de integración en el área metropolitana de Valencia y la conformación de un clúster metal/automóvil vinculado al segundo sector de este binomio (Gallego, 2017).

Ahora bien, el problema radica en que este impulso no ha tenido continuidad en muchos casos, como consecuencia en parte del agotamiento del impulso endógeno, que se evidencia a) en la dificultad para continuar con el proceso de creación de nuevas empresas industriales (Tomás Carpi y Gallego, 1995; Gallego, 2008); b) en la pérdida de peso del terciario avanzado (Gallego, Cano y Pitxer, 2019); o c) en el relativamente bajo nivel tecnológico de la comarca medido por la relativamente baja importancia relativa de los grupos de cotización 1 y 2 de la Seguridad Social, es decir, los de mayor cualificación (Gallego y Pitxer, 2019a). También la captación de empresas y el dinamismo de las grandes empresas de la zona se ha visto cuestionado en muchos casos. De este modo, lo que comenzó siendo un modelo de crecimiento industrial más basado en el aumento del empleo en las nuevas grandes empresas industriales en lugar de la creación de nuevas empresas (Tomás Carpi y Gallego, 1995 y 1997), ha dado paso a un modelo industrial muy afectado por la deslocalización como lo evidencian los casos paradigmáticos de Bosal y de Galmed, entre otros.

Junto a la debilidad del potencial endógeno, se encuentra el problema del cambio en la escala de la gobernanza que ha dejado de ser local. En este sentido, la sociedad local ha sido incapaz de forzar de forma autónoma la finalización de Parc Sagunt, creado a principios de siglo por los Gobiernos regional y central, lo que, unido a su incapacidad para captar el suficiente interés de importantes inversores, ha comportado que apenas se ubicasen en el mismo un muy pequeño número de empresas en casi tres lustros.

LA INSERCIÓN METROPOLITANA DE SAGUNTO Y LA APUESTA INDUSTRIAL DEL GOBIERNO AUTONÓMICO POR LA ZONA COMO CLAVES DE LA CAPTACIÓN DE VOLKSWAGEN

Como lo señalamos hace algunos años, con la nueva gobernanza era necesario que Sagunto fuese importante tanto para el Gobierno central como, sobre todo, para el Gobierno autonómico para que continuase el impulso político externo requerido para insuflar nueva energía al proceso de reindustrialización (Gallego, 2017). Además, la apuesta política industrial inicial que suponía Parc Sagunt era poco creíble en el marco de un modelo económico regional no muy sensible al sector industrial, por ello fue necesaria la apuesta industrial del nuevo Gobierno autonómico salido de las elecciones de 2015 para que el desarrollo industrial de Sagunto volviese a ser importante y fuese creíble (Gallego y Pitxer, 2019b). Es en este contexto, junto al propio interés que despierta Parc Sagunt en algunas grandes empresas valencianas como Mercadona, como cabe interpretar el desbloqueo de la finalización de este parque industrial por los Gobiernos central y autonómico, a través de la Autoridad Portuaria de Valencia (con capital mayoritario de la Generalitat Valenciana) a mediados de la segunda década del siglo XXI. Además, la práctica venta de la totalidad de las parcelas de Parc Sagunt I y las expectativas de desarrollo industrial de la zona llevaron a los Gobiernos autonómico y central a decidirse por desarrollar Parc Sagunt II con seis millones de metros cuadrados justo enfrente de Parc Sagunt I.

Pues bien, la disponibilidad inmediata de terrenos en Parc Sagunt II, junto al propio decidido apoyo y diligente respuesta a las exigencias técnico-informativas de la empresa, han sido vitales en la decisión de Volkswagen de construir en Sagunto una planta de celdas para baterías destinada a automóviles eléctricos. Si el atractivo que supone esta disponibilidad de suelo se inscribe en una historia de grandes proyectos industriales que se remonta a las expropiaciones dirigidas a la decisión del Gobierno español en 1968 de crear la IV Planta Siderúrgica Integral, la cualificación de la mano de obra de la zona y la propia cultura industrial y sindical de gran empresa ha sido un factor endógeno muy relevante en la decisión de Volkswagen. Junto a estos elementos ha sido esencial la inserción de Sagunto en el área metropolitana de Valencia y la fortaleza del sistema universitario valenciano y, en general, del sistema regional de innovación.

A MODO DE CONCLUSIÓN

Pese al estímulo sobre todo logístico que supone el desbloqueo de Parc Sagunt I, por lo apuntado más arriba puede afirmarse que la captación de Volkswagen se produce en un momento de claro agotamiento del impulso reindustrializador en coherencia con los problemas estructurales que padecen las áreas y regiones de antigua industrialización (Hassink y Kiese, 2021). Unos problemas que no van a superarse con la localización de Volkswagen, sino que requieren de la propia transformación de la zona de antigua industrialización y de la conformación de un modelo de desarrollo industrial más complejo. En este sentido, Volkswagen supone una oportunidad para definir una nueva relación más fluida y simbiótica entre grandes empresas/pymes en la economía saguntina y valenciana (pese a que participen pocas empresas locales en el PERTE [Proyectos estratégicos para la recuperación y transformación económica] en el que se inscribe su inversión). Una nueva relación que incluso podría tener más opciones de prosperar en el marco de la política industrial más proteccionista y orientada a reducir la dependencia externa que se está abriendo paso en la Unión Europea, en el nuevo mapa geopolítico mundial (Consejo Económico y Social, 2024). Una política que podría reforzarse a tenor de los resultados de las últimas elecciones al Parlamento Europeo.

BIBLIOGRAFÍA

Argente, C. y Gallego, J. R. (1989): "La Economía del Camp de Morvedre: un análisis presente-futuro, Sagunto, Caja de Ahorros de Sagunto", Mimeo.

Baeten, G., Swyngedouw, E. y Albrechts, L. (1999): "Politics, Institutions and Regional Restructuring Processes: From Managed Growth to Planned Fragmentation in the Reconversion of Belgium's Last Coal Mining Region", *Regional Studies*, 33(3), pp. 247-258.

Bono, E. (1984). "Prólogo", en M. Olmos, *Breve Historia de la siderurgia saguntina. La batalla de A.H.M.*, Fernando Torres, Valencia.

Camagni, R. (2008): "Regional Competitiveness: Towards a Concept of Territorial Capital", en R. Capello *et al.* (eds.), *Modelling Regional Scenarios for the Enlarged Europe. European Competitiviness and Global Strategies*, Springer, Berlín.

Consejo Económico y Social (2024): *La Gobernanza Económica de la Unión Europea*, Colección Informes Número 02/2024, Madrid.

Gallego, J. R. (2008): "Sagunto veinticinco años después de la reconversión: hacia un modelo industrial de grandes empresas foráneas y PIMES", Llibret de la Falla el Mocador, Sagunt.

— (2015): "Dinámica económica en las áreas de antigua industrialización en el espacio mediterráneo", *Braçal. Revista del Centre d'Estudis del Camp de Morvedre*, 51-52, pp. 151-167.

— (2017): "Las bases actuales del desarrollo regional y el futuro de la industria de Sagunto: La impronta de la siderurgia", *Braçal. Revista del Centre d'Estudis del Camp de Morvedre*, 56-57, pp. 15-33.

Gallego, J. R., Garnier, J. y Mercier, D. (2008): "L'articulation entre dynamiques économique, sociale et politique dans la transition des aires d'ancienne industrialisation. Comparaison des cas de Sagunto (Espagne) el La Ciotat (France)", *Économies et Sociétés, Série 'Développement, croissance et progrès'*, 44, pp.773-806.

GALLEGO, J. R. y NÁCHER, J. (1996): "Territorialización de base industrial: El caso del Puerto de Sagunto", *Sociología del Trabajo*, 26, pp. 81-104.

GALLEGO, J. R. y PITXER, J.V. (2015): "L'apprentissage local d'une politique de l'emploi en Pays valencien (Espagne)", *Espaces et Société*, 160-161, pp. 85-98.

— (2019a): "La base territorial del desarrollo económico en la Comunitat Valenciana: cultura, endogeneidad y regiones urbanas y metropolitanas", en J. Farinós (coord.), *Informe sobre la evolución y la situación territorial de la Comunitat Valenciana*, Universitat de València, València.

— (2019b): "Propuesta de articulación institucional entre la planificación física y la planificación económica: un enfoque evolucionista y territorial", *IX CIOT Congreso Internacional de Ordenación del Territorio, Santander 2019, 13-15 Marzo.*

GALLEGO, J. R., CANO, E. y PITXER, J.V. (2019): "Estrategias de Empleo en el Área Funcional del Valle del Palancia", en J. Hermosilla (coord.), *Estrategias Territoriales y Empleo Valenciano*, AVALEM TERRITORI, Labora, Generalitat Valenciana, Valencia.

GORDON, I. R. y MCCANN, P. (2000): "Industrial Clusters: Complexes, Agglomeration and/or Social Networks?", *Urban Studies*, 37(3), pp. 513-532.

GRABHER, G. (1993): "The weakness of strong ties. The lock-in of regional development in the Ruhr area" en G. GRABHER (ed.), *The Embedded Firm. On the Socio-economics of Industrial Networks*, Routledge, Londres/Nueva York, pp. 255-277.

GRECO, L. y DI FABBIO, M. (2014): "Path-dependence and change in an old industrial area: the case of Taranto", Italy, *Cambridge Journal of Regions*, Economy and Society, 7(3), pp. 413-431.

HASSINK, R. y KIESE, M. (2021): "Solving the restructuring problems of (former) old industrial regions with smart specialization? Conceptual thoughts and evidence from the Ruhr", *Review of Regional Research*, 41(2), pp. 31-155.

MARTIN, R. y SUNLEY, P. (2006): "Path Dependence and Regional Economic Evolution", *Journal of Economic Geography*, 6, Oxford University Press, pp. 395-437.

OLMOS, M. (1984): *Breve Historia de la siderurgia saguntina. La batalla de A.H.M.*, Fernando Torres, Valencia.

TÖDTLING, F. y TRIPPL, M. (2004): "Like Phoenix from the Ashes? The Renewal of Clusters in Old Industrial Areas" *Urban Studies*, 41(5/6), pp. 1175-1195.

TOMÁS CARPI, J. A. y GALLEGO, J. R. (1995): "Reconversión siderúrgica y reindustrialización en Sagunto: un enfoque evolucionista", Institució Valenciana d'Estudis i investigació, Valencia.

— (1997): "Reindustrialización en un área de antigua industrialización: el caso saguntino", Universitat de València, Mimeo.

TORREJÓN VELARDIEZ, M. (1990): "Efectos laborales de los planes de reconversión industrial en el País Valenciano", *Revista de Treball*, 12, pp. 125-148.

CAPÍTULO 4

PRIMERA, SEGUNDA, TERCERA MODERNIZACIÓN... ¿Y COLAPSO?: LÍMITES Y MÁRGENES EN EL CAPITALISMO *VERDOSO*

ERNEST GARCIA

Un repaso a tres oleadas recientes del proceso secular de modernización en el País Valenciano permite constatar algunos hechos significativos y, sobre todo, hace surgir muchas preguntas. En las páginas siguientes se apunta algo de todo esto, tomando como hitos el cierre de Altos Hornos de Mediterráneo (AHM), en Sagunto, en la década de los ochenta, y los primeros pasos de la gran fábrica de baterías en la actualidad. Las tres oleadas indicadas van a describirse como primera, segunda y tercera modernización, lo que quizás es una simplificación más enfática de la cuenta, aunque es de esperar que resulte comprensible. Como conclusión, se alude a las incógnitas abiertas cuando se proyecta todo esto sobre el fondo de un debate en curso. Un debate acerca de la viabilidad (en mi opinión, más bien inviabilidad) del proyecto de futuro *todo eléctrico*, verde y digital, al que se ha lanzado la Unión Europea. A propósito, también, de la sostenibilidad (a mi parecer, insostenibilidad) del capitalismo más o menos teñido de verde. Y en torno, por último, a los inquietantes horizontes de decrecimiento y colapso (asegurado lo primero y en absoluto descartable lo segundo).

MOTOR DEL DESARROLLO Y ORGULLO DE LA CLASE OBRERA

La primera de las oleadas modernizadoras antes mencionadas fue el tiempo de la industrialización impulsada por el carbón y el acero. No es casualidad que eso fuera la base material del proyecto de Schuman y Monnet, de los primeros pasos del Mercado Común Europeo. No lo es tampoco que las huelgas de los mineros asturianos fuesen un conflicto social definitorio ni que AHM fuera el emblema del proceso en el País Valenciano. Ni lo era, desde luego, que sus trabajadores exhibieran orgullosos, en general sin alharacas, pero de forma fácilmente detectable para quien tratara con ellos, su condición de élite de la clase obrera. Eran los años del desarrollo, cuando el crecimiento económico comportó mejoras para la vida de mucha gente.

Es un hecho que, en ciertas fases y hasta un cierto punto, acceder al desarrollo ha significado vivir mejor; en el País Valenciano, por ejemplo, desde finales de los cincuenta hasta entrados los ochenta del siglo pasado. Entonces, el impulso económico permitió a la mayoría de la gente comer más (y en algunos aspectos, mejor), permitió estudiar y tener acceso a medicinas y atención sanitaria, tener una vivienda equipada, tener vacaciones e incluso desplazarse durante las mismas, adquirir un vehículo para ampliar el radio de las actividades cotidianas o del ocio, tener luz y agua corriente (y hasta caliente). El crecimiento tuvo como consecuencia más bienestar. Bienestar material, claro, pero es que de ese precisamente faltaba mucho. En una sociedad donde la memoria del hambre, la marca de las condiciones terribles de las primeras etapas de la sangrienta dictadura de Franco, está todavía viva, esa experiencia de mejora generalizada de las condiciones materiales de la existencia, ligada al desarrollo económico, me parece innegable. Todo puede discutirse, pero tantas personas lo vivieron de esa manera que no parece razonable mantener que se equivocaron.

Puede decirse, eso sí, que muchas personas tuvieron que pagar un alto precio. Millones fueron desplazadas de las zonas rurales, muchos de ellos tuvieron que hacer las maletas para ganarse el pan en Alemania. Los análisis más lúcidos del desarrollo habían advertido, desde el principio de sus efectos de polarización, de que mientras una parte de la población era integrada en el sector moderno de la economía, otra parte era desposeída y obligada a emigrar. El proceso tenía dos caras, siempre las ha tenido, y no en todas partes el balance se decantaba del lado positivo. En mi opinión, sin embargo, tiene sentido recordar que ese lado positivo existió. Quizás tiene incluso más sentido ahora, cuando el desarrollo, como ha sentenciado Rist (1996), es una estrella muerta, cuya luz sigue llegándonos pese a que hace tiempo que ha dejado de emitirse. Un concepto zombi, que se sigue repitiendo como objetivo a alcanzar solo porque se cree que los demás aún creen en él.

Insistiendo en mirar el desarrollo por el lado de sus costes, en el País Valenciano, los sociólogos críticos de la época advirtieron de que las autopistas consolidaban un modelo de movilidad ecológicamente insostenible y de que las multinacionales del automóvil emitían ya señales de su futura conversión en especies a extinguir (Gaviria, 1974). Hoy sabemos que aquellos sociólogos fueron buenos profetas. Hacia 1970, la civilización industrial había traspasado ya los límites naturales al crecimiento y había entrado en el estado de translimitación en el que, con una gravedad creciente, se ha mantenido transitoriamente desde entonces. Las convulsiones del complejo de Ford en Almussafes van en paralelo a la agonía planetaria del motor de combustión. Y las autopistas han dejado de ser de peaje solo un poco antes de que todas las carreteras lo sean, como en Bruselas saben que no tardará demasiado en ocurrir.

Resumen, pues: Ford y la autopista del litoral fueron el punto culminante de la primera oleada de la modernización, la que estuvo alimentada desde su inicio por AHM. Se sabía que llegaban tarde y que no durarían eternamente, pero, mientras tanto, hicieron prosperar a bastante gente. Ahora se repite la historia, la historia de ilusiones desenfrenadas y de prevenciones tan sensatas y anticipatorias como poco escuchadas. Las contradicciones van a estar ahí, repitiéndose en parte y en parte adoptando formas nuevas. Si acaso, conviene apuntar que es perfectamente posible que los beneficiarios sean menos y el tiempo de las vacas gordas más breve. En cualquier caso, como el futuro no está escrito, no vendría mal estimular la tormenta de ideas.

En estos tiempos de conciencia creciente de la crisis ecológica, valdría la pena volver la mirada sobre uno de los rasgos finales de la primera ola de modernización. Al final de la misma, más o menos a comienzos de los años ochenta del siglo pasado, el País Valenciano tenía un impacto ambiental que era todavía relativamente bajo y, sin embargo, había alcanzado un nivel de desarrollo humano nada desdeñable. Quienes nos dedicamos a medir estas cosas señalamos entonces que la combinación de ambas circunstancias había abierto una ventana de oportunidad potencialmente muy valiosa: la de llevar a cabo una transición a la sostenibilidad, una transición ecológica que se dice ahora, relativamente suave, poco traumática (Almenar, Bono y Garcia, 2000). No hubo sorpresas: el mensaje no fue escuchado y ahora ya es tarde: el tránsito a la sostenibilidad ambiental se producirá de todos modos, pues viene asegurado por cómo es el mundo y será la naturaleza la que se encargue de imponerlo. Solo que los costes, ya sin remedio, serán muy elevados. Otra lección que convendría no echar en saco roto, si se pretende que los componentes alucinatorios del *todo eléctrico* no empujen directamente hasta un callejón sin salida.

ATRAVESANDO EL POSINDUSTRIALISMO

La segunda oleada de la modernización se llevó por delante Altos Hornos en Sagunto. Los sociólogos de la época describieron los cambios en curso como sociedad posindustrial. Lo de posindustrial fue una etiqueta muy transversal. Tuvo versiones liberal-conservadoras, versiones de socialismo antitecnocrático, y también versiones comunistas (con aquello de la revolución científico-técnica). E incluso de izquierda alternativa y protoecologista, entonando el adiós al proletariado y el advenimiento de formas de autonomía social capaces de hacer frente a la contraproductividad propia del capitalismo tardío. La sintonía de la modernidad cambió y tomó la forma de desindustrialización. Como alegó puntualmente Felipe González, era necesario darse prisa en ese camino y no tener contemplaciones a la hora de recorrerlo, puesto que Margaret Thatcher ya había descoyuntado a los mineros y estaba tomando la delantera... En la teoría, la sociedad posindustrial tenía que ser la de los servicios avanzados, con el carbón y el acero sustituidos por casas de la cultura, diseño y centros de investigación. En la realidad, al menos en el caso valenciano, aunque no solo en él, los verdaderos sustitutos del carbón y el acero fueron el turismo y el ladrillo. El anuncio de que la economía se iba a desmaterializar se convirtió en un fiasco monumental y la sociedad valenciana no caminó ligera sobre el planeta: en 2004, en el momento álgido del *boom* de la construcción, cada km^2 entre el Sénia y el Segura recibió 288 nuevas toneladas de cemento, casi cinco veces más que la media europea. Es una paradoja extraña: en su consistencia material, la versión valenciana de la sociedad de servicios avanzados fue una nueva edad de piedra.

Si, en el País Valenciano, el emblema de la industrialización había sido AHM, el del posindustrialismo fue Terra Mítica. Tras el largo esfuerzo colectivo que no pudo evitar la clausura de su gran referente fabril, durante su larga y compleja adaptación, Sagunto tuvo su insignia para la nueva fase en la restauración del teatro romano. Algo que, bajo un prisma sociológico, cabe considerar como funcionalmente equivalente, aun siendo bien distinto. No sé si a alguien le pudo parecer un premio de segunda, en contraste con los proyectos megalómanos, pero, según como se mire, tendría sentido decir que Sagunto se las arregló razonablemente bien y que, *al final de la correguda*, hasta salió ganando. Tal vez, a fin de cuentas, la gran capacidad de lucha que exhibieron sus habitantes durante más de un año dio más rendimiento del que podría pensarse.

La conjetura precedente puede sonar un poco extraña. Se comprende mejor si se tiene en cuenta un efecto perverso del periodo de expansión crematística que marcó el final del siglo XX y los primeros años del XXI. Las investigaciones de un equipo que estudiaba los problemas de insostenibilidad de la economía valenciana, en cuya coordinación colaboré, detectaron ese efecto y lo hicieron constar (aunque, desde luego, en medio de la euforia desatada de los hegemónicos triunfadores de la época, en medio de la fiebre del oro, en aquel clima en que Rita Barberá y Francisco Camps se exhibían ufanos sobre un Ferrari, la advertencia fue completamente ignorada). La cuestión, en esencia, es que el crecimiento económico, en especial el del *boom* del ladrillo, se desaprovechó bastante en términos tanto sociales como ambientales. Los datos indicaban, a quien se molestara en estudiarlos con una mirada mínimamente objetiva, que la posición relativa del País Valenciano, en cuanto a los niveles educativos, a la atención sanitaria, e incluso a los ingresos de la mitad inferior de la escala salarial, había ido empeorando ligeramente, incluso antes de la depresión iniciada en el 2007 (Almenar *et al.*, 2007). Esto es, en los años que aparentaban ser de vacas gordas, y que sin duda lo fueron para una parte, se había iniciado ya la trayectoria de pérdidas relativas que no ha hecho más que acentuarse. Para la mayoría, el crecimiento ya no aportaba más bienestar, sino que requería un esfuerzo creciente para mantenerse a flote. El colofón en diferido de tal trayectoria, la última embestida del tsunami de cemento, amenaza todavía bajo la forma de ampliación norte del puerto de Valencia, un proyecto descomunal y anacrónico, tendente a convertir la ciudad entera en el empobrecido y degradado barrio portuario de la megalópolis del centro de la meseta. Los síntomas de esa dinámica de beneficios para pocos y estancamiento para la mayoría son abundantes. Y algunos, clamorosos, detectados incluso por los servicios de estudios de la gran banca, que informan de que el consumo en el País Valenciano es, en la actualidad, un 25% inferior al que era el 2007 (Arribas Fernández y Salamanca Gonzáles, 2022). Es intrigante que esa información no provoque una conmoción en una sociedad en que la vida buena se mide por el consumo. Aparentemente, no es que la cultura consumista haya desaparecido, sino que se ha metamorfoseado en su avatar *low cost*. La incógnita es cuán lejos se puede ir por ese camino antes de que todo reviente: se extiende por todas partes una irritación sorda, confusa, que tiene en parte expresiones políticas muy irracionales y simplificadoras, que pone incluso en riesgo los fundamentos pacificadores del proyecto europeo.

Una comprensión equilibrada requiere herramientas analíticas alternativas, aptas para tener en cuenta que el desarrollo va acompañado por una mejora del bienestar solo hasta el punto en que, por decirlo con las palabras del gran economista ecológico Herman Daly, el crecimiento económico se convierte en crecimiento antieconómico. Daly propuso un indicador, el índice de bienestar económico sostenible, cuya lógica es impecable: partiendo del componente de consumo del PIB, se le corrige en función del grado de desigualdad en la distribución; a la cantidad resultante se le suma el valor monetario imputado de diversas contribuciones al bienestar no contabilizadas en el PIB, como el trabajo doméstico no remunerado y el trabajo voluntario, así como los servicios de las infraestructuras y de los bienes de consumo duraderos; se deducen, en cambio, los valores monetarios imputados de algunas cosas que, aunque sí se suman en el PIB, son en realidad o pérdidas o meras compensaciones, es decir, se restan diversos costes sociales (los que se requieren para compensar los males causados por la delincuencia, el paro, la pérdida de tiempo libre, los accidentes automovilísticos), así como los costes de renovación de bienes y equipos duraderos, y los que se derivan de las pérdidas de patrimonio y de recursos naturales, de la contaminación, etc.); se ajusta, por último, en función de la capacidad de inversión generada y del endeudamiento externo (Daly y Cobb, 1989). El cálculo de este indicador en diversas sociedades industriales (Estados Unidos, Reino Unido, Suecia...) ha ofrecido un resultado interesante: medido de esta manera, el bienestar en esas sociedades aumentó en paralelo al PIB hasta la mitad de los años setenta del pasado siglo, pero desde entonces ha seguido una tendencia más bien decreciente. Debido a la insuficiencia de los datos, es muy difícil calcular este índice a escala subestatal para una comunidad autónoma. Una aproximación hace pensar que, en el País Valenciano, el punto de inflexión, a partir del cual más crecimiento económico ya no implicó más bienestar, tuvo lugar a lo largo de los años ochenta del siglo pasado, lo que explica razonablemente bien por qué los datos son los que son. En esencia, la cuestión es que el crecimiento económico tiene siempre, necesariamente, costes sociales y ambientales, y que mejora la vida solo hasta el momento en que esos costes superan a los beneficios. El País Valenciano lleva ya 30 años en esa situación, lo que explica muchas de las cosas que pasan: entre ellas las que tienen que ver con la pérdida de posiciones relativas y con la erosión del bienestar. ¿Qué nadie quiere verlo? Sí, claro, pero no por ello deja de existir. Las evidencias se afrontan con palabras altisonantes y promesas de futuro. Cada día, desde los púlpitos políticos y mediáticos, se nos repite que todo eso, las crisis, las pandemias y las guerras, es transitorio y pasajero, que pronto volverán a manar los ríos de leche, miel e hipotecas-basura. En realidad, ya no lo cree nadie, se repite solo porque se cree que los demás aún creen...

En términos más estrictamente ecológicos, la situación favorable para una transición relativamente benigna a la sostenibilidad, uno de los resultados positivos de la fase del desarrollo, desapareció también bajo el alud de cemento. Repasando la información básica: eso que se llama transición ecológica supone el paso de una situación medioambientalmente insostenible (la actual) a una que sea sostenible, que no reclame a la naturaleza más de lo que esta puede dar. Algunos datos elementales al respecto: en el País Valenciano la huella ecológica por persona supera hoy ligeramente las cuatro hectáreas globales (hag). El umbral de sostenibilidad está un poco por encima de 1,5 hag, con tendencia decreciente a causa del incremento de la población y del consumo de energía y materiales. Los factores que influyen en el impacto ambiental son la población, el consumo y las tecnologías utilizadas. Así que la transición ecológica supone reducir la huella hasta el umbral mencionado. Lo que puede hacerse disminuyendo la población en más o menos un 65%, al igual que el consumo, o triplicando la eficiencia en el uso de recursos. Muy difícil, por sentenciarlo en pocas palabras. Reiterando una observación precedente: cuando tuvo lugar el cierre de AHM, el desarrollo humano había llegado ya a un nivel más que aceptable y el consumo de energía y otros recursos estaba aún sensiblemente por debajo de los promedios europeos. Un buen contexto, que ya no existe, para la transición ecológica, una ventana de oportunidad que se ha cerrado.

La relativa marginación de Sagunto en la segunda oleada de modernización tuvo, considerada la cuestión desde una perspectiva sensible a las dimensiones social y ecológica de las cosas, alguna consecuencia insospechadamente positiva: los desarrollos contraproductivos no fueron tan grandes como en otros lugares del País Valenciano. ¿Sería posible no desaprovecharlo ahora que las circunstancias empujan a engancharse a lo grande al *progreso*? ¿Quién lo sabe?

¿RENACIMIENTO CON PILAS Y PLACAS?

Tras la crisis que cerró la primera década del nuevo siglo, y tras la perturbación de la pandemia, se entró de lleno en la tercera oleada de modernización, la del *todo eléctrico*, la de la incongruente promesa de un futuro a la vez verde y digital que planea hoy sobre Europa. En los diez años transcurridos de 2012 a 2022, en el consumo mundial de energía primaria, en números redondos, la suma de eólica y solar se multiplicó por algo más de cinco, pasando del 1% del total de la energía consumida a casi el 5%. En pocas palabras: los datos del periodo reciente indican un aumento relativamente muy grande. Indican, también, que en el horizonte del *todo renovables* hay un auténtico Everest, con muchas clases de incertidumbres en la escalada. Este no es el lugar para dar más detalles, pero sí conviene apuntar que las incógnitas son muchas y grandes. Hasta ahora, junto al despegue de las renovables, el consumo de combustibles fósiles ha seguido aumentando: dos dinámicas crecientes que han venido sumándose, no sustituyéndose. Hay que añadir que nadie sabe qué pasará cuando el consumo de no renovables empiece a descender de verdad. Este es el contexto en que Sagunto afronta otra transformación, ahora como nodo importante de la producción del *hardware* del incipiente nuevo mundo. Sea como resultado de una afortunada casualidad, sea como efecto de la habilidad negociadora de algunas políticas discretas, varios de los procesos más definitorios de las próximas décadas van a tener allí uno de sus terrenos de experimentación. Es emocionante, pero de resultado incierto, dado que verde y digital no puede ser.

La megafábrica de baterías está naciendo en un contexto en que la Unión Europea se dispone a gastarse hasta el último céntimo en planes de futuro que combinan promesas de sostenibilidad ambiental con proyectos de interconexión virtual de todo, hasta de los más nimios detalles de la vida. ¡Ponen wifi hasta en la campana extractora de la cocina y pretenden reducir la huella ecológica! Procede entonces preguntarse si el sueño de ese mundo, a la vez verde y digital, por utilizar los términos del lenguaje oficial, es realizable. La respuesta es que no lo es, y establecer esa respuesta y asumir las consecuencias va a ser uno de los nudos más difíciles de deshacer de los próximos años.

¿Por qué no lo es? En pocas palabras: porque la hiperconexión exige mucha electricidad, mucha más de la que, probablemente, podrá producirse. Si para obtenerla se recurre a los combustibles fósiles, como ha sido el caso en las últimas décadas, en las que el carbón ha sido la fuente de energía que más ha crecido, los efectos combinados del calentamiento global y el pico de los hidrocarbonos amplificarán la crisis ecológica y acelerarán la trayectoria hacia el colapso. Si se depende exclusivamente de las energías renovables, las limitaciones de espacio, metales y estabilidad de las redes convertirán la superdigitalización en un fiasco. El mundo tal vez acabe siendo verde, tal vez sea transitoriamente superdigital, pero no será ambas cosas a la vez.

Se está reflexionando poco acerca de una paradoja de la transición energética en curso: el despliegue de las energías alternativas está produciéndose a base de quemar aún más combustibles fósiles. De hecho, la sociedad de la información explica en buena medida que en el mundo haya 1.600 centrales térmicas en proyecto. O, dicho de otra manera, que no haya redes sin quemar carbón. En los mejores estudios sobre el tema se remarca que las previsiones del consumo de electricidad dependen en buena medida de la demanda de los centros de datos, esos enormes devoradores de electrones, que del visionado de vídeos en línea en el mundo produce ya tantos gases de efecto invernadero como todo el Estado español o que el ciberespacio se mantiene gracias a 430 cables submarinos desplegados sobre un millón de kilómetros (Dubey y Gras, 2021). Las investigaciones sobre los costes ambientales de los coches eléctricos apuntan en la misma dirección.

El paralelismo con Almussafes es intrigante. Cuando el automóvil de combustión llegó allí, su final ya estaba anunciado: el gran objeto técnico del siglo XX, que ha condicionado tan profundamente y en tantas direcciones las formas de vida, ya había iniciado el proceso que ha acabado convirtiéndolo en un dinosaurio. Los analistas más lúcidos y visionarios ya explicaban entonces que no duraría eternamente. Algo que las convulsiones actuales están poniendo en evidencia, tanto en los reajustes de plantilla en las fábricas como en la ordenación del espacio urbano y de sus usos o en la mentalidad de las nuevas generaciones. La cuestión es que el impulso ha durado medio siglo y, mientras tanto, ha dado de comer bastante bien a un grupo numeroso de personas. Hoy se sabe ya que el coche eléctrico y, por lo tanto, las pilas de Sagunto, seguirán un ciclo similar. Es muy posible, eso sí, que sea más breve. Por varias razones. Alguna de ellas de naturaleza técnica, que tienen que ver con lo que puede barruntarse acerca del ciclo de vida de los equipos generadores de energía renovable (esto es, de las instalaciones hechas con materiales no renovables que son capaces de captar y canalizar una parte de los flujos renovables de radiación solar y viento). Téngase en cuenta que la primera generación de esos equipos se está fabricando gracias al carbón y que nadie sabe todavía cómo se fabricará la segunda, con qué fuente de energía y con qué materiales, dentro de 25 o 30 años. Otras tienen que ver con las dinámicas globales del cambio social: no parece posible que la sociedad del *todo eléctrico* sea tan expansiva como lo ha sido la del petróleo y el gas. No parece posible en la movilidad y el transporte: el coche eléctrico no será nunca tan omnipresente como lo ha sido el de gasolina o gasóleo. Y tampoco en otros ámbitos de la vida: el capitalismo *verdoso* (y, por cierto, también un eventual socialismo *verdoso*) será relativamente poco expansivo.

De hecho, puede afirmarse con bastante seguridad que será decreciente, desde bastante pronto en su existencia.

La cuestión, entonces, es: una magnitud física menor y una capacidad menor de determinar los rasgos de la sociedad no serían en principio incompatibles con el aprovechamiento local, a no ser que todo se derrumbe. Que la gente corriente pueda o no aprovechar, localmente, el tiempo de vida de la fábrica de pilas depende de muchas cosas. Algunas de ellas están fuera del alcance de las dinámicas sociales y las políticas locales: que el sistema colapse bruscamente o decline lentamente es una alternativa bastante incierta y esencialmente supralocal. Otras son en principio más sensibles a la actuación de proximidad: dependen de si Sagunto, su gente, sus núcleos de iniciativa y de reflexión son capaces de desplegar la imaginación y la creatividad necesarias para sacar provecho del asunto mientras dure y para minimizar, a la vez, la carga de sus impactos más destructivos y de sus herencias más onerosas. ¿Cuál será, al final, la respuesta colectiva a la difícil pregunta de cómo transitar por la tercera oleada de modernización sin pagar el precio de destruir todo lo que mantiene aún alguna conexión con un mundo social sostenible, desde la autosuficiencia alimentaria hasta la vida lenta? Algunos puntos del conflicto al respecto están emergiendo ya, como el relativo a si está o no justificado ocupar la estrecha llanura litoral en lugar de superficies menos productivas desde el punto de vista agrícola. Pero hay también muchas otras cuestiones igualmente complicadas y difíciles. Mucho trabajo por delante para todo aquel y toda aquella que, sea al nivel que sea, tenga que trajinar con la realidad concreta.

¿RADIANTE PORVENIR?

Insistiendo en una idea apuntada más arriba, una forma plausible de sintetizar la trayectoria seguida por el País Valenciano, bajo un prisma de sociología ecológica, podría ser la siguiente. Hace 40 años se había alcanzado un nivel relativamente elevado de desarrollo humano, de suficiencia material y de libertades, y todo ello con unos costes ambientales relativamente bajos. Había, eso sí, para ser controlados y corregidos, los problemas ambientales del sur: incendios forestales, desertización, erosión, algunas manifestaciones de estrés hídrico propias de territorios semiáridos, mala gestión de los residuos y contaminaciones locales... Hoy, el nivel de bienestar humano no es mucho más alto: analizado con indicadores más sutiles que los acostumbrados, adaptados a la medida del bienestar sostenible y a la de la igualdad socioeconómica, habría que hablar más bien de estancamiento, e incluso de un cierto retroceso en algunos aspectos. Y, por otro lado, de problemas ambientales ya no falta ninguno: los del sur continúan presentes, y ahora los del norte también lo están (consumo de energía y de materiales muy por encima de lo que sería sostenible a nivel planetario, congestión, contaminaciones *sofisticadas*...). En pocas palabras: respecto a la huella ecológica, la sociedad valenciana se ha situado sin duda a la altura europea. El cambio social ha ido desde una situación en que el tránsito a la sostenibilidad podría haber sido relativamente suave, hasta otra que comportará inevitablemente modificaciones traumáticas.

Pregunta, pues: ¿hay alguna forma de aprovechar la fábrica de pilas que permita reducir las penalidades de la ineludible transición ecológica? Tal vez las haya, pero la pregunta es demasiado complicada para darle una respuesta categórica, como ocurre con muchas otras incógnitas asociadas a la modernización ecológica. Se sabe que la llamada *modernización ecológica* (o *capitalismo verde*, o *nuevo pacto verde*) no permitirá que todo siga igual, pero no se sabe si aliviará o no los costes de la transición. En cualquier caso, más vale plantearse la pregunta, porque el colapso, o un decrecimiento rápido e intenso, es posible, y, entonces, tener muchas baterías de coche en un mundo en el que ya casi no haya coches podría acabar no siendo algo del todo deseable. No es una profecía sino una inquietud. Como he dicho antes, tal vez pueda sacarse provecho durante un tiempo y, además, orientar las cosas para hacer más favorable lo que venga después. Pero ni una cosa ni otra están en absoluto aseguradas. Obtener beneficio durante un tiempo es más bien probable. Que ello alivie las penas posteriores es mucho más dudoso.

La capacidad y la historia de un grupo social cuentan siempre. Podría ser que Sagunto, con su historia de adaptaciones sucesivas a realidades cambiantes, haya adquirido una capacidad especialmente grande para aprovechar oportunidades y minimizar daños. Nada lo garantiza. Pero, vale, la experiencia es un grado.

BIBLIOGRAFÍA

Almenar, R., Bono, E. y Garcia, E. (dir.) (2000): *La sostenibilidad del desarrollo: El caso valenciano*, Fundació Bancaixa/Universitat de València, València.

Almenar, R. *et al.* (2007): *La situació del País Valencià 2007: Indicadors i tendències de desenvolupament social i sostenibilitat mediambiental*, Germania, Alzira.

Daly, H.E. y Cobb, J.B. (1989): *For the Common Good: Redirecting the Economy toward Community, the Environment, and a Sustainable Future*, Beacon Press, Boston.

Dubey, G. y Gras, A. (2021): *La servitude électrique: Du rêve de liberté à la prison numérique*, Seuil, París.

Gaviria, M. (ed.) (1974): *Ni desarrollo regional ni ordenación del territorio: El caso valenciano*, Turner, Madrid.

Rist, G. (1996): *Le développement: Histoire d'une croyance occidentale*, Presses de la Fondation Nationale des Sciences Politiques, París.

Arribas Fernández, I. y Salamanca Gonzáles, J. (2022): *Consumo y bienestar social: Consecuencias de la Gran Recesión*, Fundación BBVA, Bilbao.

BLOQUE 2

RECONVERSIONES DE LUCHA

CAPÍTULO 5

PUERTO DE SAGUNTO: TALLER DE SINDICALISMO Y RELACIONES LABORALES

PERE J. BENEYTO

> "Los hechos que hemos relatado sobre el estallido de la huelga pueden contarse, como diría Shakespeare, como una historia de ruido y de furia (y así fue, ciertamente), pero también como un building-roman, una novela de formación o una historia de aprendizaje para sindicalistas...".
>
> RAMIRO REIG, *Cómo se construye un sindicato* (2004: 254)

La cita se refiere a la huelga que durante diez días de junio de 1965 mantuvieron 2.000 trabajadores de Altos Hornos en Puerto de Sagunto, en un arriesgado ejercicio de presión/negociación que, en plena dictadura, sentó las bases del posterior desarrollo del sindicalismo de clase en dicha factoría y, por efecto emulación, también en otras empresas y sectores de nuestra comunidad.

Si recuperamos aquí el enfoque planteado por Ramiro Reig, quien fuera el más brillante y comprometido investigador del movimiento obrero valenciano, es por considerarlo especialmente útil a los efectos de la presente revisión de la batalla de Sagunto —con motivo de su 40.º aniversario— que pretendemos centrar, más que en *el ruido y la furia* (que, ciertamente, los hubo en aquellos meses de tensa lucha), en el estudio de los repertorios de acción y estrategias sindicales desplegadas antes, durante y después del que sería uno de los mayores conflictos sociales registrado en España desde el final del franquismo.

Nuestro enfoque intentará ser, pues, más analítico que descriptivo, por cuanto existe ya una amplia bibliografía sobre la crisis de la factoría siderúrgica (causas, desarrollo, gestión, impacto, etc.), que este mismo libro actualiza y complementa, asumiendo como objetivo central el de reconstruir el proceso de formación de la cultura obrera y sindical en Puerto de Sagunto, sus recursos organizativos y modelos de intervención colectiva, atendiendo para ello tanto a su dimensión histórica como sociológica.

A tal efecto, el capítulo se estructura en tres partes, dedicando la primera a analizar el proceso industrial y de gestión desarrollado desde sus orígenes, a principios del siglo XX, por la siderurgia valenciana, y que se corresponde con el modelo de *factory-town*, cuyo impacto (urbanístico, social, cultural y simbólico) sobre la comunidad en que se instala transciende con mucho el de la estricta actividad productiva y laboral (Gallego y Nácher, 1996) condicionando, asimismo, la formación y características de la resistencia obrera que, en el caso de Puerto de Sagunto, emergió con fuerza en la década de los sesenta del siglo pasado y se consolidó notablemente en la siguiente, pese al contexto general de crisis política y económica en que se iniciaba la transición democrática.

Fue, precisamente, la acumulación de dicha crisis coyuntural con la de carácter estructural que arrastraba la siderurgia española (fragmentación espacial, déficit financiero, obsolescencia tecnológica) lo que retrasó primero y complicó después la necesaria reconversión del sector, agravando el conflicto social que, en defensa del empleo y el futuro de su comunidad, protagonizaron los trabajadores de la factoría saguntina entre febrero de 1983 y abril de 1984. Es a dicho periodo al que dedicamos el segundo bloque de este texto por cuanto en él se desplegaron, en escenarios reales, todos los recursos sindicales y repertorios de acción colectiva en un proceso complejo, no exento de errores y contradicciones, que incluiría estrategias de carácter tanto reactivo como propositivo.

Interesa, finalmente, evaluar el impacto de la crisis sobre la evolución del empleo, la estructura empresarial y el conjunto de la sociedad saguntina, atendiendo tanto a la fase de recesión y estancamiento posterior al conflicto, como a los sucesivos planes de reindustrialización de resultados desiguales, analizando en cada caso la intervención de los agentes sociales e institucionales, con especial referencia a los procesos de renovación sindical.

AÑOS DE RESISTENCIA, APRENDIZAJE Y ORGANIZACIÓN OBRERA EN LA CIUDAD-FÁBRICA

Con una población de 44.428 habitantes, según el último padrón correspondiente a 2023, Puerto de Sagunto concentra actualmente dos tercios de la población total del municipio, manteniendo un perfil de núcleo industrial y obrero significativamente diferenciado del más terciario y menestral de la capital saguntina (Simeón, 1999), lo que responde a su propia fundación y trayectoria histórica, pese a los grandes cambios sociodemográficos registrados en las últimas décadas.

Fue en 1906 cuando la Compañía Minera de Sierra Menera (CMSM), tras una protesta de los obreros del embarcadero que daba salida al hierro procedente de Ojos Negros (Teruel), decidió construir 60 viviendas para su alojamiento, dando así origen a un asentamiento urbano de matriz industrial y proletario (Navarro Herráiz, 2003) que iría creciendo desde entonces con la incorporación de trabajadores inmigrantes atraídos por las posibilidades de empleo en la Compañía Siderúrgica del Mediterráneo (CSM) a partir de 1917 y, más tarde por Altos Hornos.

Cuando en 1926 se inauguró el segundo de sus hornos altos trabajaban ya en la factoría unas 3.000 personas y la población de Puerto era de 9.184 habitantes. En la década de los cincuenta, al ampliarse las instalaciones siderúrgicas tras su absorción por Altos Hornos de Vizcaya (AHV), el número de obreros sobrepasaba los 5.000 y la población era de 23.625. Si calculamos cuatro personas por familia, como suele hacerse para estos años, constatamos que la mayoría de la población de El Puerto dependía de Fábrica.

Dicha vinculación se hacía aún más estrecha por el dispositivo envolvente desplegado por la empresa que en 1960 presentaba el siguiente balance: 800 viviendas (adscritas a 2.200 personas, lo que supone casi la mitad del colectivo obrero de la factoría), dos escuelas, a las que asistían 2.300 niños y niñas, un centro de formación profesional para 200 aprendices, una clínica con 30 sanitarios, el economato (con 23.000 beneficiarios, es decir, todo el pueblo), la ciudad-jardín de la Gerencia (expresión del poder de la empresa y la estratificación social impuesta por la misma, con chalets adosados para cuadros medios y mansiones residenciales para los directivos), la iglesia de Begoña (tributo al clericalismo vasco de sus promotores) y el Estadio El Fornás, en el que jugaba el Acero CF y que sería, más tarde, escenario de multitudinarias asambleas obreras (Reig, 1995; Quílez, 2013; Garcés y Navarro, 2023).

La omnipresencia integradora de la empresa, que proveía a la comunidad de infraestructuras y servicios básicos desbordando el estricto ámbito laboral, acabaría por activar, simultánea y contradictoriamente, dinámicas de cohesión y coacción, mecanismos de pertenencia y dependencia que contribuirán a explicar, más adelante, las características específicas del modelo de relaciones laborales resultante y el impacto social de los conflictos que en su marco se registren.

El orgullo de formar parte de una compañía conocida y puntera en el ámbito nacional, e incluso internacional, con una trayectoria y personalidad propias, generaba un fuerte sentimiento de identidad colectiva, al tiempo que las características de un trabajo que exigía fortaleza física, destreza técnica y un arraigado conocimiento del oficio fueron configurando una emergente cultura obrera que se vería pronto reforzada por la acción colectiva, pese a las restricciones impuestas por la dictadura.

La derrota republicana en la guerra civil había puesto dramáticamente fin al proceso de normalización de las organizaciones obreras y las relaciones laborales que se había iniciado durante las décadas anteriores y que, en Puerto de Sagunto, estuvo hegemonizado por los cenetistas del Sindicato Único de la Siderurgia (Rambla, 2002) que en 1930 protagonizaron el primer gran conflicto en la factoría con una huelga de 15 días que generó una amplia solidaridad social, evidenciando, ya entonces, una fuerte conexión fábrica/pueblo que respondía al modelo de *factory-town* y reaparecerá de forma recurrente en posteriores conflictos, hasta alcanzar su máxima expresión durante la batalla de Sagunto de los años ochenta.

La necesidad de reanudar la producción de acero tras la guerra facilitó la rápida reincorporación de gran parte de la plantilla, tras una "depuración" no especialmente restrictiva por parte del nuevo equipo de Altos Hornos de Vizcaya (AHV) que, tras la muerte de su fundador, Ramón de la Sota, y la expropiación por el franquismo de la CSM por sus veleidades nacionalistas, había asumido la propiedad de la factoría.

El peso de la derrota y la destrucción de todos los recursos de resistencia obrera condicionaron, durante las dos décadas siguientes, unas relaciones laborales dominadas por la desmoralización, el miedo y la impotencia, pese a los intentos del Sindicato Vertical franquista de atraer al sector *colaboracionista* de la CNT, como ocurrió puntualmente en el caso de AHM (Hebenstreit, 2010a).

A finales de los cincuenta, tanto la autarquía productiva impuesta por la dictadura como el modelo tradicional de gestión empresarial presentaban síntomas inequívocos de agotamiento. Para evitar su colapso, el régimen se vio obligado a dar un *giro liberalizador* en su estrategia económica y laboral (Plan de Estabilización, Ley de Convenios Colectivos) que, sin renunciar al autoritarismo original, puso en marcha un proceso de cambios que, con el tiempo, acabaría escapando a su control, provocando importantes efectos sobre los sistemas de trabajo y de relaciones laborales, entre otros ámbitos (Townson, 2009).

En 1958, la dirección de AHV tomó la decisión de sustituir los viejos métodos de tareas y destajos en la gestión del trabajo por la planificación cronometrada y los incentivos derivados del sistema Bedaux. La aplicación de sistemas de organización científica del trabajo (OCT) provocó, inicialmente, fuertes resistencias por cuanto implicaban aumentos en los ritmos de producción, obligando progresivamente a la empresa a negociar su implantación a cambio de incentivos y ajustes en las mediciones, lo que implicaba un cambio radical en la racionalización productiva y la relación con los trabajadores, puesto que la aplicación del nuevo sistema requería de su participación a través de estructuras de representación y negociación (Babiano, 1995).

La Ley de Convenios Sindicales, publicada en abril de aquel mismo año, eliminaba el monopolio oficial en la fijación de salarios y confería autonomía a las empresas para ajustar su evolución en función de la productividad, mediante la negociación con los enlaces y jurados, estructuras básicas del Sindicato Vertical franquista que, tras ser largamente ignoradas por los trabajadores por su ineficacia y complicidad con las decisiones empresariales, empezaban ahora a ser consideradas como posibles plataformas para una acción sindical alternativa que, por agregación, permitiera transformar las quejas individuales por la aplicación del sistema Bedaux en reivindicaciones colectivas a negociar con la empresa.

Tras un largo pulso de dos años entre trabajadores y los técnicos encargados de aplicar la nueva OCT, con numerosos episodios de microconflictividad en naves y talleres, el 27 de octubre de 1961, tras una asamblea en El Fornás, se firmaba el primer convenio colectivo de AHV, en cuya negociación participaron ya líderes obreros no verticalistas (Miguel Lluch y Ginés Zaplana), elegidos un año antes para el jurado de empresa (Quílez, 2018).

El convenio codificaba el conflicto de intereses entre empresa y trabajadores, evidenciando la voluntad negociadora de ambas partes y su capacidad de alcanzar acuerdos de suma positiva, regulando la aplicación pactada del nuevo sistema de organización del trabajo que, tras mejorar la productividad, permitiría la progresiva reducción de la plantilla en los cinco años siguientes (de 4.755 a 3.857 trabajadores), al tiempo que fijaba un incremento salarial del 70% (3.000 pesetas mensuales de media) y otras medidas de cobertura social (Reig, 1999).

Identificamos aquí ya los primeros rasgos definitorios del nuevo sindicalismo que sin renunciar a la confrontación, como veremos, fue capaz de aprovechar las limitadas posibilidades de representación de los trabajadores y de interlocución con la empresa que ofrecía el sistema para acumular poder contractual en defensa de las reivindicaciones obreras (Molinero e Ysás, 1998) lo que permitirá, en adelante, transformar las prestaciones otorgadas por el modelo paternalista en derechos adquiridos, combinando estrategias de protesta y propuesta (Sartorius, 1975).

Desde entonces, y durante toda la década de los sesenta, se sucederán episodios de negociación y conflicto que completarán el aprendizaje sindical en la factoría saguntina, como acreditan diferentes estudios dedicados a analizar dicho proceso desde una perspectiva tanto institucional (Quílez, 2016) como sociolaboral (Hebenstreit, 2010b) y sindical (Reig, 2004).

La aplicación del acuerdo y la revisión del cronometraje de tareas serán desde entonces motivo recurrente de protestas en forma de trabajo lento (*a la marxeta*) o paros puntuales (junio de 1962, diciembre de 1963, septiembre de 1964) que culminarán en la ya citada huelga de junio de 1965, en la que durante diez días 2.000 trabajadores de AHV-Puerto de Sagunto defendieron sus propuestas para la renovación del convenio, mediante un articulado calendario de paros por talleres y secciones que puso de manifiesto el alto grado de desarrollo organizativo y capacidad de movilización de un emergente liderazgo sindical.

Tras los primeros días de huelga, la dirección de la empresa no solo se negó a renegociar el convenio, sino que despidió a varios representantes sindicales y amenazó con la suspensión definitiva de empleo y sueldo a todos los participantes. Finalmente, la generalización de los paros y la intervención de los representantes de los trabajadores lograron que la empresa retirara las sanciones pero no que firmara el nuevo convenio, que fue sustituido por un laudo de la autoridad laboral que prorrogaba el anterior y fijaba una subida salarial del 17% (lo que suponía que la remuneración media en la factoría se habría multiplicado por diez entre 1959 y 1965), consolidando pese a todo su capacidad de organización autónoma, interlocución institucional y poder contractual.

Las elecciones sindicales del año siguiente refrendaron dicha dinámica dando, por primera vez, la mayoría (9 sobre 12 enlaces del colegio de trabajadores no cualificados) a la candidatura de lo que por entonces comenzaba a denominarse *el movimiento de las comisiones obreras*, a cuya reunión fundacional en el País Valenciano (11 de diciembre de 1966), en los locales de la vieja sociedad cultural Lo Rat Penat en el centro histórico de Valencia, asistieron dos enlaces sindicales de Altos Hornos (Miguel Lluch y Julián López) que más tarde (noviembre de 1968) serían detenidos, junto a otros cuatro trabajadores de la factoría, en la primera gran redada policial contra el emergente movimiento obrero valenciano (Soler y Saz, 1993; Gómez-Roda, 2004).

La confluencia de ambos factores (poder contractual interno/represión externa), que operan sobre el microcosmos laboral cerrado y relativamente uniforme propio de la *factory-town*, caracterizado por un desarrollado sistema fordista de producción e interlocución laboral, explican el repliegue táctico y cambio estratégico que durante los años siguientes mantendrán los sindicalistas ante las perspectivas de ampliación derivadas de la decisión gubernamental (21 de junio de 1971) de construir en Sagunto la IV Planta Siderúrgica Integral (Sáez y Díaz, 2009), que dio origen a la renovación de la empresa como Altos Hornos del Mediterráneo (AHM). Se trataba de un proyecto faraónico, con una inversión prevista de 126.000 millones de pesetas y alrededor de 8.000 empleos directos, basado en unas exageradas previsiones de demanda interior de acero que la posterior crisis energética y del automóvil acabaron demostrando erróneas, complicando más tarde la necesaria reestructuración del sector (Ortiz, 2017).

En este contexto, los sindicalistas de AHM, conscientes de *haber tocado techo* en sus reivindicaciones salariales (30% por encima de la media del sector metalúrgico) y de haber validado sus recursos de presión/negociación, se centraron en la defensa del empleo ante los primeros síntomas de crisis en la empresa, adoptando desde entonces una estrategia proactiva y endógena, con el consiguiente aislamiento relativo respecto de la dinámica general del emergente movimiento obrero valenciano (Reig y Del Álamo, 1998) durante la fase final de la dictadura y el inicio de la transición a la democracia.

Las primeras elecciones sindicales libres se celebraron en AHM el 1 de febrero de 1978, estableciendo con claridad el nuevo mapa de la representación obrera. Con una participación del 80,2% sobre el total de la plantilla del momento (5.243 trabajadores), los resultados registrados fueron: 2.804 votos (66,7%) y 24 delegados de CCOO, 1.027 votos (24,4%) y 9 delegados de UGT y 373 votos (8,9%) y 3 delegados para la candidatura "independiente".

Junto a veteranos sindicalistas emergía una nueva generación de líderes obreros que, sin apenas variaciones, protagonizará las relaciones laborales y las luchas sociales, e incluso políticas, de la década siguiente en la capital del Camp de Morvedre destacando, entre otros, los nombres de Vicente Madrid, Antonio Martínez Bolinches, Ángel Olmos y Miguel Campoy en representación de las diferentes corrientes de CCOO, junto a Manuel Carbó y José García Felipe por UGT, que más tarde serían también alcaldes de la ciudad durante la batalla de Sagunto.

LOS 430 DÍAS QUE MOVILIZARON A UN PUEBLO

Los problemas de la siderurgia comenzaron en 1975 cuando, tras una largo periodo de expansión, la crisis energética derivada de la guerra del Yom Kipur provocó un fuerte incremento de costes y progresiva contracción de la demanda de acero en los países de la Comunidad Económica Europea (CEE), lo que en el caso español se sumaba a las incertidumbres coyunturales del final de la dictadura y el inicio de una compleja transición (política, económica, social, legislativa e institucional), durante la que se adoptaron solo medidas cortoplacistas que no hicieron sino agravar la crisis estructural de un sector que ocupaba a 43.000 trabajadores en tres distritos industriales distintos y distantes (Ensidesa, AHV y AHM), retrasando la adopción de las necesarias medidas de reestructuración (Pinar y Vázquez, 1983).

El primer Gobierno de la democracia (UCD) aprobó la concesión de un crédito extraordinario al Instituto Nacional de Industria (INI) de 15.000 millones de pesetas como medida de apoyo urgente al sector siderúrgico (Ley 60/1978). Se trataba de una estrategia dilatoria y defensiva, orientada exclusivamente al saneamiento financiero del sector, cuyo objetivo era que la crisis industrial no bloquease el proceso de cambio político (Díaz, Escudero y Sáez, 2008), justamente cuando a nivel europeo se estaban aplicando ya medidas proactivas de reestructuración (mejoras tecnológicas, concentración de la producción, reducción de plantillas, etc.).

Ante el agravamiento de la situación, se iniciaron negociaciones a tres bandas entre Gobierno, empresas y sindicatos que concluyeron con un acuerdo transitorio recogido en el Real Decreto 878/1981 sobre medidas de reconversión de la siderurgia integral, para adecuar la capacidad de producción instalada a la contracción del consumo interno de acero, lo que implicaba una progresiva reducción de los excedentes de plantilla (5.800 en total, 700 de ellos en AHM), incluyendo asimismo el compromiso de inversiones públicas y privadas por un valor de 130.000 millones de pesetas para la renovación del sector, mediante la construcción de dos nuevas acerías y un tren de bandas en caliente (TBC), con la pretensión de garantizar la competitividad del sector y garantizar los puestos de trabajo restantes.

El proyecto inicial ubicaba las nuevas acerías en Ensidesa y AHV, mientras que no precisaba la disputada localización del TBC, por lo que el Gobierno decidió requerir los servicios de una consultora especializada, la Kawasaki Steel Corporation, cuyo informe final, presentado en mayo de 1982, recomendaba su instalación en Puerto de Sagunto, si bien proponía aplazar varios años la inversión correspondiente hasta tanto no mejorase la situación industrial y financiera de AHM. Todo lo cual que provocó fuertes tensiones entre las tres empresas interesadas, que acabaron implicando a sus respectivos Gobiernos autonómicos, imposibilitando además la articulación de una estrategia sindical unitaria a nivel nacional (CCOO era mayoritaria en AHM, UGT en Ensidesa, mientras que en AHV existía una fuerte fragmentación de la representación con importante presencia nacionalista).

La creciente debilidad parlamentaria del Gobierno de UCD le impidió aplicar las conclusiones del informe Kawasaki, limitándose a crear una comisión interministerial que estudiara las propuestas de las tres empresas implicadas, cuya decisión quedó de nuevo aplazada por la convocatoria de elecciones generales de octubre de 1982 y posterior cambio de Gobierno, tras la victoria por mayoría absoluta del PSOE (Albentosa, 1985).

A principio de febrero de 1983, el Ministerio de Industria del recién constituido Gobierno socialista presentó un nuevo plan en la Comisión de Seguimiento, para su discusión con empresas y sindicatos, por el que se abandonaba la construcción de otro TBC en Sagunto y se proponía renovar los dos ya existentes en AHV y Ensidesa, invirtiendo las conclusiones del informe Kawasaki y apostando, en definitiva, por la opción vasca y asturiana, con el consiguiente abandono del proyecto de la IV Planta Siderúrgica Integral de AHM.

La opción gubernamental pretendía así llevar a cabo la tan necesaria como aplazada reestructuración con el menor coste social y político posible, por lo que las inversiones se dirigirían a las dos regiones que, por entonces, estaban sufriendo con mayor dureza la crisis industrial (Méndez y Sánchez, 2003), en detrimento de la siderurgia valenciana, cuyo cierre se preveía que tuviera menos efectos cuantitativos sobre el empleo y la economía regional, al tiempo que se intentaba completar el proceso a la mayor brevedad para que no interfiriese en las conversaciones para la integración de España en la CEE, que incluían también negociaciones sobre el nuevo mapa de la siderurgia comunitaria.

Desde entonces, historiadores y economistas, sociólogos y protagonistas han analizado en profundidad dicho proceso, generando una amplia y diversificada bibliografía a la que remitimos, tratando de dilucidar en qué proporción intervinieron razones de carácter político, técnico, económico o internacional en el diseño final de la reestructuración siderúrgica, cuyo impacto sociolaboral, e incluso emocional y simbólico, alcanzó niveles históricos en todas las comunidades afectadas, especialmente la valenciana.

Cuando el 4 de febrero de 1983 los trabajadores de AHM se opusieron a la orden de cierre del alto horno n.º 2, decretada por el presidente de la empresa, José María Lucía, se iniciaba un conflicto que se prolongaría durante los siguientes 14 meses en los que se registraron 24 huelgas en la factoría y 9 en el conjunto de la comarca del Camp de Morvedre, 11 grandes manifestaciones en Valencia y 7 marchas a Madrid, presentación de una iniciativa legislativa popular (ILP) avalada por 700.000 firmas, asambleas multitudinarias en el Estadio El Fornás, retenciones de directivos de la empresa y de parlamentarios autonómicos, cortes de carreteras y vías férreas, un violento asalto a la comisaría, etc.

La secuencia temporal del proceso ha sido suficientemente documentada (González de Andrés, 2011; Marín, 2006; Moliner, 2002; Olmos, 1984; Ortiz, 2017) por lo que, conforme a los objetivos de nuestra investigación, nos centraremos ahora en analizar los recursos de intervención sindical y repertorios de acción desplegados durante aquellos 430 días frenéticos, desde la primera gran movilización obrera contra la amenaza de cierre hasta la aprobación por referéndum (10 de abril de 1984) del acuerdo que puso fin al conflicto.

El marco analítico de referencia que proponemos es el de la teoría de los recursos de poder sindical (Gumbrell-McCormick y Hyman, 2013; Beneyto, 2017) que estudia la intervención y estrategia de las organizaciones obreras como resultado de la articulación dinámica de su posición *estructural* (ubicación en la empresa, el mercado de trabajo y el entorno socioeconómico) con sus recursos *asociativos* (nivel de afiliación y representatividad), *organizativos* (modelo de funcionamiento y capacidad de movilización), *institucionales* (negociación colectiva, diálogo social), *colaborativos* (construcción de alianzas e implicación de otros actores) y, finalmente, *discursivos* (intervención en el discurso y la agencia pública), en el desarrollo de su acción colectiva y relaciones laborales.

Revisar ahora la batalla de Sagunto, cuando han transcurrido ya cuatro largas décadas, y hacerlo sin caer en lecturas maniqueas y simplistas, nos permite constatar cómo la factoría de AHM y su entorno operaron entonces como un gran taller teórico-práctico de sindicalismo y relaciones laborales, en defensa de la dignidad del trabajo y de las personas trabajadoras, cuyas organizaciones y representantes activaron a tal efecto todos sus recursos de intervención, en un largo y complicado proceso no exento de tensiones que puso también de manifiesto sus fortalezas y debilidades.

Derivada del modelo de *factory-town*, la posición estructural de los sindicatos de AHM les confería una notable capacidad de control de la actividad de la factoría, desarrollando incluso funciones de auténtico contrapoder frente a la dirección de la empresa, en un ejercicio de autogestión obrera como los episodios de resistencia a las órdenes de cierre inicial del alto horno n.º 2 y posterior mantenimiento activo del tren 28, en febrero y septiembre de 1983, respectivamente.

Durante todo el conflicto se mantuvo, asimismo, una movilización sostenida y compacta de los trabajadores (24 convocatorias de huelga, con un total de dos millones de jornadas no trabajadas) y del entorno local (implicación de la sociedad porteña y de la comarca del Camp de Morvedre en nueve huelgas generales), presentando por el contrario mayores dificultades para generar una solidaridad real y no solo simbólica a un nivel sectorial y territorial más amplio. El *espléndido aislamiento* que durante años había reforzado aquel bastión, cerrado y autocomplaciente, del movimiento obrero evidenciaba ahora sus límites, a diferencia de lo que ocurría en el País Vasco y, sobre todo, en Asturias, cuyos sindicatos demostraron mayor eficacia en la articulación de consensos sociales e institucionales.

Dicha posición estructural de los sindicatos de AHM explica y retroalimenta tanto sus recursos de intervención como las diferentes estrategias que desplegaron durante aquellos 14 meses dirigidas, inicialmente, a defender la continuidad de la factoría y, más tarde, tras comprobar la ineluctable decisión de su cierre y el progresivo agotamiento de su capacidad de resistencia, a garantizar el mantenimiento del empleo y derechos laborales de los trabajadores afectados, así como los compromisos de posterior reindustrialización de la zona previstos en el Real Decreto-Ley 8/1983, de 30 de noviembre.

El factor clave fue, en ambos casos, la fuerte implantación de los sindicatos de clase en la empresa, que desde finales de los años sesenta había acumulado un sólido poder contractual (convenios colectivos, mejoras salariales, prestaciones sociales) basado en sus *recursos asociativos* de los que emanaban liderazgos representativos.

Mientras que la tasa media de afiliación sindical en el País Valenciano apenas superaba el 12% a principios de la década de los ochenta (Beneyto y Picó, 1982), en AHM era del 65%, siendo

2.190 los adscritos a CCOO y 560 a UGT. La afiliación directa se complementaba con la representación indirecta a través de las elecciones sindicales que, en su segunda convocatoria (junio de 1980), registraron una participación superior al 75% de la plantilla, configurando un Comité de Empresa integrado por 19 delegados de CCOO, 8 de UGT y 2 no adscritos.

Esta doble vía (presencia/audiencia) de agregación y representación confería al sindicalismo de clase de AHM una gran capacidad de influencia de sus convocatorias a la movilización, tanto a nivel de empresa como en el conjunto de la sociedad saguntina, activando fuertes mecanismos de sociabilidad, identidad de clase y pertenencia a la comunidad.

Con todo, dicha dualidad generó también problemas y choques inter e intrasindicales cuando, en la fase final del conflicto la Coordinadora, integrada por representantes de CCOO, UGT y CNT, que había actuado inicialmente como caja de resonancia de las reivindicaciones obreras convirtiéndolas en demandas ciudadanas, provocó un choque de legitimidades con el Comité de Empresa sobre la gestión del conflicto laboral, distorsionado por los efectos negativos de la crisis del PCE que salpicaban por entonces a CCOO, enfrentando al sector más radical y prosoviético, representado por Ángel Olmos al frente de la Coordinadora Sindical, con el más pragmático y socialdemócrata que lideraba Miguel Campoy como presidente del Comité de Empresa. En el caso de UGT, las diferencias se produjeron entre su sección sindical en AHM, que respaldaba la posición mayoritaria del Comité de Empresa, y la Federación del Metal, dirigida a nivel estatal primero por José Luis Corcuera, que procedía de AHV, y luego por Antonio Puerta, defensores ambos de la propuesta gubernamental para la reconversión siderúrgica.

Aún con algunas diferencias y enfrentamientos puntuales, durante la batalla de Sagunto los sindicatos lograron desplegar estratégicamente, aunque con resultados desiguales, todos sus recursos organizativos, de colaboración e, incluso, discursivos con objeto de definir y desarrollar sus objetivos en defensa primero del proyecto de la siderurgia integral saguntina y, finalmente, del empleo o prestaciones laborales de sus trabajadores.

En este punto, y con la perspectiva del tiempo transcurrido, el balance no resulta tampoco unívoco y concluyente, pues si bien se consiguió organizar durante meses un alto nivel de participación de los trabajadores de la factoría tanto en su dimensión deliberativa (asambleas multitudinarias en la empresa y en el Estadio El Fornás) como de acción colectiva (huelgas, manifestaciones) e incorporar a diferentes sectores sociales de Puerto de Sagunto (movimiento vecinal, comerciantes, mujeres, estudiantes...), no se logró implicar de la misma forma al conjunto de la clase obrera, la ciudadanía y las instituciones de la comunidad autónoma, quedando el conflicto localizado en Puerto de Sagunto, pese a las puntuales salidas a Valencia o Madrid.

Además de las razones endógenas a las que ya hemos hecho referencia, el diseño discursivo de la campaña, en clave negativa y orientación estrictamente local ("No al cierre de AHM. No a la muerte de un pueblo"), así como la frágil alianza inicial y posterior enfrentamiento con el Gobierno autonómico, limitaron tanto la extensión de la protesta como la eficacia de la misma, a diferencia de lo que ocurriría en Asturias, cuyos sindicatos (mayoría relativa de UGT y fuerte presencia de CCOO) plantearon su estrategia en términos más positivos ("Salvar Ensidesa es salvar Asturias") e inclusivos en alianza con, no contra, las instituciones regionales (Marín, 1997).

Pese a tales debilidades y contradicciones, es justo y necesario reconocer que el movimiento sindical saguntino consiguió activar sus fortalezas y potencialidades mediante una larga campaña coral de movilizaciones que evolucionaría desde la resistencia reactiva al cierre de AHM a la negociación y defensa proactiva del empleo y los derechos de sus trabajadores, en un ejercicio de dignidad obrera que en ocasiones alcanzó niveles de épica colectiva, similar a la huelga que por aquellos mismos meses mantenían los mineros ingleses, y que ha permanecido hasta hoy en la memoria colectiva de Puerto de Sagunto, articulando a tal efecto sus recursos de presión social y negociación institucional.

Durante la primera mitad de 1983 el conflicto tuvo un carácter fundamentalmente expresivo, con protestas destinadas a visibilizar la oposición de los trabajadores de AHM y ciudadanos de Sagunto al cierre de la factoría y su defensa de la viabilidad renovada de la misma. Más tarde, el decreto de reconversión de la siderurgia (RD 1853/1983, de 6 de julio) cerraría definitivamente dicha vía, lo que radicalizó tanto las medidas impuestas por la empresa (sucesivas oleadas de despidos, ERE, sanciones, reducción de la actividad productiva y amenazas de *lockout*...) como la respuesta de los trabajadores (nuevas huelgas, negativa al cierre del tren 28, manifestaciones y cortes de carreteras, retención del jefe de personal, ataque a la comisaría de policía...), en una dialéctica de acción/reacción que se prolongaría hasta bien entrado 1984.

Se hacía, pues, necesario un cambio estratégico que buscara una salida negociada al conflicto, conforme a lo que ya era entonces opinión mayoritaria de la población saguntina, expresada en una encuesta específica que, con carácter extraordinario, realizó el Centro de Investigaciones Sociológicas en el pueblo a finales de aquel verano (estudio 1.362) y según la cual el 74% de los entrevistados optaba por "negociar con el Gobierno para que se creasen puestos alternativos de trabajo suficientes", mientras que solo el 15% se planteaba "resistir cualquier intento del Gobierno de cerrar la cabecera" (CIS, 1983).

Se trataba de activar los recursos institucionales del sindicalismo (poder contractual, negociación sociopolítica) que pusieran en valor la amplia movilización conseguida durante la fase de protesta y la transformara en una propuesta de acuerdo que garantizase el mantenimiento del empleo y los derechos sociales de los trabajadores de AHM, evitando el deslizamiento del conflicto hacia un callejón sin salida por el bloqueo de las alternativas y el progresivo agotamiento de los recursos de resistencia, tanto salariales como materiales y de presión social.

Mientras las pérdidas económicas acumuladas por los trabajadores desde el inicio del conflicto ascendían ya a 300.000 pesetas de media, equivalente casi a la nómina de cinco meses según las tablas salariales del convenio vigente (BOE de 31 de agosto de 1983), se iban agotando las reservas de carbón necesarias para mantener operativo el alto horno n.º 2 cuya orden de cierre, dictada nuevamente por la dirección de AHM el 20 de febrero de 1984, había rechazado el Comité de Empresa, al tiempo que resultaban fallidas las últimas medidas de presión social realizadas, tales como la dimisión del alcalde socialista José García Felipe y 17 concejales de Sagunto el 27 de enero, así como el posterior intento de huelga general convocada para todo el sector de industrias en reconversión que tuvo escaso seguimiento, al no sumarse varias grandes empresas valencianas como UNL, Macosa y Cointra que habían pactado ya sus respectivos convenios.

Así las cosas, el Comité de Empresa, presidido por el sindicalista de CCOO Miguel Campoy, propuso en una dramática asamblea celebrada el 22 de marzo de 1984, poner el horno n.º 2 en posición de *banking* a cambio de la readmisión de los despedidos y el inicio de conversaciones con el INI para una salida negociada del conflicto, lo que fue mayoritariamente aceptado (2.041 votos a favor) por los trabajadores.

El 4 de abril se firmó un preacuerdo entre las direcciones del INI y de AHM, el Comité de Empresa de la factoría y las federaciones estatales del sector metalúrgico de CCOO y UGT, por el que se fijaba el cierre definitivo de la cabecera de AHM para el 1 de octubre siguiente a cambio de la creación por el INI de 2.100 puestos de trabajo en la comarca del Camp de Morvedre durante el periodo 1985-1987, garantizándose que no habría despidos sino que se mantendrían los derechos acumulados de los trabajadores mediante jubilaciones anticipadas voluntarias para los mayores de 55 años y la constitución de un Fondo de Promoción de Empleo (FPE), como paso intermedio a la recolocación del personal excedente, basado en la suspensión temporal de contratos de hasta 36 meses y unas percepciones equivalentes al 80% de las retribuciones brutas que tendrían en caso de estar en activo.

En la asamblea celebrada al día siguiente para informar de lo acordado se produjeron duros enfrentamientos entre partidarios y detractores del mismo, referidos tanto a su contenido sustantivo como a la forma prevista para su votación, planteándose incluso un choque de legitimidades entre instituciones representativas (Comité de Empresa vs Coordinadora Sindical) y decisorias (asamblea de fábrica o de pueblo), lo que reflejaba la existencia de dos modelos diferentes (sindicalista/populista) para la gestión final del conflicto. Mientras el sector mayoritario de CCOO y los delegados de UGT en el Comité de Empresa defendían el contenido del acuerdo y que fuese la asamblea de fábrica la que decidiese en referéndum sobre la ratificación del mismo, los *críticos* de CCOO y otros colectivos minoritarios, agrupados en una Coordinadora por entonces ya tan fragmentada como radicalizada, rechazaban el pacto acusando de traición a sus promotores y optaban por la asamblea popular como última instancia de decisión.

El referéndum celebrado el 10 de abril en la empresa, con una participación de 3.294 trabajadores (86% de la plantilla del momento), ratificó por amplia mayoría el modelo sindicalista de presión/negociación y el acuerdo finalmente suscrito: 2.157 votos a favor (65,5%), 1.033 en contra (31,4%) y 104 blancos o nulos (3,2%). Se cerraba así, con una ejemplar demostración de democracia obrera y liderazgo sindical, el mayor ciclo de protesta, movilización y propuestas de los trabajadores valencianos al tiempo que se abría una nueva etapa en la que, mientras se mantenía el seguimiento y aplicación de lo acordado en un proceso no exento de dificultades, aumentaba la sensación de incertidumbre ante el futuro del empleo, la economía y los proyectos, individuales y colectivos, de la población de aquel *puerto de acero* que había nacido y crecido con (y, en ocasiones, contra), desde, hacia, para y por el trabajo en Fábrica.

Pese a todo, el desenlace del proceso puso de manifiesto que sin la larga lucha de los trabajadores de AHM y del pueblo saguntino el contenido y posterior aplicación de aquel *acuerdo de abril*, ratificado mayoritariamente, no hubieran sido los mismos, pues cuando se inició el conflicto el plan gubernamental se limitaba exclusivamente al cierre de la cabecera y el desmantelamiento de las instalaciones, con la correspondiente rescisión de los contratos de trabajo, sin incluir compromisos de empleo alternativo ni proyectos de reindustrialización.

Finalmente, a las 23:30 horas del día 5 de octubre de 1984 el horno alto n.º 3, que aún seguía en funcionamiento, realizó su última colada de acero y un año más tarde sería derribado por una explosión controlada, quedando desde entonces solo en pie el alto horno n.º 2, una impresionante estructura de 64 metros de altura construida en 1922 y cuya reciente restauración, como parte de la recuperación del patrimonio industrial (Bodí, 2014), lo ha convertido en un potente tótem simbólico y referente histórico de la memoria colectiva de un siglo de actividad siderúrgica y lucha obrera en Puerto de Sagunto (Ortiz y Prats, 2002).

PAISAJE DESPUÉS DE LA BATALLA

Tras el *shock* inicial por el cierre de la factoría y el fin de la movilización ciudadana, una especie de depresión colectiva se abatió sobre Sagunto, provocada por la sensación de pérdida de la seguridad conquistada en el pasado, el miedo presente al paro y la incertidumbre ante el futuro económico y del empleo, lo que se reflejaría durante años en una larga atonía de los principales indicadores sociales, incluido el demográfico: el censo de población se mantuvo estancado en torno a los 55.000 habitantes durante las dos décadas siguientes.

De ser un núcleo urbano y una comunidad social formadas y desarrolladas en torno a Fábrica, la crisis y posterior desmantelamiento de la misma significaban, de entrada, no solo la quiebra de la trayectoria laboral de quienes en ella trabajaban, sino el bloqueo de las expectativas de inserción de quienes confiaban hacerlo y, por extensión, de las del conjunto de la sociedad porteña. El modelo de trabajo fordista y masculino de la gran factoría iba desapareciendo conforme se desmantelaban las instalaciones de AHM, y tras el estancamiento posterior a su cierre definitivo iría emergiendo una nueva realidad configurada por estructuras empresariales y laborales fragmentadas y diversas.

Pese a todo, los niveles de identidad obrera y cohesión social alcanzados antes y durante la batalla de Sagunto fundamentaron una reacción colectiva frente a las nuevas condiciones de crisis enormemente beligerantes, en la defensa del empleo y los derechos laborales conseguidos tras décadas de lucha (Bodí, 2010).

En lo inmediato, AHM quedó como empresa sin actividad encargada de gestionar los pasivos resultantes del cierre de la cabecera, mientras que su tren de laminación en frío pasó a ser explotado por una nueva sociedad, Siderúrgica del Mediterráneo (SIDMED), que quedó inicialmente como filial de Ensidesa y junto a las empresas de reciente creación (Pilkington, Fertiberia y otras) absorbió a un total de 2.180 trabajadores.

Por su parte, el Fondo de Promoción de Empleo (FPE), creado en aplicación del *acuerdo de abril*, clasificó a los excedentes laborales afectados por la reconversión en tres colectivos según cohortes de edad. Los obreros mayores de 55 años se acogieron a la jubilación anticipada sufragada por la empresa y el Estado y conforme cumplían los 65 años accedían a la pensión de jubilación normal que les correspondiese. En el otro extremo, los trabajadores menores de 35 años y los eventuales pasaron a percibir las prestaciones del seguro de desempleo a que tenían derecho mientras se tramitaba su recolocación. Por último, los integrantes del grupo intermedio fueron contratados de forma preferente en SIDMED (actualmente Arcelor-Mitttal) y las nuevas empresas instaladas (Ortiz, 2017). En 1987, el FPE había completado ya la recolocación de la práctica totalidad del excedente laboral de AHM y gestionado las percepciones de sus prejubilados.

Aunque durante años la tasa de paro registrado en la comarca del Camp de Morvedre se mantuvo por encima de la media de la Comunidad Valenciana, el impacto global de la crisis siderúrgica resultó a la larga menos negativo aquí que en el País Vasco y Asturias. Mientras que en Euskadi una segunda ronda de reestructuración a mediados de los noventa supuso el cierre de todas las instalaciones de cabecera de AHV, incluyendo la acería y el TBC, en Asturias fueron apagados los hornos altos de Avilés, quedando el TBC reformado de Ensidesa desconectado de las restantes instalaciones de cabecera situadas en Gijón.

A finales de siglo la plantilla global del sector siderúrgico español se había reducido prácticamente a la mitad, de 43.000 a 22.000 trabajadores, en apenas una década (Díaz y Sáez, 2017). Al mismo tiempo, el déficit material de acero y derivados generado por la drástica reducción de su capacidad productiva transformó a nuestro país de excedentario a importador neto de productos siderúrgicos, convirtiendo a Puerto de Sagunto, paradójicamente, en su principal vía de entrada, factores ambos que, si más no, obligan a una reflexión retrospectiva sobre el diseño y gestión de aquel difícil proceso de reconversión industrial.

Tras un primer intento reindustrializador que durante los años noventa supuso la instalación en Puerto de Sagunto de importantes empresas (Thyssen, Bosal, Galmed...), atraídas por la disponibilidad de suelo industrial (polígono gestionado por el SEPES) y el *know-how* de los técnicos y trabajadores de la zona, a principio de siglo el Ayuntamiento y la Generalitat, gobernados ambos por el Partido Popular, iniciaron la promoción de un nuevo parque industrial (Parc Sagunt-I) sobre los terrenos de la antigua AHM (9,5 millones de metros cuadrados), con más fanfarria publicitaria que capacidad de gestión real, siendo inaugurado sucesivamente por los presidentes Zaplana y Camps tras una década de inactividad y mientras otra crisis económica golpeaba de nuevo duramente a una comarca que apenas había iniciado su recuperación: entre 2008 y 2013 el paro se triplicó pasando de 4.924 a 13.981 desempleados registrados (27,6% sobre la población activa), como resultado de los ajustes de plantilla y cierre de varias empresas.

A partir de 2016 el cambio de ciclo económico y político supondrá un renovado impulso para la reactivación económica de la zona (central térmica, regasificadora, desalinizadora, proyecto de Parc Sagunt-II...), abriendo un significativo debate sobre si el modelo a desarrollar debía tener una orientación preferentemente industrial o terciaria. Mientras que el equipo nacionalista que gobernaba entonces el Ayuntamiento (cuya base electoral se concentraba en el núcleo histórico de la ciudad) y varios colectivos ecologistas se oponían a la instalación de las nuevas empresas por considerarlas contaminantes y depredadoras del entorno natural, los sindicatos y partidos mayoritarios de la izquierda (de implantación transversal aunque ampliamente mayoritaria en El Puerto) defendían un crecimiento sostenible que optimizase las infraestructuras materiales y recursos humanos disponibles, para garantizar una justa y necesaria recuperación económica y del empleo que reparase el impacto negativo de las anteriores crisis y abriera nuevas expectativas de futuro.

La crisis de la COVID iniciada en el primer trimestre de 2020 frenará temporalmente el proceso de reactivación económica en curso, aunque el *escudo social* implementado por el Gobierno de coalición progresista (ERTE, reforma laboral, incremento del salario mínimo…) paliará en buena medida sus efectos más devastadores. En la comarca del Camp de Morvedre los ERTE gestionados por el SEPE garantizaron el mantenimiento de casi 10.000 empleos (28,5% del total) y el salario correspondiente de los trabajadores afectados durante los meses centrales de la pandemia, facilitando luego la normal recuperación de la actividad productiva.

Desde entonces el proceso de reindustrialización de Sagunto y su comarca no ha dejado de avanzar, convirtiendo de nuevo a la zona en referente industrial, hasta el punto de que el último estudio del Instituto Nacional de Estadística sobre áreas urbanas funcionales la sitúa en el tercer puesto en el *ranking* de empleo industrial (23,5%), doblando prácticamente la media nacional (13,3%).

El más importante hito hasta el momento de dicho proceso ha sido el compromiso de la multinacional Volkswagen de instalar unas gigafactoría de baterías en Parc Sagunt-II, tras laboriosas negociaciones impulsadas durante 2022 por el entonces presidente de la Generalitat, el socialista Ximo Puig, que contaron con el apoyo de los principales agentes sociales, económicos e institucionales de la comunidad. Con una inversión prevista de 4.500 millones de euros y la creación de más de 3.000 empleos directos y 12.000 indirectos, la primera fase del proyecto, que ha generado un razonable optimismo entre la población de la zona, se espera que entre en funcionamiento en 2026 y el resto al final de la década, junto a otras importantes inversiones en infraestructuras (ampliación portuaria, conexión ferroviaria, estación intermodal…) que consolidarán a Puerto de Sagunto como nodo geoestratégico del eje mediterráneo.

Durante estas cuatro décadas de crisis y recuperación, las organizaciones sindicales han tratado, no sin dificultades, de adaptar sus recursos y estrategias a los profundos cambios registrados tanto a nivel general como en su ámbito más inmediato de intervención, renovando sus estructuras, liderazgos y programas de trabajo, revalidando su representatividad y capacidad de interlocución e impugnando en la práctica el tópico discurso sobre su inevitable obsolescencia.

Con algunas oscilaciones registradas a lo largo del periodo, la afiliación sindical en la comarca sigue siendo superior a la media, situándose en torno al 25% sobre la población asalariada, distribuyéndose entre los 5.100 adscritos a CCOO, 1.500 a UGT y algunos centenares más entre organizaciones menores.

En cuanto a la representatividad derivada de las elecciones sindicales que, con periodicidad cuatrienal, se celebran en las empresas con una plantilla superior a los diez trabajadores, su cobertura ha evolucionado en función del ciclo económico (altas/bajas de empresas, ampliación/reducción de plantillas), alcanzando en la actualidad a 216 empresas y más de 25.000 trabajadores del Camp de Morvedre que, en la última convocatoria de 2023, habrían elegido un total de 836 delegados sindicales (300 más que en 1990), de los que el 46,5% pertenecen a CCOO y el 31,3% a UGT, que actúan cotidianamente como interlocutores ante sus respectivas empresas en defensa de los intereses y derechos de los trabajadores de las mismas.

La evolución reciente del sindicalismo porteño registra, asimismo, algunas transformaciones cualitativas especialmente significativas tanto en la composición morfológica de su afiliación (creciente presencia de trabajadores de sectores terciarios y profesionales) como las derivadas del cambio generacional y de género en sus liderazgos, lo que constituye un claro indicador de la capacidad de renovación de las organizaciones obreras.

Especialmente novedosa resulta la acción sindical en las grandes empresas multinacionales instaladas en la zona (Arcelor-Mittal, Pilkington, Thyssenkrup), con una plantilla que en conjunto supera los 1.300 trabajadores y cuyos representantes sindicales forman parte de los respectivos comités de empresa europeos, participando del nuevo modelo de relaciones laborales de ámbito global (Beneyto, 2016), lo que demuestra haber superado también en este ámbito los anteriores límites de la *factory-town*.

Confirmamos, pues, que la de Puerto de Sagunto ha sido y sigue siendo una historia de aprendizaje en la formación de la cultura obrera, operando como un *taller de relaciones laborales y sindicalismo* en el que, pese a las crisis y mutaciones registradas, las organizaciones de trabajadores han acreditado sobradamente su legitimidad de origen, representatividad y ejercicio lo que merece, en nuestra opinión, el más amplio reconocimiento público.

BIBLIOGRAFÍA

Albentosa, L. (1985): "La política de ajuste aplazada: reconversión industrial", *Información Comercial Española*, 618, pp. 175-191.

Babiano Mora, J. (1995): *Emigrantes, cronómetros y huelgas. Un estudio sobre el trabajo y los trabajadores durante el franquismo*, Siglo XXI-Fundación 1º de Mayo, Madrid.

Beneyto, P. (2016): "Trabajo y sindicalismo en la globalización", *Revista Española de Sociología*, 25(1), pp. 61-87.

— (2017): "Crisis y renovación del sindicalismo", *Arxius de Ciències Socials*, 36-37, pp. 15-34.

— (2018): "La transició sindical. Reivindicació d'una obra col.lectiva", *Debats*, 132(1), pp. 103-122.

Beneyto, P. y Picó, J. (1982): *Los sindicatos en el País Valenciano (1975-1981)*, Institució Alfons El Magnànim, Valencia.

Bodí, J. (2010): "¿Y ahora qué? Patrimonio, identidad y trabajo a 26 años de la reconversión industrial en el Puerto de Sagunto", *Sociología del Trabajo*, 71, pp. 100-117.

— (2014): "De chatarra a patrimonio. El alto horno número 2 y el museo industrial de Puerto de Sagunto (1984-2000), *Arxius de ciències socials*, 30, pp. 17-30.

CIS (1983): *La reconversión industrial: Sagunto*, Estudio 1.362, disponible en https://bit.ly/4gzHFVS

Díaz, P. y Sáez, M. (2017): "Los errores de la reestructuración siderúrgica de los años ochenta", *Braçal. Revista del Centre d'Estudis del Camp de Morvedre*, 56-57, pp. 57-73.

Díaz, P., Escudero, A. y Sáez, M.A. (2008): "El desmantelamiento de la siderurgia integral del Mediterráneo español (1977-1984)", *Revista de Historia Industrial*, 38(3), pp. 161-188.

Gallego, J. R. y Nácher, J. (1996): "Territorialización de base industrial: el caso del Puerto de Sagunto", *Sociología del Trabajo*, 26, pp. 81-104.

Garcés, S. y Navarro, B. (2023): "Puerto de Sagunto (1939-1982)", *Rutas de la memoria obrera-I*, FEIS, Valencia.

Girona, M. (1989): *Minería y siderurgia en Sagunto*, IVEI, Valencia.

Gómez-Roda, A. (2004): *Comisiones Obreras y represión franquista. Valencia 1958-1972*, PUV, Valencia.

González de Andrés, E. (2011): "La lucha contra el cierre de Altos Hornos del Mediterráneo de Sagunto", *Espacio, tiempo y forma*, UNED, Historia contemporánea, 23, pp. 201-241.

Gumbrell-McCormick, R. y Hyman, R. (2013); *Trade Unions in Western Europe. Hard times, hard choices*, Oxford University Press, Oxford.

Hebenstreit, M. (2010a): "Desde la movilización revolucionaria hasta el 'colaboracionismo'. Auge y caída del anarcosindicalismo en la siderurgia de Puerto de Sagunto (1930.1958)", *X Congreso de Historia contemporánea*, Santander.

— (2010b): "Conflicto y cultura de negociación en Altos Hornos de Sagunto, 1959-1975", *Historia, Trabajo y Sociedad*, 1, pp. 7-28.

— (2014): *La oposición al franquismo en Puerto de Sagunto (1958-1977)*, PUV, Valencia.

Marín, J. M. (1997): *Los sindicatos y la reconversión industrial durante la transición*, Consejo Económico y Social, Madrid.

— (2006): "La fase dura de la reconversión industrial, 1983-1986", *Historia del Presente*, 8, pp. 61-101.

Méndez, R. y Sánchez, S. (2003): "Crisis, reconversión e integración en Europa, 1975-2000", en J. Nadal (dir.), *Atlas de la industrialización de España, 1700-2000*, Crítica, Barcelona, pp. 389-551.

Moliner, E. (2002): *Sagunto 1983. El año más largo*, Ayuntamiento de Sagunto, Valencia.

Molinero, C. e Ysás, P. (1998): *Productores disciplinados y minorías subversivas. Clase obrera y conflictividad laboral en la España franquista*, Siglo XXI, Madrid.

Navarro Arancegui, M. (1989): *Crisis y reconversión de la siderurgia española, 1978-1988*, MOPU, Madrid.

— (1990): *Política de reconversión: balance crítico*, Eudema, Madrid.

Navarro Herráiz, B. (2003): *La memoria necesaria. Historia del Puerto de Sagunto*, edición del autor, Puerto de Sagunto.

Olmos, M. (1984): *Breve historia de la siderurgia saguntina. La batalla de AHM*, Fernando Torres, Valencia.

Ortiz, A. (2017): "La lucha de AHM (1983-1985)", *Braçal. Revista del Centre d'Estudis del Camp de Morvedre*, 56-57, pp. 131-176.

Ortiz, A. y Prats, J. M. (2002): *El Puerto. Crónica de un siglo. Los lugares de la memoria*, Martínez Impresores, Puerto de Sagunto.

Pinar, A. y Vázquez, J. (1983): "Desarrollo regional y reconversión industrial", *Economía Industrial*, 232, pp. 73-80.

Quílez, A. (2013): "Paternalismo industrial y ciudad-fábrica. El caso del Puerto de Sagunto durante el franquismo", *Saitabi, Revista de la Facultat de Geografia i Història*, 62-63, pp. 241-255.

— (2016): "Negociación y convenios en el tardo-franquismo español", *Pasado y Memoria. Revista de Historia contemporánea*, 15, pp. 227-254.

— (2018): "Taylorismo y respuesta obrera en la siderurgia de Sagunto. Cambios en las relaciones laborales del tardofranquismo", *Revista de Historia Industrial*, 73, pp. 105-132.

Rambla, J. M. (2002): "Resistencia, crisis y revolución: Orígenes del movimiento obrero en el Puerto de Sagunto, 1900-1936", *Braçal. Revista del Centre d'Estudis del Camp de Morvedre*, 25, pp. 141-157.

Reig, R. (1995): "Estratègies de supervivencia i estratègies de millora. Els treballadors al País Valencià durant el franquisme (1939-2975)", en P. Beneyto (2018) (ed.), *Crónicas obreras de Ramiro Reig*, FEIS, Valencia, pp. 136-164.

— (1999): "Recuérdalo tú y cuéntaselo a otros. Las relaciones laborales en Altos Hornos de Sagunto", *Reconversión y revolución. Industrialización y patrimonio industrial del Puerto de Sagunto*, PUV, Valencia, pp. 47-57.

— (2004): "Cómo se construye un sindicato", en *Miguel Lluch (1925-2002). In Memoriam*, Fundación Funcasocial, Valencia, pp. 35-44.

Reig, R. y Del Álamo, M. (1998): "Macosa (Valencia) y altos Hornos de Vizcaya (Sagunto) 1958-1968: Dos modelos de implantación de la OCT", en C. Posadas *et al.*, *Mercado y organización del trabajo en España*, Editorial Atril, Sevilla, pp. 217-234.

Sáez, M. A. y Díaz, P. (2009): *El puerto del acero. Historia de la siderurgia de Sagunto (1900-1984)*, Marcial Pons, Madrid.

Sanz, B. (2014): *Sagunto y la batalla de Altos Hornos del Mediterráneo (AHM)*, PUV, Valencia.

Sartorius, N. (1975): *El resurgir del movimiento obrero*, Laia, Barcelona.

Segura, J. (1984): "Años de reconversión y asignaturas pendientes", *Economistas*, 11, pp. 77-88.

Simeón, J. D. (1999): "El franquismo vivido e imaginado desde una sociedad industrial: El Puerto de Sagunto", en I. Saz y A. Gómez-Roda (coords.), *El franquismo en Valencia. Formas de vida y actitudes sociales en la postguerra*, PUV, Valencia, pp. 159-186.

Soler, J. L. y Saz, I. (1993): "De Lo Rat Penat al congreso de Castellón. Las Comisiones Obreras en el País Valenciano (1966-1978)", en D. Ruiz (ed.), *Historia de Comisiones Obreras (1958-1988)*, Siglo XXI, Madrid, pp. 289-300.

Townson, N. (2009): *España en cambio. El segundo franquismo, 1959-1975*, Siglo XXI, Madrid.

CAPÍTULO 6

LA LUCHA OBRERA CONTRA EL DESMANTELAMIENTO DE ALTOS HORNOS DEL MEDITERRÁNEO: EL SINDICALISMO DE AYER EN PERSPECTIVA COMPARADA CON EL DE HOY

MIGUEL ÁNGEL GARCÍA CALAVIA

Huelgas generales, masivas manifestaciones, cortes de tráfico vial y ferroviario, retenciones de directivos, políticos y gobernantes de la Generalitat Valenciana y actos de desobediencia de las órdenes emanadas de la gerencia, formaron parte de las movilizaciones promovidas por el movimiento sindical de Altos Hornos del Mediterráneo con el fin de impedir los más de 2.000 despedidos que comportaba el desmantelamiento de sus instalaciones de cabecera (los altos hornos y el tren estructural). En 1971, la empresa se constituyó bajo tal denominación. Ahora bien, su actividad siderúrgica había sido iniciada por la Compañía Siderúrgica del Mediterráneo (CMS) en 1923 cuando se produjo la primera colada; al año siguiente, salió el primer acero y comenzó la laminación. Pocos años después de finalizada la guerra civil, la CMS fue adquirida por Altos Hornos de Vizcaya (AHV), que mejoró las instalaciones existentes y amplió la oferta de productos laminados.

En la constitución de Altos Hornos del Mediterráneo (AHM), con el fin de crear una planta integral siderúrgica que satisficiera la demanda de productos de la época e incrementara su productividad cuestionada desde la segunda mitad de los sesenta, participaron no solo la empresa matriz Altos Hornos de Vizcaya, sino también U. S. Steel, bancos y cajas de ahorro. Sin embargo, las expectativas creadas duraron poco tiempo. La crisis económica de 1973 afectó a la industria siderúrgica con una acumulación de pérdidas económicas que dificultó la ejecución de los planes de expansión previstos e incluso el pago de las nóminas. En 1978, el Gobierno aprobó la ley de medidas urgentes de apoyo al sector siderúrgico. Con ella, el Instituto Nacional de Industria (INI), entidad estatal para promover el desarrollo industrial, pasó a formar parte de la sociedad propietaria de AHM. Las medidas resultaron insuficientes. En 1979, el INI se convirtió en el único accionista de AHM, por lo que pasó a ser una empresa pública. A partir de entonces, las relaciones laborales no solo implicarán a la gerencia y los trabajadores, sino también al Estado y al Gobierno que lo presida, lo que afectará a las decisiones y estrategias de acción de sus protagonistas. Así, AHM era una empresa pública cuando su presidente ordenó el cierre del alto horno n.º 2 el 4 de febrero de 1983, previsiblemente cumpliendo los dictámenes del Gobierno que se formalizarán en un decreto a principios de julio sobre la reconversión de la siderurgia integral.

El objetivo del presente capítulo es abordar los cambios que ha experimentado el sindicalismo en España utilizando el caso de AHM como referencia analítica del pasado. La fundamentación del sindicalismo se basa en tres funciones: representar a los empleados aunque también a desempleados, autónomos y pensionistas (expresar aspiraciones y reivindicaciones y mediarlas, lo que requiere su agregación acertada que no siempre es fácil dada su diversidad); luchar por la justicia social (reducción de las desigualdades, implantación y ampliación de derechos sociales; participación de los representados en todos los ámbitos y niveles de la realidad social); e incidir en la regulación laboral y social (elaborar estrategias y adoptar modos de acción que permitan la consecución —parcial o total— de los objetivos establecidos) (Rosanvallon, 1988: 22).

En este contexto, los sindicatos se configuran como movimientos sociales de los trabajadores o como organizaciones intermediarias que activan recursos (de distinto tipo) y modos de intervención en las relaciones laborales (y poslaborales) con el fin de lograr anhelos y demandas (Muller Jenchst, 1985; Hyman,

2001). En relación con esta última configuración, los sindicatos se consideran actores sociales cuando intervienen en instituciones laborales, económicas y sociales opinando o gestionando. Esto implica que no se puede considerar a los sindicatos de manera aislada sino integrados en relaciones diversas: con los trabajadores y colectivos que representan; con los empresarios que los emplean y ejercen poder sobre ellos; con el Gobierno que reconoce un determinado estatus a los sindicatos y formula las políticas laborales y sociales; y finalmente, con la opinión pública y la sociedad civil buscando legitimidad y apoyo (Hyman, 2001). Igualmente, comporta que no solo hay que considerar la negociación entre los modos de intervención, sino también los que interrumpen la actividad laboral, la proyección pública de lo que se pide o defiende, o la coalición con otros colectivos u organizaciones sociales.

Cuesta imaginar hoy que hace algo más de 40 años tuvieran lugar unas movilizaciones tan amplias, intensas y variadas en Sagunto y su área de influencia. Durante muchos meses, estas acciones, promovidas por los sindicatos de la planta, tras el decreto de desmantelamiento de la siderurgia de cabecera de AHM, fueron protagonizadas por sus miles de trabajadores, sus familias y las poblaciones de las que formaban parte. Han cambiado, pues, las formas de organización y acción colectiva de los trabajadores. Lo que se denominó la *batalla de AHM* se inició el 4 de febrero de 1983, hibernó a partir del 23 de marzo de 1984 y finalizó el 6 de octubre de este último año con la fabricación de los últimos planchones de acero.

A pesar de que los sindicatos no tuvieron éxito, aquellas movilizaciones masivas constituyeron un hito en un ciclo de luchas y protestas laborales contra las reestructuraciones empresaria les en el sector industrial español (y sus correspondientes miles de despidos) que pueden servir para caracterizar el sindicalismo más paradigmático de la época que luego declinó. De su singularidad somos sabedores examinándolo retrospectivamente con motivo de esas movilizaciones y, sobre todo, comparándolo con el que se abrió paso después. En este sentido, se puede observar lo que ha quedado atrás en la transición de un sindicalismo a otro y lo que se ha impuesto.

Su fracaso, por otro lado, puso de manifiesto las limitaciones del sindicalismo de ese tiempo para impedir los despidos ocasionados por las reestructuraciones (y cierres) empresariales. Unas limitaciones para evitar los despidos que afectan también al sindicalismo que llegó después, ya que se han anunciado y llevado a cabo más procesos de despidos en la industria siderúrgica sin que los sindicatos los hayan logrado detener. En este contexto, pudieran existir planteamientos compartidos en las estrategias promovidas por uno y otro sindicalismo que hay que explorar. La industria siderúrgica constituye un sector ejemplar para el estudio de este tipo de limitaciones porque desde hace más de 40 años ha experimentado reestructuraciones empresariales relacionadas con fusiones o absorciones empresariales en un entorno de globalización. Sin ánimo de exhaustividad, a principios de siglo, tuvieron lugar las fusiones de Arcelor y Mittal (2006) y la compra de Corus por el conglomerado indio Tata Steel, con su correspondiente reducción de recursos humanos. Una empresa, Tata Steel, que a principios de 2024 anunció el cierre de los dos altos hornos en Gales que iba a implicar la destrucción de casi 3.000 puestos de trabajo.

La redacción del capítulo se ha basado en diverso material documental relacionado con AHM y con el sector siderúrgico. El capítulo se articula en seis apartados. El primero está dedicado al trabajo en AHM, a su organización y control, y a los trabajadores, a su caracterización técnica. El segundo, a las relaciones de los trabajadores con los sindicatos, primero con el movimiento sindical semiclandestino de CCOO durante la dictadura, y después con los sindicatos legalizados; a la configuración y construcción de las relaciones, a las implicaciones que comportaba la pertenencia a los mismos. El tercero, al sindicalismo en las décadas previas al anuncio del desmantelamiento de la cabecera, a las prácticas de los sindicatos con respecto a los modos de gestión empresarial, incluso durante los años de la dictadura. El cuarto, a las extraordinarias movilizaciones a las que dio lugar el anuncio del desmantelamiento de las instalaciones de cabecera y al rechazo de los despidos en Altos Hornos del Mediterráneo, esto es, a la batalla de AHM. El quinto, a algunas limitaciones observadas en las prácticas sindicales a lo largo de dicha batalla. Finalmente haremos un resumen de lo más significativo que ha dejado atrás el sindicalismo de ese tiempo.

ALTOS HORNOS DEL MEDITERRÁNEO. LA PLANTILLA Y LA ORGANIZACIÓN DEL TRABAJO

El trabajo desarrollado en la planta se relacionaba, como en toda la industria siderúrgica, con la fusión y moldeado del hierro para uso del hombre. También estaba relacionado con el mantenimiento y funcionamiento de una acería. Esto suponía la existencia de una plantilla numerosa en la que se podían diferenciar dos grandes grupos de trabajadores: los de proceso y los de oficio o profesionales. Igualmente, existía una organización compleja dado el carácter de la actividad productiva y la cantidad de trabajadores.

La plantilla osciló en torno a los 4.500 trabajadores a lo largo del tiempo, aunque a mediados de los sesenta se redujo hasta 3.857, tras sucesivos reajustes emprendidos por la gerencia. Sin embargo, a principios de los setenta volvió a situarse en 4.577 para aumentar la productividad (Hebenstreit, 2010: 16). El censo de trabajadores convocados al referéndum celebrado el 31 de marzo de 1981 para recabar su opinión respecto al plan de reestructuración de la industria siderúrgica española fue de 4.526 personas. El 10 de abril de 1984, cuando se celebró el otro referéndum de aprobación/desaprobación del preacuerdo entre INI, AHM, Comité de Empresa y Federaciones del Metal de CCOO y UGT, el número de trabajadores permanentes era de 4.018, a los que hay que añadir otros 700 eventuales que no pudieron votar (González de Andrés, 2011: 218). La distribución de los trabajadores permanentes por grandes áreas o secciones productivas puede verse en la tabla 1. El número de trabajadores de proceso era, pues, muy elevado.

TABLA 1

CENSO DE TRABAJADORES DE AHM POR ÁREAS O SECCIONES PRODUCTIVAS

	NÚMERO DE TRABAJADORES
Hornos de acero	696
Subproductos	492
Horno alto	404
Taller eléctrico	542
Taller general	616
Laminación en frío	832
Oficinas generales	313
Oficinas de Madrid	123
Total	4.018

Fuente: *El metalúrgico* (Boletín interno de CCOO), 22 (mayo de 1984).

Por lo que se refiere a la organización del trabajo, uno de los dos rasgos que la caracterizaba era la constitución de grupos para la ejecución de los distintos tipos de actividades y profesiones que requería la producción de acero y su laminación. El otro era la aplicación de normas orientadas a controlar las tareas asignadas a los trabajadores y aumentar su rendimiento mediante la concesión de primas cuando se superaba lo establecido como normal.

Los grupos de trabajo eran configurados por la gerencia según la división de actividades establecida o las funciones profesionales. Los grupos reunían trabajadores que compartían las mismas tareas concretas que debían realizarse bajo las pautas técnicas y culturales marcadas por la dirección. Ahora bien, en los colectivos que constituían estos grupos ocupacionales o profesionales se desarrollaban y cobraban vida normas y valores propios, configurando códigos culturales que influían tanto en la actividad laboral (en la forma de llevarla a cabo o en el uso de las máquinas según una racionalidad propia) como en los aspectos morales del trabajo (justicia en la distribución de las tareas, ayuda mutua, transmisión del saber hacer informal, solidaridad frente a la jerarquía). Surgía así una forma de sociabilidad entretejida en torno a una racionalidad técnica y cultural que subyacía a una identidad colectiva que era diferente/opuesta a la dominante de la empresa y que coexistía con ella.

La implantación de mecanismos de control y estímulo de la productividad fue parte de la racionalización empresarial del trabajo realizada desde finales de los años cincuenta, mientras los gobernantes franquistas promovían las primeras políticas desarrollistas. En AHM se impuso el sistema Bedaux, que concedía primas cuando el trabajador superaba lo establecido como normal. Su introducción alteraba los usos y costumbres existentes de los trabajadores en la planta, habituados a la negociación directa con los jefes, y fue rechazada inicialmente dando lugar a numerosos conflictos hasta que se reguló su aplicación tras la aprobación de la Ley de Convenios Colectivos franquista de 1958. De todas maneras, muchos mandos intermedios ejercían el control propiamente dicho.

Así pues, tenemos una plantilla muy numerosa con dos tipos de trabajadores: los de proceso que desempeñaban su actividad en los altos hornos y en los trenes de laminación y los profesionales que ejercían oficios varios en la planta. Además, un 15% de trabajadores eventuales ponía de manifiesto que la gerencia había recurrido en los últimos años a la contratación temporal permitida excepcionalmente por el artículo 15 del Estatuto de los Trabajadores publicado el 15 de marzo de 1980 y por sucesivos decretos leyes que ampliaban las posibilidades de contratación temporal. Por lo que se refiere a la organización del trabajo por grupos, este también se había reorientado durante ese tiempo buscando aumentar la flexibilidad funcional.

LAS RELACIONES ENTRE LOS TRABAJADORES Y LOS SINDICATOS EN AHM. LA AFILIACIÓN MILITANTE

El sindicalismo en AHM se vertebraba básicamente en torno a CCOO, que era la fuerza sindical que aglutinaba a la mayoría de los trabajadores. Un 60% estaba afiliado a CCOO (Olmos, 1984; González de Andrés, 2011); también había afiliados a UGT, aunque con un número considerablemente inferior. Esta persuasión que ejercía CCOO entre los trabajadores encontraba correspondencia en la representación institucional en la empresa: en las elecciones de miembros del Comité de Empresa, los trabajadores se inclinaban por los candidatos de CCOO de modo que las dos terceras partes pertenecían a este sindicato y el tercio restante a UGT. Así pues, las relaciones de los trabajadores con los sindicatos eran directas ya que casi todos estaban integrados organizativamente en los mismos, un fenómeno difícil de observar actualmente salvo en algunas grandes empresas industriales o de transporte público. Además, los trabajadores participaban masivamente en las elecciones de sus representantes.

TABLA 2

COMPOSICIÓN DE LOS COMITÉS DE EMPRESA (1980 Y 1982) SEGÚN LA AFILIACIÓN SINDICAL DE SUS MIEMBROS

	1980	1982
Miembros CCOO	23	24
Miembros UGT	11	12
Total	34	36

Fuente: González de Andrés (2011: 206).

La afiliación al sindicato no se limitaba a un acto de adhesión y de sostén económico. Consistía en una incorporación activa que se manifestaba en el seguimiento más o menos estricto de normas, ya fueran tácitas o expresas: respetar los estatutos de los sindicatos, pagar la cotización, confraternizar en el taller, no aceptar tareas que pudieran entrar en contradicción con el interés colectivo, hacer publicidad del sindicato al que se pertenecían, asistir a las reuniones y a las asambleas ya fueran de afiliados o de toda la plantilla, y cumplir las decisiones aprobadas mayoritariamente. Por tanto, estar afiliado no significaba solo cotizar a una organización con la que se tenía una cierta afinidad y poder acceder a los servicios de información y asesoramiento como sucede actualmente, sino tener un determinado comportamiento así como participar en las acciones que se pudieran aprobar en instancias colectivas de los trabajadores para defender sus intereses y demandas.

Esta cultura sindical estaba favorecida por la sociabilidad surgida dentro de los grupos derivados de la organización empresarial del trabajo. Una parte de estos grupos confiados en sus valores propicios al desarrollo de identidades colectivas se confundían con el movimiento sindical; en cualquier caso, constituían un terreno fértil para que la sociabilidad se desarrollara y se nutriera. Esta sociabilidad, moldeada por la cultura sindical, desembocaba frecuentemente en un cierto contrapoder en AHM. Los vínculos que entrelazaban a los trabajadores con el movimiento sindical de la planta se reforzaban en la vida cotidiana en las fincas de viviendas construidas por la empresa para sus trabajadores: los complejos de Churruca y Salas Pombo. De este modo, los sindicatos funcionaban también como comunidades sociales.

Estos grupos de trabajadores surgen en los años posteriores al primer desarrollismo franquista, resultado del primer Plan de Estabilización (1959). En aquel tiempo se constituyeron núcleos reducidos que efectuaban reivindicaciones laborales y prefiguraban también un nuevo orden democrático y más justo socialmente. Así, el movimiento sindical semiclandestino, articulado básicamente en torno a CCOO, defendía tanto la mejora de las condiciones laborales como una sociedad democrática. Sus coordinadores constituían el grupo dirigente. De ahí que buena parte de la plantilla de principios de los ochenta tuviera experiencia de movilización bajo las difíciles condiciones de la dictadura, de modo que su vinculación tenía una matriz especial. Los veteranos participaron en huelgas durante la primera mitad de los sesenta (1961, 1964 y 1965) y otras acciones de protesta contra la implantación de nuevos sistemas de productividad y control. Los más jóvenes habían participado en las protestas de los últimos años del franquismo. La plantilla tenía, pues, experiencia en la lucha sindical y política y una parte de los afiliados eran sindicalistas activos o activistas.

Además, una minoría militaba al mismo tiempo en partidos políticos, mayoritariamente en el PCE. Eran los más comprometidos en la mejora de la condición obrera: asumían ser representantes de los trabajadores en el Comité de Empresa y negociar con su dirección, organizaban las asambleas, iniciaban los paros o encabezaban las manifestaciones. Se trataba de sindicalistas con militancia política, un fenómeno frecuente en esa época no solo en España, sino en muchos países europeos. Sin embargo, a veces, los sindicalistas militantes del PCE trasladaban las diferencias estratégicas que mantenían las corrientes a las que pertenecían en el partido (en cuanto a objetivos y modos de acción) al movimiento sindical de la fábrica, sobre todo tras el fracaso del PCE en las elecciones de 1982. Esto suponía abrir el disenso y la división, no ya en el movimiento sindical de la empresa, sino en CCOO.

Los vínculos que suponía la pertenencia a los sindicatos han perdido fuerza: hoy los compromisos y los hechos que los sustentaban se han debilitado. Las relaciones entre trabajadores y sindicatos se han hecho más difusas y complejas, incluso en las grandes empresas de la industria (también en la siderúrgica) o en el transporte público, donde aún hay importantes tasas de afiliación sindical. El afiliado activista ha ido dejando paso al trabajador votante afín, al trabajador cotizante, junto al trabajador no afiliado que siempre ha existido pero que ha aumentado, lo que refleja la existencia de relaciones de afinidad, de sostén y por supuesto, de militancia, aunque su contenido haya variado. La irrupción de esas nuevas relaciones de los trabajadores con los sindicatos se ha visto favorecida por la diferenciación de prácticas sociales del sindicato: su consideración unitaria como institución, comunidad y organización reivindicativa se ha disociado de modo que la primera dimensión se ha mantenido, aunque con cambios, la segunda se ha abandonado y la tercera ha perdido fuerza.

La conformación del sindicato como institución ha traído consigo que los afiliados activistas, insuficientes, tengan que atender un mayor número de reclamaciones que requieren más información, lo que influye en el tipo y calidad de las relaciones que mantienen con los trabajadores y en los resultados de las gestiones no siempre resueltas con éxito.

EL SINDICALISMO EN AHM ANTES DEL PLAN DE DESMANTELAMIENTO. LA PRÁCTICA DE LOS SINDICATOS COMO MOVIMIENTO Y ACTOR SOCIAL

A principios de 1983, cuando el presidente de AHM ordenó el cierre del alto horno n.º 2, se puso de manifiesto la importancia del tipo y alcance de la vinculación de los trabajadores con los sindicatos; también, la fuerza de los sindicatos como organizaciones reivindicativas que habían actuado como movimientos sociales, además de como actores sociales. La orden del presidente de AHM respondía previsiblemente a las directrices del Ministerio de Industria presidido por Carlos Solchaga, que ya había decidido la continuidad de AHV y en buena medida la de Ensidesa, pero no la de AHM. Esta decisión se formalizará en el plan de reestructuración aprobado a finales de abril de 1983, que sería respaldado definitivamente con un decreto ley sobre inversiones en la siderurgia en julio de ese mismo año.

En sus estrategias iniciales, el movimiento sindical de los primeros años sesenta en AHM[1], articulado básicamente en torno a comisiones obreras semiclandestinas, abordó las demandas de la plantilla, por nimias que fueran, e intentó convertirlas en conflictos laborales en los que se formaran grupos en los talleres o secciones coordinados por uno de sus militantes. Con ello se pretendía además construir conciencia reivindicativa que fundamentara la vinculación de los trabajadores con ese movimiento que emergía, así como promover su organización al margen del Sindicato Vertical. También se planteó la firma de convenios colectivos aprovechando la presencia de militantes del movimiento en el Jurado de Empresa como vocales.

Se trataba de un sindicalismo informal en cuanto que se ejercía fuera del Sindicato Vertical, aunque utilizando sus fórmulas de representación (Jurado de Empresa). Utilizaba formas de acción diversas, según las circunstancias empresariales o de los propios

1. Dado que los sindicatos eran ilegales y su actividad prohibida, se considera oportuno referirse a los protagonistas de esa incipiente actividad reivindicativa como movimiento sindical.

trabajadores. Unas veces optó por paros y otras formas de acción colectiva para presionar con el fin de conseguir sus reivindicaciones o para protestar ante determinadas situaciones; otras por dialogar como organización intermediaria, negociando con la dirección y buscando el consenso. Constituía un modo de incidir en la regulación adaptado al sistema de relaciones laborales bajo la dictadura.

En la segunda mitad de los sesenta, este movimiento sindical informal apostará por el diálogo a través del Jurado de Empresa. La falta de inversiones de la empresa matriz en AHM para modernizar la producción había llevado a una situación crítica, ya que la productividad era muy baja con respecto a otras factorías. De esta situación eran conscientes unos trabajadores que, por otro lado, habían conseguido unas condiciones salariales que superaban en un 30% las del personal de la zona (Hebenstreit, 2010: 22). En 1967, la empresa aprobó un expediente de crisis que afectó a 1.208 trabajadores, pero que se llevó a cabo de forma no traumática con jubilaciones anticipadas, bajas voluntarias indemnizadas y traslados a las fábricas de Vizcaya. En estas circunstancias, los líderes obreros se abstuvieron de convocar huelgas y paros en la empresa como en la primera mitad de la década y, aprovechando la actitud paternalista de la gerencia, priorizaron la negociación en el Jurado de Empresa velando por mantener el empleo en las mejores condiciones y denunciando la reducción de la plantilla. Igualmente, circunscribieron su ámbito de acción a la empresa, inhibiéndose de otros conflictos próximos como el del cierre de la Compañía Minera de Sierra Menera (empresa nodriza de AHM) en febrero de 1973, que supuso el despido de sus más de 300 trabajadores sin que los empleados de AHM manifestarán apoyo.

Este sindicalismo que primaba la negociación se mantuvo bajo el nuevo sistema democrático de relaciones laborales instaurado tras la dictadura. Así, durante la profunda crisis económica que afectó a la siderurgia a partir de mediados de los años setenta, los sindicatos recién legalizados se implicaron como actores sociales. A nivel confederal: primero opinando sobre las medidas urgentes del Gobierno para la racionalización de la actividad siderúrgica (1979) y luego participando en la redacción del programa de saneamiento y reconversión de la industria siderúrgica y en su comisión de seguimiento (1981). Por su parte, las secciones locales, con sus respectivas centrales autonómicas, se incorporan a la plataforma ciudadana promovida por el Consell de la Generalitat para dar apoyo a la construcción del TBC en AHM.

Por lo que se refiere al modo de representación de los trabajadores, este se articuló tanto a través del Comité de Empresa, la nueva institución democrática de representación, como de los sindicatos ya legalizados. El primero estuvo formado por representantes de CCOO y UGT, con mayoría de los primeros. En cuanto a los sindicatos, además de los mayoritarios ya mencionados, también estaba CNT, que había desempeñado un papel importante desde el inicio de la actividad en la empresa hasta el final de la República. Los líderes sindicales tenían carisma entre los trabajadores que confiaban en sus decisiones estratégicas —tanto en las demandas a priorizar como en los modos de acción para conseguirlas— y en su experiencia para promover un amplio repertorio de estructuras organizativas informales y formas de presión y protesta laboral.

Así, el sindicalismo se conformó, desde la segunda mitad de los sesenta hasta el anuncio del desmantelamiento, como una práctica en la que sus protagonistas priorizaban su papel como actores social en las formas de representación de los trabajadores: primero el movimiento informal y luego los sindicatos legalizados. Pero también se configuró como una práctica circunscrita preferentemente al ámbito de la empresa, lo que afectaría más tarde al desarrollo de la oposición al desmantelamiento de la cabecera. Porque si bien se promovió y se desencadenó un extraordinario movimiento de solidaridad de la ciudadanía con los trabajadores de AHM, no hubo una acción conjunta con el resto de trabajadores del sector siderúrgico. No solo porque los despidos derivados del plan de reestructuración afectaron sobre todo a la siderurgia de Puerto de Sagunto, pero no a las de Baracaldo y Avilés (o menos a esta última), sino por la impronta que pudo tener la circunscripción de la acción sindical a la empresa durante tanto tiempo.

LA RESPUESTA AL ANUNCIO DEL CIERRE DE LA CABECERA DE AHM. UNA INTENSA Y LARGA OPOSICIÓN DEL MOVIMIENTO SINDICAL DESDE DIFERENTES ÁMBITOS

La respuesta al anuncio, el 4 de febrero de 1983, del desmantelamiento de los altos hornos y a la reducción drástica de puestos de trabajo fue inmediata. El 10 de febrero se convocó la primera huelga general en el Camp de Morvedre; el 16 la segunda, que fue secundada masivamente y se realizó una manifestación multitudinaria de más de 30.000 personas. Antes de que acabara el mes se llevó a cabo un encierro en la empresa y se efectuó una concentración en la sede de las cortes autonómicas en protesta por la actitud mantenida por la Generalitat Valenciana respecto al cierre de AHM. Desde el mediodía del día 28 hasta medianoche impidieron que los diputados abandonaran la sede. Se organizaron desde el Comité de Empresa y la Coordinadora Sindical, una coordinadora constituida por los principales sindicatos de la comarca, al igual que las acciones que desde entonces se sucedieron hasta la aceptación del plan de cierre en referéndum por los trabajadores catorce meses después. Pudiera sorprender esta reacción inmediata, tan amplia y radical, después de más de 15 años de apuesta por la negociación colectiva (la última huelga general con motivo empresarial fue convocada en 1965), si bien desde principios de los setenta los jóvenes sindicalistas habían sido más beligerantes en la negociación.

El Comité de Empresa era la institución de representación de los trabajadores desde la que se había abordado la actividad reivindicativa en AHM y se había negociado con la dirección a partir de la restauración de la democracia. Reflejaba la institucionalización democrática de la representación de los trabajadores. Estaba constituido mayoritariamente por personas de CCOO (sobre todo, a su sector oficialista) y también de UGT. Ellos fueron los interlocutores inmediatos de los trabajadores ante la dirección y el INI. También lo fueron (o lo intentaron) ante las administraciones públicas con vistas a discutir el plan de desmantelamiento y a recabar su apoyo para que no se llevara a cabo o, en su caso, la renuncia a su ejecución. Lo obtuvieron de administración local y provincial; no así de buena parte de la autonómica ni de la nacional. En suma, el Comité de Empresa constituyó uno de los recursos institucionales básicos de poder que utilizaron los sindicatos.

La Coordinadora Sindical fue creada por CCOO, UGT y CNT. Las personas que integraban su núcleo central formaban parte de los sectores sindicales más beligerantes. Su finalidad era promover la participación y solidaridad externa de sus respectivas secciones entre los trabajadores de otras empresas del Camp de Morvedre, así como de entidades ciudadanas y de colectivos existentes o creados *ad hoc* (de mujeres, jóvenes —estudiantes o no—). Por lo que se refiere a las primeras, de las que había más presencia era de CCOO, pero influidas por su sector más combativo en la lucha sindical. Su principal instrumento de funcionamiento era la asamblea popular. La plataforma informal de organizaciones de todo tipo a la que dio lugar constituyó otro de los recursos importante de los sindicatos en la batalla de AHM y desempeñó un papel crucial en la organización y desarrollo de las movilizaciones.

Pero los sindicatos no solo estaban involucrados a nivel de empresa o comarca, sino también a nivel nacional a través de las federaciones sectoriales del metal presentes en la Comisión de Seguimiento del plan de reestructuración de la siderurgia. Esto implicaba diferentes ámbitos de intervención, con distintas responsabilidades en relación con el sector: los dirigentes locales impulsaban formas de organización y de acción a escala local destinadas a reforzar la presión para impedir el cierre de la planta, mientras que los dirigentes federativos discutían los planes de reestructuración del sector elaborados por el Gobierno, debiendo contemplar el conjunto de sus empresas, lo que daba lugar a que no siempre coincidieran con los dirigentes locales.

Después de las tres primeras huelgas generales de febrero de 1983, tuvieron lugar a lo largo del año 12 más, algunas apoyadas por decenas de miles de personas. Por tanto, participaron en ellas no solo los empleados de AHM, sino también trabajadores de otras empresas de la comarca y ciudadanía de a pie (mujeres, estudiantes de enseñanza media o universitaria, comerciantes). También hubo huelgas de trabajo lento. Durante los dos primeros meses de 1984, se convocaron otras tres huelgas generales. Unas huelgas que fueron acompañadas de manifestaciones en Valencia o Madrid y concentraciones multitudinarias ante las sedes de la empresa o de instituciones oficiales (ayuntamiento, cortes valencianas, palacio de la Generalitat, Ministerio de Industria o la Moncloa), con retenciones de cargos de la empresa o de responsables políticos. También se bloquearon carreteras y vías férreas.

En todo este tiempo apenas se recibió el apoyo y la solidaridad de los trabajadores del resto de empresas siderúrgicas del Estado a través de los respectivos comités de empresa pese a que, si bien no se veían afectados en ese momento por el plan de reestructuración, luego iban a estarlo como se comprobó. Solo se llevó a cabo un paro en Asturias en solidaridad con AHM a principios de enero de 1984. Las confederaciones estatales de CCOO y UGT también convocaron una jornada nacional de lucha el 2 de febrero de 1984 en los sectores afectados por la reestructuración. Las acciones de protesta variaron de unos lugares a otros: paros y manifestaciones, en algunos casos; huelgas, en otros. Este aislamiento de la lucha es un precedente de una actuación que ha sido frecuente en los casos de reestructuraciones con despidos.

La reacción empresarial y gubernamental fue el despido de quienes contravenían órdenes de detención de trenes o de la producción. Y frecuentemente también la represión violenta de las protestas. A este respecto, hubo personas que resultaron fuertemente contusionadas, incluso una fue herida de bala. En relación con este último hecho, grupos de trabajadores respondieron también violentamente y se concentraron ante la comisaría de Puerto quemando cuatro vehículos policiales. Las movilizaciones consiguieron frenar durante muchos meses los despidos disciplinarios y dar marcha atrás a las decisiones empresariales y los envites gubernamentales, hasta que el 4 de abril se firmó un preacuerdo entre el INI, la dirección y el Comité de Empresa y las direcciones de las federaciones sectoriales de los sindicatos por el que se acepta el cierre de AHM para el 1 de octubre de 1984.

Los dirigentes oficialistas de los sindicatos —presentes, sobre todo, en el Comité de Empresa— habían aceptado que la continuidad de AHM no era posible dada la firmeza del Gobierno, el desgaste que suponía 14 meses de lucha intensa sin haber conseguido un mínimo cambio en los planes gubernamentales, y los despidos que, si bien habían sido anulados bajo la presión colectiva, cada vez eran más numerosos y más difíciles de revocar. Dicho preacuerdo fue ratificado por la mayoría de los trabajadores de AHM en referéndum el 10 de abril de 1984: 2.157 votos a favor, 1.033 en contra, 92 en blanco y 12 nulos. Estos resultados evidenciaron la conformación de dos grandes tendencias entre los trabajadores con respecto al camino a seguir en la batalla de Sagunto: por un lado, aquellos que coincidían con los dirigentes oficialistas consideraban que el cierre era inevitable y que había que intentar conseguir las mejores condiciones de salida para la plantilla afectada; y, por otro, quienes coincidían con algunos dirigentes de la Coordinadora Sindical que lo rechazaban y defendían la necesidad de mantener e incluso intensificar las medidas de presión.

El preacuerdo del 4 de abril de 1984 incluía el desmantelamiento de las instalaciones de cabecera. El movimiento sindical no consiguió detenerlo ni tampoco los consiguientes despidos, aunque sí buscó ante el apremio gubernamental que fueran menos traumáticos mediante indemnizaciones y programas de recualificación que mitigaran sus efectos, así como poder influir en su conformación y supervisión. Esto suponía abordar más las dimensiones económicas y laborales del empleo y menos las humanas y sociales. Se acordaron criterios y procedimientos para llevar a cabo los despidos. Entre los primeros, por un lado, que se plantearan preferentemente a los mayores de 55 años, así como a los trabajadores con menor antigüedad en la empresa; entre los segundos, que se llevaran a cabo mediante jubilaciones anticipadas o bajas incentivadas. Igualmente, se acordó activar un Fondo de Promoción de Empleo como instancia intermedia para la recolocación de personas en expectativa de nuevo empleo, y la jubilación de personas con 55 años garantizando el 80% de las retribuciones medias que les hubiera correspondido de estar en activo; asimismo, recualificación para poder acceder a los nuevos empleos que pudieran surgir como resultado de las políticas industriales promovidas por el INI en colaboración con instancias de empleo comarcales o autonómicas.

La intensa y larga oposición al cierre de AHM y a los despidos puso de manifiesto que los sindicatos actuaron como movimiento social, pero también como actores sociales en la Comisión de Seguimiento y, finalmente, como organización intermediaria buscando las mejores soluciones laborales y económicas para amortiguar las consecuencias de los despidos. Coexistían, pues, los dos tipos de prácticas sindicales. En realidad, la irrupción de la práctica como organización intermediaria ya había tenido lugar 15 años antes, injertándose así dentro del carácter fundacional del sindicalismo como movimiento social. A partir de esos años, se abrirá una nueva etapa del sindicalismo caracterizada sobre todo por el empoderamiento de la función de intermediación laboral.

LIMITACIONES DE LA ACCIÓN SINDICAL EN LA OPOSICIÓN A LOS DESPIDOS MASIVOS EN LA INDUSTRIA SIDERÚRGICA

A lo largo de los primeros 14 meses de oposición al desmantelamiento de las instalaciones de cabecera de AHM y a los despidos, el movimiento sindical reveló una extraordinaria capacidad para organizar y promover unas movilizaciones muy amplias y variadas, implicando a los trabajadores de la empresa, la ciudadanía y sus organizaciones; incluso a los representantes políticos locales. Reveló, por tanto, que podía y quería ejercer como movimiento social. Pero, aunque pudieran (y puedan) ser prácticas necesarias para intentar alcanzar una demanda laboral colectiva (en este caso, evitar los despidos) a través de la confrontación, no fueron suficientes para inclinar a su favor el equilibrio de poder entre dirección y trabajadores para evitarlos. Igualmente, era obvio que las prácticas se circunscribían a la empresa y a la comarca afectada sin conseguir implicar a los trabajadores de las otras dos grandes empresas españolas del sector, especialmente a Ensidesa que también estaba participada por el INI.

En este contexto, los líderes sindicales locales fueron muy influyentes en las estrategias sindicales locales, pero no lo fueron tanto en las políticas sindicales relacionadas con el sector y su reestructuración más allá de la planta y de su territorio de influencia. Una parte de estas estaban en manos de los dirigentes sectoriales. Otra parte, en las de los líderes sindicales del resto de empresas siderúrgicas españolas. Tampoco se sabe si los dirigentes locales se lo plantearon. Así, en algunos momentos pudo haber estrategias sindicales paralelas respecto a determinados aspectos de la reestructuración que si no perjudicaron la acción sindical en AHM tampoco la favorecieron y reforzaron.

La circunscripción de la acción al ámbito local de la empresa afectada era una limitación propia de la tradición sindicalista de entonces, que se ceñía a actuar en ese ámbito dentro de las fronteras nacionales. Probablemente no era fácil escapar a esa tradición; incluso actualmente, puesto que los sindicatos continúan haciéndolo ante los anuncios de cierre con sus despidos. Esta forma de actuar estaba arraigada en una serie de experiencias que priorizaban que las prácticas sindicales se desarrollaran primero y básicamente en el centro o planta concernida, y luego en otros ámbitos territoriales. Esta actuación tuvo poca influencia en las decisiones de las grandes compañías con respecto a las reestructuraciones entonces a escala nacional.

Tampoco parece que lo tenga ahora en las decisiones de las multinacionales a escala transfronteriza. En el caso de la industria siderúrgica, y en general de la industria pesada, la influencia sindical ha mermado mientras la de las compañías ha aumentado. También ha disminuido la influencia política, no solo por la construcción de grandes mercados internacionales superiores al control de los Estados, sino porque esa industria ha perdido relevancia estratégica para los mismos Estados e incluso para entidades políticas supraestatales. Un equilibrio de poder que siguió desequilibrándose a favor de grandes multinacionales en un proceso continuo de fusiones y adquisiciones, que ha ocurrido a la vez que articulaban y activaban estrategias para intensificar y aumentar la productividad en esas industrias. En estas circunstancias tan cambiantes, los sindicatos que actúan frecuentemente a escala nacional se descolocan y sus estrategias y capacidades son cuestionadas, sobre todo durante los ajustes de plantillas. De ahí que los sindicatos necesiten explorar y desarrollar nuevas estrategias que rebasen los territorios nacionales y que les proporcionen recursos de poder conforme a la estructura actual empresarial a escala mundial, así como de la actividad económica.

LO QUE DEJÓ ATRÁS EL SINDICALISMO DE AYER. ALGUNAS DISYUNTIVAS QUE PERMANECEN

El sindicalismo se constituyó en sus orígenes como un "hecho social total" según Rosanvallon (1988: 30), que parafraseó a Marcel Mauss. Abarcaba diferentes tipos de relaciones sociales que los trabajadores podían mantener —tanto entre ellos como entre ellos y el mundo exterior— constituyéndose como clase social en torno a formas de organización genuinas como los sindicatos. La pertenencia al sindicato suponía una pluralidad de relaciones y compromisos, como se ha puesto de manifiesto en la reconstrucción de la batalla de AHM, muchas de las cuales han perdido vigencia. El afiliado ha dejado de formar parte, de modo (más o menos) activo, de una comunidad reivindicativa y se ha convertido básicamente en un cotizante, que se adhiere a una organización con la que tiene algún tipo de afinidad y a la que recurre para que le asesore y defienda cuando tiene un problema o una duda.

El sindicalismo también comprendía diferentes tipos de prácticas de sus organizaciones matrices. Por un lado, como movimiento social, esto es, como fuerza reivindicativa que presionaba (más o menos intensamente) mediante diversas formas de acción para conseguir una demanda laboral o impedir una decisión empresarial, como sucedió en AHM. Por otro, como organización intermediaria que buscaba consensuar una solución con la gerencia ante la existencia de un problema, lo que también tuvo lugar en AHM. Y, además, como actor social que participaba en órganos consultivos o de gestión. El primer tipo de práctica ha sido desplazada por el segundo; esto es, la práctica como movimiento social ha sido desplazada por las prácticas como organización intermediaria y actor social. Es lo que se ha denominado institucionalización del sindicalismo, en la que se disocia la dimensión de organización intermediaria de la de movimiento social y la desplaza y cabalga.

Por último, estas prácticas sindicales se llevaban a cabo en el ámbito de la planta afectada de la empresa por la reestructuración, lo que no fue suficientemente eficaz poniendo de manifiesto que la acción sindical local no tuvo bastante influencia en las decisiones que adoptaron responsables gerenciales y políticos ¿Podían haber impedido los despidos los sindicatos? En caso afirmativo, ¿cómo? Resulta muy atrevido dar respuestas. Aun así, los comités de empresa y los sindicatos locales podrían haber incluido en sus estrategias la exploración de sinergias con sus homólogos de otras empresas del sector, así como la creación de dispositivos organizativos compartidos desde los que abordar las reestructuraciones de las compañías siempre inacabadas. En definitiva, articular una acción colectiva a escala de compañía o sectorial.

Este dilema de actuar a nivel de planta o a nivel de compañía a la que pertenece la planta ante las reestructuraciones empresariales no solo se ha mantenido, sino que su abordaje se ha hecho más apremiante cuando se trata de reestructuraciones llevadas a cabo por empresas transnacionales que afectan a ciertas plantas nacionales, porque las prácticas sindicales se han continuado circunscribiendo al ámbito del Estado nación, entre otras razones, porque los grandes pactos (o contratos) sociales a escala nacional proporcionaron a los trabajadores y a sus sindicatos derechos y beneficios de distinto tipo, aunque en España tardíamente.

Ahora bien, la liberalización de los mercados y los intereses del empresariado transnacional han debilitado la operatividad de los sistemas políticos nacionales como marco de acción. Y en este contexto, las prácticas sindicales que se desarrollan en el ámbito nacional suelen ser poco efectivas ante las reestructuraciones corporativas y sectoriales habidas a escala transnacional. De ahí que se considere que los sindicatos deben desarrollar capacidad colectiva transfronteriza a través de estrategias proactivas y preventivas con respecto a las reestructuraciones (Stroud, 2009).

BIBLIOGRAFÍA

González de Andrés, E. (2011): "La lucha contra el cierre de Altos Hornos del Mediterráneo de Sagunto (Valencia)", *Espacio, Tiempo y Forma, Serie V, Historia Contemporánea*, 23, pp. 201-220.

Hebenstreit, M. (2010): "Conflicto y cultura de negociación en Altos Hornos de Sagunto,1959-1975, *Historia, Trabajo y Sociedad*, 1, pp. 7-28.

Hyman, R. (2001): *Understanding European Trade Unionism*, Sage, Londres.

Muller Jenchst, W. (1985): "Trade Unions as Intermediary Organizations", *Economic and Industrial Democracy*, 6(1), pp. 3-33.

Olmos, M. (1984): *Breve historia de la siderurgia Saguntina. La batalla de AHM*, Fernando Torres, Valencia.

Rosanvallon, P. (1988): *La question syndicale*, Hachette, París.

Stroud, D. (2009): "Paper 130: Dilemmas for contemporary trade unionism: lessons from the European steel industry", *School of Social Sciences Working Papers* Series, 130, Cardiff University, Cardiff.

CAPÍTULO 7

'LAS MUJERES DE SAGUNTO LUCHAREMOS Y NO NOS RENDIREMOS'. LA PROTESTA FEMENINA CONTRA EL CIERRE DE ALTOS HORNOS DEL MEDITERRÁNEO

MARIA HEBENSTREIT

"Hombres, cerrad las puertas.
Mujeres, apoyad a vuestros hombres.
Que no se desmantele la fábrica.
Cada anochecer el cielo arde
el acero resplandece por toda nuestra ciudad
aún no hemos hecho el último turno".

FASIA JANSEN[1]

INTRODUCCIÓN

En 2023, la Asociación Memoria Industrial y Movimiento Obrero (AMIMO) se enfrentó a un peculiar desafío al intentar localizar a las galardonadas con su premio anual Memoria Industrial y Obrera Gonzalo Montiel, otorgado ese año a las miles de mujeres que se movilizaron contra el cierre de Altos Hornos del Mediterráneo (AHM). Se lanzó un llamamiento a través de la prensa para localizarlas y permitirles recibir el premio ya que, a pesar de su destacado papel en las protestas, sus nombres habían caído en olvido. Así pues, ¿quiénes fueron esas *mujeres de Sagunto*?

Poco después del anuncio del cierre previsto de AHM, en febrero de 1983, surgieron de forma espontánea —según el discurso comúnmente aceptado— movimientos de protesta protagonizados

1. Canción escrita por la cantautora Fasia Jansen en apoyo de las mujeres que protestaban contra el cierre de la fábrica Hoesch. La canción se hizo muy popular y se convirtió en un himno de las *Fraueninitiativen* de los años ochenta en la Alemania federal. La actividad autónoma de las mujeres en las protestas se justifica principalmente por intereses familiares, es decir, se sustenta en la definición tradicional de la mujer a través de su esposo e hijos. El estribillo de la canción articula esta autoimagen compartida con la cultura patriarcal. La traducción es propia.

por las mujeres, esposas y amas de casa en apoyo de los puestos de trabajo de sus maridos. A través de acciones llamativas como manifestaciones en Valencia y Madrid, entrevistas con políticos, campañas de recogida masiva de firmas o viajes en autobús por todo el país, consiguieron atraer la atención de los medios de comunicación y de amplios sectores de la población española. Las mujeres de Sagunto se convirtieron en la parte visible de la protesta contra el cierre y lograron mantener vivo el espíritu de la lucha obrera durante un año.

El fenómeno de la acción colectiva ha sido exhaustivamente investigado en los campos de la sociología y la historia. Sin embargo, existe una notable laguna en la literatura académica respecto a su análisis desde una perspectiva de género. Los estudios sobre conflictos laborales se han caracterizado por su ceguera en lo referente a las cuestiones de género, es decir, sin considerar las diferencias y particularidades de las experiencias de hombres y mujeres. Se suele aceptar que la conflictividad laboral es de género neutro, aunque, por supuesto, sabemos que este no es el caso: tradicionalmente, los movimientos laborales y sindicales han sido liderados y protagonizados por hombres. Dado que las áreas de investigación masculinizadas suelen considerarse la norma en el estudio de las relaciones laborales, los temas o sectores feminizados se perciben generalmente como casos especiales o excepcionales (Artus y Pflüger, 2015; Artus 2020). El estudio de la conflictividad laboral femenina, en el mejor de los casos, tiende a realizarse por separado, a menudo en relación con sectores industriales más feminizados como la industria textil o el calzado. El género como categoría de análisis de la conflictividad laboral se limita en este caso a dos modalidades: por un lado, los conflictos protagonizados por mujeres trabajadoras y, por otro, las protestas solidarias de las mujeres en defensa de los puestos de trabajo de sus maridos o familiares, que defendiendo el pan y el porvenir de sus familias, actúan dentro del marco tradicional de esposas proletarias (por ejemplo en Cabrero Blanco, 2007: 189-190). Decimos *limitar* porque no se estudian, por ejemplo, las huelgas específicamente masculinas por su carácter masculino, ni se subraya el papel de los maridos en las huelgas específicas de trabajadoras.

La omisión del género en el análisis historiográfico no solo invisibiliza las contribuciones y experiencias de las mujeres en los movimientos laborales, sino que también perpetúa una narrativa sesgada que no refleja la totalidad de la realidad histórica. Aunque en nuestro caso las mujeres de Sagunto están profundamente arraigadas en la memoria colectiva, se mencionan por separado en las publicaciones o documentales sobre las protestas contra el cierre, como un fenómeno excepcional, como si se tratase de un inciso en el relato general. Habitualmente se hace referencia obligada al mérito especial de las mujeres, pero sin profundizar en la motivación y composición del movimiento ni situarlo en el contexto general. Desde los inicios de la industrialización en Puerto de Sagunto no solo trabajaban mujeres en la siderúrgica y participaron en las protestas, sino que también desempeñaron un papel crucial en la transmisión y difusión de ideas políticas en la comunidad. Sin embargo, este papel fundamental de las mujeres como vínculo entre la fábrica y la sociedad no ha sido debidamente reconocido ni valorado en la historiografía.

En el presente estudio sobre la importancia de las protestas femeninas en la batalla de AHM queremos proponer las tres siguientes tesis. La primera es que resulta problemático describir a las mujeres de Sagunto como un grupo homogéneo o clasificarlas únicamente en las dos categorías de protestas mencionadas anteriormente, dado que no solo las esposas, hermanas e hijas de los trabajadores siderúrgicos participaron activamente en ellas. También hubo mujeres que emprendieron acciones desde el interior como trabajadoras de AHM, muchas veces incluso actuando en las dos categorías porque también eran esposas o hijas. Hay que añadir una tercera o cuarta categoría que son las mujeres que se sumaron a las protestas por solidaridad, sin tener relación directa con la fábrica, bien porque trabajaban en comercios locales, eran políticamente activas y concienciadas, o simplemente como ciudadanas solidarias.

En segundo lugar, y partiendo de estas premisas anteriores, pretendemos demostrar que la implicación de las mujeres en las huelgas y acciones colectivas no fue un fenómeno *ex novo* ni surgió espontáneamente. Era el resultado de una evolución continua y una larga trayectoria de activismo femenino, tanto en el ámbito de protesta laboral como en el mundo asociativo y político, sin evidenciar una ruptura o cambio radical. Por último, se plantea también la tesis de que las protestas de las mujeres de Sagunto forman parte de un fenómeno más amplio de movilización femenina en centros de la primera industrialización afectados por la crisis y reestructuración de las industrias del carbón y el acero europeas en los años ochenta del siglo pasado. Esto se refleja en movimientos similares a nivel europeo, como la *Fraueninitiative* en Alemania o el National Women Against Pit Closures en Reino Unido, ambos ejemplos de la respuesta organizada de mujeres frente a la crisis económica en regiones donde la estructura socioeconómica y laboral estaba fuertemente masculinizada.

Para abordar las tres tesis y demostrar la continuidad de la cultura de protesta femenina, se analizará el origen y el desarrollo de la acción colectiva de mujeres en Sagunto durante los años del franquismo y la transición. Posteriormente, se describirán las acciones concretas de las mujeres durante los años 1983 y 1984 y su influencia en la visibilidad de las protestas. Por último, se comparará nuestro caso con dos fenómenos paralelos de protesta femenina en Europa, en la Alemania federal y en Reino Unido.

EL REPERTORIO DE PROTESTA FEMENINA DURANTE EL FRANQUISMO Y LA TRANSICIÓN

A pesar del predominio masculino, desde los inicios de la industria en Sagunto trabajaban mujeres en la fábrica y participaban en las numerosas protestas alrededor de la fábrica en los años 1907, 1911 y las grandes huelgas, consecuencia del malestar económico de la Gran Depresión. En otoño de 1929 la prensa recoge una protesta protagonizada por mujeres en relación con un conflicto laboral que había durado varias semanas. Es la primera acción colectiva femenina de la que tenemos constancia: "En el pueblo de

Sagunto, se organizó una manifestación integrada por mujeres, que se dirigió a las oficinas de la Siderúrgica del Mediterráneo, solicitando que intercedan para que sean libertados tres obreros que fueron detenidos a consecuencia de la última huelga" (*El Adelanto*, 1929: 8). Otro hecho clave en la historia laboral femenina de Sagunto se produjo durante la guerra civil, cuando la Compañía Siderúrgica del Mediterráneo fue incautada por el Ministerio de Defensa para la producción con fines militares. Según las investigaciones de Navarro (2008: 317-318), en esa época trabajaron en la siderúrgica unas 200 mujeres, muchas de ellas evacuadas de zonas ocupadas por las tropas franquistas como Madrid y Asturias.

La discriminación y la marginación de la mujer eran características fundamentales de la sociedad española durante el franquismo y solo empezaron a desvanecerse tímidamente durante la transición, ya que los partidos políticos y los sindicatos, de todas las tendencias, seguían con su dinámica tradicional y no reflejaban la creciente presencia activa y agitada de las mujeres en la sociedad. Este *gender bias* adquiría aún más relevancia en un pueblo donde la industria siderúrgica dominaba un ámbito tradicionalmente reservado exclusivamente para los hombres. Como lo expresó una activista política entrevistada: "Todo pasaba por los hombres y la lucha de fábrica. Y si no pasaba por la lucha de fábrica, ya no era lucha" (Entrevista con R. G., 28 de julio de 2010)[2]. La industria siderúrgica y los conflictos laborales se consideraban implícitamente como dominios masculinos, mientras que las condiciones sociales y políticas no propiciaban a primera vista una presencia activa de las mujeres en el espacio público. Sin embargo, en realidad, las mujeres siempre formaron parte de las protestas laborales y conflictos colectivos.

Ya durante el franquismo existieron reivindicaciones laborales femeninas que giraban normalmente en torno a sus salarios o categorías, inferiores a sus equivalentes masculinos, o a la injusticia de no recibir ningún tipo de prima por no ser cabeza de familia. Las mujeres trabajaban en la limpieza, en los colegios como maestras, en el sanatorio y en el economato, en las oficinas como secretarias,

2. Entrevistas orales realizadas por la autora.

en contabilidad o en la sala de dibujo como calcadoras. Más tarde, en los años setenta, también entraron mujeres como perforistas, las primeras informáticas de la época.

La legislación laboral franquista, vigente hasta la aprobación de la nueva Ley 56/1961, de 22 de julio, sobre derechos políticos profesionales y de trabajo de la mujer, obligaba a las mujeres que contraían matrimonio a pasar a la situación de *excedentes forzosos*. Solo podían volver a la empresa en el caso de que muriera el marido o quedara con incapacidad permanente (Moraga García, 2008: 246 y ss.). Aunque la situación legal había mejorado, esto no implicó un reconocimiento de la igualdad en el ámbito laboral. La mayoría de los hombres, y la sociedad en general, seguían esperando que las mujeres renunciaran a sus puestos de trabajo al contraer matrimonio, en parte porque era indispensable que la mujer de un trabajador estuviera sin empleo para que la familia pudiera cobrar el plus familiar (Reglamento, 1959: 13). Hasta 1975 las mujeres necesitaban el permiso de su marido o su padre para firmar un contrato de trabajo. Asimismo, persistían la discriminación salarial y la prohibición de trabajar de noche, lo que reflejaba una resistencia social persistente a aceptar la plena participación femenina en el mercado laboral.

A pesar de todo, para las mujeres era una buena opción entrar a trabajar en la siderúrgica, ya que les ofrecía estabilidad salarial y unas condiciones laborales considerablemente mejores que los otros trabajos femeninos disponibles, hasta se podían sentir realizadas si habían cursado carreras técnicas o administrativas. No obstante, si conseguían un puesto de trabajo en la fábrica, se veían enfrentadas a diario con un latente desprecio ante su capacidad intelectual o un sexismo benevolente. Por estos motivos, la protesta individual de las trabajadoras exigía un notable grado de valentía personal, aunque muy pronto las mujeres descubrirán el poder de la acción colectiva. Incluso en 1963 resultó elegida como enlace sindical una calcadora, la única representante sindical hasta los años ochenta, que nunca se casó hasta jubilarse en la empresa.

Frecuentemente, un grupo de mujeres del mismo departamento formulaba alguna queja conjunta al Jurado de Empresa, como en este caso del año 1959: "B. L. y cinco más de Talleres. Prestan sus servicios en la categoría no reglamentada de calcadoras, superando la mayoría de ellas en cinco años de servicios esta situación, consideran que de acuerdo con las leyes en vigor procede se las clasifique en la categoría de calcadoras" (Actas, 1959). Nos cuenta una de ellas: "Un calcador hombre cobraba mucho más que nosotras. Y un día lo comentamos: "Chicas, esto no está claro [...], ¿os atrevéis?'. Y mandamos una carta a dirección. Y a mí me llamo don Pedro A., que era un hombre imponente. Y me dijo: "A ver ¿qué pasa, señorita?'. 'Si hacemos el trabajo como los hombres, cobremos como los hombres'. Y sí, lo conseguimos" (Entrevista con A. O., 23 de mayo de 2024). En las Actas del Jurado de Empresa se registran todas estas peticiones de las trabajadoras, siendo realmente sorprendente la cantidad de reivindicaciones femeninas documentadas, muchas de las cuales fueron objeto de debates en las reuniones entre los sindicalistas y la empresa. También hay que destacar que los vocales masculinos defendieron activamente estas demandas, aunque muchas de aquellas peticiones fueron desestimadas.

Con el paso de los años esas acciones colectivas femeninas llegaron a extenderse por todos los departamentos donde trabajaban mujeres y se formularon peticiones colectivas, como en las Navidades de 1975 cuando exigieron la paga extra y la cesta de Navidad, petición que fue rechazada por "alcanzar solamente para los productores cabeza de familia" (Actas, 1975). Otro ejemplo notable de la acción colectiva femenina fue el de las jóvenes perforadoras que en 1976, tras llevar su caso a juicio, ganaron contra la empresa. Demandaron el reconocimiento de su grado profesional de 12 en lugar de 11, lo que obligó a la empresa a subirlas de categoría y a pagarles la cantidad correspondiente retroactivamente (Entrevista con H. T., 13 de abril de 2024).

No solo en la siderúrgica, sino también en otras fábricas de la zona las mujeres adquirieron experiencia en la protesta laboral, aunque no sin dificultades. Un factor importante que obstaculizaba la acción colectiva femenina era la falta de continuidad y estabilidad en el trabajo, como muestra el ejemplo de las mujeres que trabajaban de forma estacional en los almacenes de naranja. Como nos relata una mujer con experiencia sindical por parte de su marido, ella empezó a trabajar en Aseval, una empresa de conservas, con la intención de independizarse después de haberse agobiado mucho estando sola en casa. Una vez en la fábrica, intentó convencer a sus compañeras de la necesidad de defenderse contra las condicionas injustas, pero muchas veces sin éxito. "Me fui a trabajar a Aseval [...]. Tiraron a tres, y [...] yo me subí a una mesa, nunca en mi vida había hecho eso, y dije: "¡Tenemos que parar!'. Pero claro, no paró nadie. Y me despidieron" (Entrevista con E.A., 20 de octubre de 2010).

También hubo protestas femeninas en otra fábrica dedicada a la producción de conservas, Cival S.A. de Sagunto, que a mediados de la década de los setenta contaba con una plantilla de aproximadamente 800 mujeres. Las trabajadoras estaban empleadas en unas condiciones laborales e higiénicas sumamente deficientes, muchas sin contrato. Además, carecían de ropa de trabajo y equipos de protección individual. "Trabajé una semana e hicimos una huelga. Porque a mucha gente no le daban el alta en la Seguridad Social" (Entrevista con I.C., 28 de junio de 2024). Tras realizar una huelga de aproximadamente una semana, una docena de mujeres fueron despedidas. Con la ayuda de un abogado laboralista, ganaron el juicio contra la empresa, siendo indemnizadas y aseguradas debidamente.

A partir de los años sesenta, con la creciente conflictividad laboral en Altos Hornos, las mujeres se implicaron también en las movilizaciones, llevando el límite de los conflictos más allá del ámbito de la fábrica. Mujeres e hijas del entorno de los líderes sindicales ya contaban con cierta experiencia en cuestiones de reivindicaciones laborales y políticas. De hecho, sus hogares servían como un lugar de nexo entre lo privado y lo público, lo político. "Luego en casa se hacían muchas reuniones, porque él era de la célula del PC. [...] Venía gente, entraba en mi casa pero [...] yo no sabía dónde iban y de dónde venían [...]. Y así hemos estado muchos años" (Entrevista con C.B., 21 de octubre de 2009). Recogieron dinero para las familias de los encarcelados, participaban activamente en protestas y manifestaciones en los Primeros de Mayo y contra la Ley de Educación a finales de los años sesenta. "Cuando había manifestaciones o algo así, yo me salía con mis hijos a todas las partes. Cuando lo de fábrica, y cuando no ha sido de fábrica" (Entrevista con E.A., 20 de octubre de 2010). El protagonismo de las mujeres fue especialmente significativo durante el conflicto del ferrocarril de Sierra Menera en febrero de 1973, cuando los trabajadores despedidos se encerraron en las instalaciones de la empresa durante seis días. Por falta de solidaridad y de apoyo de los obreros de AHV, las esposas de los obreros, junto con algunos grupos de jóvenes, organizaron la protesta pública y se encargaron de la alimentación de los encerrados (*Levante*, 1973).

Las asociaciones de vecinos representaban una instancia de considerable relevancia para el empoderamiento femenino, al brindarles a ellas un espacio significativo de participación en la esfera comunitaria, ya que eran ellas quienes, en realidad, forjaban la comunidad y hacían uso activo de sus espacios. Al ser las únicas asociaciones legalmente permitidas en el tardofranquismo, estas entidades proporcionaban a las mujeres la oportunidad de articular sus inquietudes y necesidades: "Me parecía que las vecinas teníamos mucho que decir cara a los ayuntamientos" (Forja, 1997: 49), así como de colaborar de manera colectiva en la identificación y búsqueda de soluciones a problemáticas locales. Por ejemplo, las mujeres salieron a la calle en 1976 para protestar contra el enterramiento de una línea de alta tensión en su barrio, y se dirigieron al despacho del alcalde predemocrático, donde fueron rechazadas con la afirmación de que "las mujeres de puertas adentro serán muy dueñas de hacer cuanto quieran, pero de puertas afuera no les incumbe absolutamente nada" (Forja, 1997: 43-44).

La creciente participación femenina se vio facilitada por el hecho de que a partir de los años sesenta una nueva generación de mujeres, a diferencia de sus madres, tuvo acceso a educación superior y a la posibilidad de emprender carreras profesionales gracias a la estabilidad laboral de la generación anterior. Participaron en las protestas estudiantiles, tomaron conciencia de sus capacidades y derechos, impulsando así su participación activa en la vida pública. El nuevo movimiento feminista, que había comenzado a partir de mediados de los años setenta, fue especialmente influyente y proporcionó un marco ideológico y estratégico para la participación activa femenina en el tardofranquismo y la transición democrática, en partidos políticos o en el Movimiento Democrático de Mujeres. Una de las primeras concejalas democráticas cuenta: "Los partidos políticos no tenían bastante personal para dar la imagen que querían dar [...], de novedosos, de avanzados [...], entonces empezábamos las pocas mujeres que teníamos estudios, y aportábamos un elemento que muchos hombres por las circunstancias que fueran no tenían" (Entrevista con S. A., 15 de mayo de 2024). En el primer ayuntamiento democrático de Sagunto había cuatro concejalas de todos los partidos elegidos, representando no solo un paso significativo hacia la igualdad de género en la política local, sino también un gran paso a nivel personal en referencia a la autoestima femenina: "Yo tenía pudor a hablar en público, y cuando tenía que decir algo en mi comisión en contra lo que estaban planteando lo compañeros [de la oposición] yo me ponía nerviosita, pero los mismos [...] me decían "¡Venga ánimo, A., ánimo!". Eso no lo olvidaré nunca" (Entrevista con A. R., 16 de abril de 2024).

En la transición, las mujeres comenzaron a reconocer y aprovechar el poder del espacio público. En ese contexto, el impacto de la crisis siderúrgica llevó a Altos Hornos del Mediterráneo a acumular pérdidas significativas y pronto surgirían nuevos conflictos. En junio de 1978 se desencadenaron las protestas por el impago de salarios y pagas extras, que culminaron con el encierro del Comité de Empresa durante nueve días en la fábrica. Fue entonces cuando las mujeres se organizaron por primera vez de manera independiente, llegando incluso a organizar 20 autobuses para una marcha de protesta hacia Valencia. Aunque fueron paradas por las fuerzas policiales en El Puig, lograron captar el interés de los políticos de la capital valenciana, siendo recibidas una delegación por el gobernador civil, el presidente del Consell y varios *consellers*. Estos hechos, sorprendentemente, no han perdurado en la memoria colectiva, y es de suponer que la relevancia de estas primeras movilizaciones haya sido eclipsada por las protestas más notorias de 1983 y 1984. No obstante, las luchas iniciales de estas mujeres sentaron las bases para las grandes manifestaciones posteriores y marcaron un punto de inflexión significativo en su participación activa. Un artículo en el *Valencia Semanal* describe de manera plástica este giro importante en la protesta femenina: "La relativa novedad de la semana estriba [...] en la movilización masiva de trabajadoras de la empresa y las esposas, compañeras, madres y parientes de los obreros [...]. Aunque no es la primera vez que las mujeres se ponen en pie —solidaridad en forma de bocadillos al comité de empresa encerrado [...], participación en las manifestaciones, etc.—, la acción, esta vez, ha sido mucho más directa, espontánea y autónoma" (Solbes, 1978). Resulta especialmente sorprendente la mención explícita de las trabajadoras de la empresa como componentes centrales de la protesta, porque el artículo fue escrito por una mujer.

Una vez conscientes de las posibilidades de su impacto en el espacio público, las mujeres comenzaron a involucrarse en él. Eso era especialmente significativo en la época de la transición, cuando la separación de género entre el espacio público y privado propagado por el Estado franquista comenzó a difuminarse. Las mujeres empezaron a llevar lo privado hacia afuera y a actuar políticamente, aunque las formas de expresión femeninas en el ámbito público seguían siendo percibidas y valoradas de manera diferente. La participación de las mujeres en la protesta abierta añadió una nueva dimensión a la lucha e introdujo un componente no político que contrastaba con la de los hombres trabajadores, quienes se identificaban y eran identificados como sindicalistas con ideas políticas de izquierda. Sin duda, ese componente apolítico también sirvió como un arma muy poderosa en la protesta, que los líderes sindicalistas supieron aprovechar muy bien. Toda España se mostró asombrada por la inmensa fuerza y emoción que las mujeres de Sagunto lograron despertar, y los medios se hacían gran eco de su involucración. Las imágenes de sus protestas, difundidas por los medios de comunicación en todo el país, influyeron profundamente en el carácter y la percepción del conflicto. "Cubren un papel de importancia primordial las mujeres saguntinas: esposas, hijas o novias de los trabajadores, que se enfundan en una camiseta el "tren de bandas en caliente" o [...] "no a la muerte de un pueblo" y emprenden expediciones a todos los puntos de España [...]" (Navascues, 1983). La imagen de las amas de casa y esposas en las protestas fue utilizada de manera deliberada tanto por los sindicalistas como por las propias mujeres, recurriendo conscientemente a estereotipos de género. Esta representación acentuada de su vulnerabilidad y sacrificio tenía el propósito de intensificar el impacto emocional y moral de las protestas, subrayando la gravedad de la situación y buscando así un mayor apoyo y simpatía pública. Al enfatizar su rol tradicional y emplear formas de protesta creativas y simbólicas, como el uso de camisetas negras, se logró establecer una relación causal entre la crisis existencial que amenazaba a toda la familia debido al cierre de la siderúrgica.

'SABÍAMOS QUE ÍBAMOS A CAER, PERO HABÍA QUE MOVERSE': MUJERES EN LA PROTESTA CONTRA EL CIERRE DE AHM

El 28 de febrero 1983 en Valencia tuvo lugar la primera gran acción organizada por mujeres: una manifestación donde entre 5.000 y 6.000 personas rodearon el palacio de la Generalitat, impidiendo la salida de los miembros de las cortes valencianas hasta pasadas las 23:00. A la cabeza de la manifestación se encontraba un grupo de mujeres portando una pancarta que rezaba: "Las mujeres de Sagunto lucharemos y no nos rendiremos". Durante el evento, una delegación femenina se entrevistó con el presidente de la Generalitat, Joan Lerma, para expresar sus peticiones (Muñoz, 1983a). "Fuimos algunas mujeres del ayuntamiento y algunas mujeres del sindicato obrero a Valencia para hablar con el presidente de la Generalitat, para que nos apoyara en el no al cierre" (Entrevista con A. R., 16 de abril de 2024). La entonces concejala del ayuntamiento participó en varias manifestaciones en Sagunto y en Valencia junto con sus compañeros del consistorio, apoyando las protestas a pesar de no tener una relación directa con la siderúrgica, porque la fábrica era "cosa de todos, de todo el pueblo".

El 18 de marzo las mujeres de nuevo tomaron un papel decisivo en las protestas alrededor de la visita del presidente de la empresa Jose María de Lucía en Sagunto, que había venido para negociar con el Comité de Empresa. La esposa de un sindicalista cogió un megáfono, se subió al balcón del sindicato frente al mercado y convocó a las otras mujeres a manifestarse ante la gerencia e impedir la salida del presidente. En plenas fiestas falleras, se unió a la protesta gente vestida con el traje local y las falleras impedieron el paso de la policía hasta las oficinas. Una trabajadora de AHM describe los acontecimientos desde su perspectiva: "[A Lucía] lo secuestramos. Vino a una reunión y no se le dejó salir de su despacho, se cerró la puerta y ya lo teníamos ahí. No sé cuántas horas, y al final pues, ya presiones y demás, y como no se consiguiera nada ya salió el hombre" (Entrevista con R. M. N., 16 de mayo de 2012). En esta acción se evidenció la rapidez con la que las mujeres actuaron y se enfrentaron con determinación a las fuerzas policiales, así como la diversidad de activistas que se unieron a sus filas. Naturalmente, las opiniones sobre la radicalidad de las protestas diferían mucho entre las mujeres, como fue el caso durante una visita de Joan Lerma a Sagunto, en plena campaña electoral autonómica, cuando fue agredido por la multitud mientras intentaba acudir a un mitin en el cine OMA: "Lo querían matar [...]. Y yo decía, que fama vamos a coger las mujeres de Puerto de Sagunto, si hacemos daño al señor" (Entrevista con M. J., 28 de marzo de 2024).

No obstante, unas acciones que contaron con el apoyo de la mayoría de las mujeres fueron los numerosos viajes en autobús a las ciudades más importantes del país. El 28 de abril de 1983, alrededor de 500 mujeres se manifestaron ante el Ministerio de Industria, manifestación a la que se unieron unas 20 mujeres de las oficinas de AHM de Madrid. Se hizo pública una carta dirigida a Felipe Gonzalez: "[...] Estamos preocupadas, ya que nunca podíamos haber pensado que en un régimen democrático se podía actuar de una manera tan irracional e injusta" (*Pueblo*, 1983). A continuación, una delegación de mujeres intentó entrevistarse con él, sin éxito, aunque consiguieron hablar con Carmen Romero, su esposa. Fue decepcionante para las mujeres constatar que la esposa carecía de cualquier influencia política sobre su marido; aunque reconoció estar al tanto de su lucha, manifestó no tener capacidad para intervenir en las decisiones del Gobierno.

La creatividad de las mujeres para encontrar nuevas formas de lucha se expresó en la segunda gran acción autónoma, llevadas a cabo por un centenar de mujeres que, vestidas con camisetas negras con calavera y el lema "No a la muerte de un pueblo", dieron vueltas en la puerta del Sol en Madrid durante un día entero, distribuyendo panfletos (Muñoz, 1983b). Esta acción captó considerable atención, principalmente porque la manera en la que se percibía a las mujeres en el espacio público era diferente. Llevaron sus preocupaciones privadas al espacio público, eligiendo de forma consciente el lugar quizás más público y simbólico: la puerta del Sol, el punto central de todas las carreteras radiales del país. Con el tiempo, sin embargo, las protestas en Madrid se radicalizaron, sobre todo porque las mujeres podían contar en la capital con mayor apoyo que en Valencia. En noviembre, más de 7.000 manifestantes protestaron ante el Congreso, acompañados del ruido de cacerolas (una forma típica de protesta femenina, pacífica, utilizando utensilios de cocina) y con gritos amenazadores contra el presidente del Gobierno, el vicepresidente y el ministro de Industria. Allí se entregaron 700.000 firmas recogidas por las mujeres contra el desmantelamiento de AHM (*El Adelanto de Segovia*, 1983). El conflicto se intensificó durante una manifestación en la capital en febrero de 1984, donde más de 2.000 manifestantes, muchos de ellos mujeres, intentaron bloquear el tráfico en la Castellana. Los enfrentamientos con las fuerzas policiales se saldaron en 13 heridos, tres de ellos mujeres. Una trabajadora de AHM lo recuerda: "Y los caballos, a mí me daba miedo que pisaran a alguien [...] y se acercaban más y más, y yo decía, que son enormes estos caballos [...], y te podían dar un porrazo [...] y disparos de bolas también" (Entrevista con J. P., 27 de mayo de 2024).

Una imagen especialmente impactante fue la foto de la esposa de un trabajador, una mujer mayor, tranquila y respetable, en el suelo, herida y sangrando, siendo reducida por la policía montada en la manifestación en Madrid, como si fuera una peligrosa criminal. Ver a mujeres, usualmente asociadas con roles domésticos y pacíficos, activamente involucradas en protestas violentas y enfrentándose a la policía creó un impacto visual y emocional significativo que fue explotado por la prensa: la participación de mujeres en las protestas añadió una dimensión de legitimidad y humanidad al movimiento. Unos días después, en reacción a los violentos sucesos, unas 500 "mujeres de trabajadores de Altos Hornos del Mediterráneo", como las reducía la prensa a estereotipos simplistas, se manifestaron nuevamente frente al Ministerio del Interior en Madrid. Una delegación de mujeres se reunió con el defensor del pueblo, Joaquín Ruiz-Giménez, para denunciar la violencia policial, y de nuevo solicitaron una reunión con el presidente del Gobierno y un debate televisado sobre la viabilidad de la siderúrgica (*El País*, 1984).

Otra estrategia característica de las mujeres fue la recogida de firmas y las visitas en búsqueda de apoyo y solidaridad. En diciembre de 1983, seis mujeres visitaron la sede de Alianza Popular en Castellón y ofrecieron una rueda de prensa. Este partido las había invitado a exponer su situación y sus inquietudes ante los medios de comunicación de Castellón. A pesar de su tono algo machista y el anonimato intencionado en el cual se deja a las mujeres, el artículo en el periódico *Mediterráneo* reflejaba varios aspectos importantes: las mujeres manifestaron una creciente confianza en sí mismas y en su capacidad para influir en el ámbito público: "Antes estábamos más aisladas, ahora se nos comienza a hacer caso". Además, mostraba su determinación y fortaleza emocional: "Nosotras somos las más perjudicadas y ya veis que estamos de pie. Vamos a seguir luchando y vamos a seguir yendo a Madrid". Y también un profundo sentido de solidaridad: no solo estaban preocupadas por su propia situación, sino también por el futuro de sus hijos y la comunidad en general. Una de ellas expresó: "Nosotras estamos angustiadas por el porvenir de nuestros hijos [...]. Hay que decir a estos señores que tienen la misión de defender nuestra región [...], ¿porque el acero se tiene que producir en Ensidesa cuando nuestros hijos van a pasar hambre?" (Latorre, 1983).

Por supuesto, las mujeres apoyaron y jugaron un papel importante en las grandes huelgas que se organizaron en Sagunto. Una mujer que entonces trabajaba en una tienda de electrodomésticos relata que las ventas se veían afectadas directamente por la amenaza del cierre: "Yo quería protestar, yo no quería que se cerrasen los Altos Hornos, así sin más, porque era mucha gente que se quedaba en la calle [...]. Yo iba a protestar porque no quería que Sagunto se quedará sin puerto" (Entrevista con C. Z., 27 de marzo de 2024).

A pesar de los numerosos esfuerzos de mujeres, sindicatos y de numerosas iniciativas políticas, no fue posible evitar la decisión de cerrar definitivamente los Altos Hornos. Muchas mujeres sufrieron las consecuencias de forma muy directa: "A muchas mujeres que estaban felices y realizadas a nivel profesional, como por ejemplo mi suegra, le supuso que la jubilaran con 54 años, porque ella era una apasionada de su trabajo [...]. Para ella supuso la gran frustración" (Entrevista con C. S., 27 de mayo de 2024). Otras más jóvenes, como algunas de las perforadoras, entraron en la bolsa de empleo y siguieron trabajando hasta su jubilación en la siderúrgica o en las empresas sucesoras.

Muchas mujeres involucradas vieron la protesta simplemente como una lucha de supervivencia para conservar su forma de vida, y una vez acabada la reconversión volvieron a ser amas de casa. Otras continuaron participando activamente en sus barrios a través de las asociaciones de vecinos o en los sindicatos. Para muchas mujeres, que no habían tenido la oportunidad de ir a la universidad ni de trabajar fuera de casa, la huelga fue un punto de inflexión en sus vidas. Descubrieron por primera vez la política y unas nuevas posibilidades de participación.

PROTESTAS FEMENINAS EN LA RECONVERSIÓN INDUSTRIAL DE LOS AÑOS OCHENTA: UNA APROXIMACIÓN

Las protestas de las mujeres de Sagunto se insertan en el marco de la protesta femenina, un fenómeno observado en diversos centros de la primera industrialización en Europa occidental en los años ochenta. Tanto la *Fraueninitiative* en la Alemania federal como el National Women Against Pit Closures británico constituyen ejemplos paradigmáticos de movimientos liderados por mujeres que emergieron en respuesta a la crisis económica del carbón y el acero y a la reestructuración industrial. Estos movimientos no solo perseguían la protección de empleos y derechos laborales (en sectores fuertemente masculinizados), sino también abogaban por la igualdad de género y el reconocimiento del rol de las mujeres en la fuerza laboral y en la comunidad en su conjunto.

Durante la huelga de los mineros en 1984-1985 en Reino Unido, las mujeres desempeñaron un papel crucial en el apoyo a la resistencia contra los intentos de cierre de las minas de carbón por Margaret Thatcher. Después de la formación de muchos grupos en las localidades afectadas, se logró la organización nacional en la National Women Against Pit Closures (NWAPC), que emergió como un movimiento significativo, coordinando desde la recaudación de fondos hasta la organización de piquetes, mítines y comedores comunitarios. Aunque las mujeres fueron presentadas como simples esposas de mineros, en realidad muchas tenían experiencia previa en la militancia política, procedentes del Partido Comunista de Gran Bretaña, el movimiento por la liberación de las mujeres o el activismo sindical. Después del conflicto muchas de ellas siguieron su trabajo sindical o político. Su trabajo fue fundamental para prolongar y fortalecer la huelga de los mineros, y contribuyó significativamente a transformar la percepción pública de la misma en los medios de comunicación, llegando a tener incluso influencia internacional (Thomlinson y Sutcliffe-Braithwaite, 2018: 78).

En la Alemania federal, en la década de los ochenta, surgieron docenas de grupos de mujeres llamados *Fraueninitiative* que lucharon por preservar los empleos en las numerosas siderúrgicas en la cuenca del río Ruhr, a través de huelgas, piquetes y manifestaciones, siempre acompañadas de multitudes de niños y niñas a los que había que seguir cuidando. También fue típico de la iniciativa que integrara temas como las protestas contra la guerra y la energía nuclear, la protección del medioambiente o las cuestiones feministas. El movimiento pudo aprovechar la experiencia de muchas mujeres en el movimiento por la paz y las iniciativas ciudadanas existentes. En estas protestas les acompañaba la cantautora Fasia Jansen, que componía canciones reivindicativas para darles apoyo. En noviembre de 1980, las mujeres de Hoesch en Dortmund empezaron a hacer campaña para salvar la Westfalenhütte, incluida una huelga de hambre de tres días. En 1981, las mujeres de la *Fraueninitiave* en la siderúrgica del Schalker Verein de Gelsenkirchen movilizaron a toda la población organizando una marcha hasta las oficinas generales de la empresa Krupp en Essen (Diederich, 2018). En febrero de 1987, se formó una *Fraueninitiative* en la empresa Henrichshütte de Thyssen en Hattingen, que organizó un viaje en autobús a su sede en Düsseldorf. Allí protestaron con caceroladas y pitidos, logrando entrevistarse con el consejo de administración. En otra famosa acción, las mujeres se disfrazaron de fantasmas y marcharon por el centro de Hattingen para llamar la atención sobre la conexión entre el cierre de la fábrica y el futuro incierto de la ciudad; en otra ocasión protagonizaron una huelga de hambre de cinco días (Gorny, 2020: 188-193). En 1987, en la lucha contra el cierre de la acería de Duisburg-Rheinhausen de Krupp, las mujeres cortaron las carreteras con la ayuda de sábanas anudadas. En todas partes existía el temor de que las ciudades pudieran morir si se recortaban los empleos. Las mujeres desarrollaban nuevas formas de protesta y dotaron el movimiento de un nuevo simbolismo emocional. Todas compartían la misma experiencia fundamental: fueron las primeras en enfrentar la amenaza de la pérdida de empleo, temiendo que los hombres y las generaciones futuras no pudieran encontrar trabajo (Diederich, 2018).

REFLEXIONES FINALES

Los tres movimientos descritos comparten las tesis planteadas al inicio del artículo. Esto subraya la persistencia y la relevancia de los temas discutidos, mostrando cómo las dinámicas de género influyen de manera significativa en las protestas y movilizaciones sociales. No eran grupos homogéneos de mujeres, aunque tanto los sindicatos como las propias mujeres aprovecharon la imagen estereotipada de madres y esposas. Siempre hubo mujeres trabajando en la industria e involucradas en acciones colectivas, aunque de manera menos visible que sus compañeros masculinos. Ninguno de estos movimientos emergió espontáneamente; todos contaron con una trayectoria previa de experiencia sindical y política femenina, y además coincidían con fenómenos internacionales de la época como los movimientos por la paz, la igualdad y el medioambiente. Desafiaron las normas tradicionales de género al destacar el liderazgo femenino en contextos históricamente dominados por hombres, logrando así captar la atención mediática y generar un apoyo público significativo. El discurso en torno a las reivindicaciones laborales principalmente masculinas, la defensa de sus puestos de trabajo en la industria, fue cambiado y moldeado durante los meses de conflicto por las protagonistas femeninas, que introdujeron estrategias y preocupaciones propias en el movimiento de protesta. De este modo, por un lado, reproducían los estereotipos de género, pero por otro actuaban de forma feminista. Adoptaron estrategias creativas como la confección de disfraces, caceroladas o recogida de firmas, demostrando su capacidad para innovar y movilizar en contextos de protesta y resistencia.

Una investigación exhaustiva y comparada sobre el fenómeno de las protestas femeninas en los años ochenta en Europa occidental aún está pendiente. Nos ayudaría a comprender en profundidad las dinámicas específicas de género dentro de los movimientos sociales de esa época, así como para identificar las similitudes y diferencias en las estrategias de movilización, las reivindicaciones y los logros alcanzados por las mujeres en distintos contextos nacionales.

BIBLIOGRAFÍA

Actas del Jurado de Empresa (1959): "Acta Nº 8, Abril, Mayo, Junio", *Altos Hornos de Vizcaya S.A.*, Fábrica de Sagunto.

— (1975): "Acta Nº 14, 21 de marzo" *Altos Hornos de Vizcaya S.A.*, Fábrica de Sagunto.

Artus, I. (2020): "Wenn Frauen* streiken ... - Zur Vergeschlechtlichung von Arbeitskämpfen", en I. Artus *et al.*, *Arbeitskonflikte sind Geschlechterkämpfe, Sozialwissenschaftliche und historische Perspektiven (Arbeit - Demokratie - Geschlecht, Band 27)*, Westfälisches Dampfboot, Münster, pp. 75-97.

Artus, I. y Pflüger, J. (2015): "Feminisierung von Arbeitskonflikten: Überlegungen zur gendersensiblen Analyse von Streiks", *AIS-Studien*, 8(2), pp. 92-108, disponible en https://bit.ly/3VH4Ung.

Cabrero Blanco, C. (2007): "Asturias las mujeres y las huelgas", en J. Babiano *et al.*, *Del hogar a la huelga: trabajo, género y movimiento obrero durante el franquismo*, Madrid, Los Libros de la Catarata, pp. 189-244.

Diederich, E. (2018): "Anfassen Ð Zupacken Ð Keiner schiebt uns weg! Fraueninitiativen von Erwitte bis Duisburg-Rheinhausen im Kampf um Arbeitsplätze", disponible en https://bit.ly/3RHttPS.

El Adelanto (1929): "Por la libertad de tres detenidos", *El Adelanto*, Salamanca, p. 8.

El Adelanto de Segovia (1983): "Más de siete mil saguntinos hicieron oír ayer de nuevo su protesta...", *El Adelanto de Segovia*, p. 8.

El País (1984): "Mujeres de trabajadores de AHM se entrevistaron con el Defensor del Pueblo", *El País*, disponible en https://bit.ly/4bj6S3b.

Gorny, A. (2020), "Unsichtbare Motoren – Die Fraueninitiative in Hattingen", en I. Artus, *Arbeitskonflikte sind Geschlechterkämpfe, Sozialwissenschaftliche und historische Perspektiven (Arbeit - Demokratie - Geschlecht, Band 27)*, Westfälisches Dampfboot, Münster, pp. 185-198.

Hebenstreit, M. (2014): *La oposición al franquismo en Puerto de Sagunto (1958-1977)*, Publicacions de la Universitat de València, Valencia.

Forja (1997): *A.VV. La Forja, 20 Aniversario 1977-1997*, Martínez Impresores, Puerto de Sagunto.

Latorre, X. (1983): "Las Mujeres de Sagunto piden la solidaridad de Castellón", *Mediterráneo*, p. 3.

Levante (1973): "Situación laboral en la empresa Sierra Menera", *Levante*, p. 17.

Moraga García, M. (2008): "Notas sobre la situación jurídica de la mujer en el Franquismo", *Feminismo/s*, 12, pp. 229-252.

Muñoz, M. (1983a): "Los manifestantes de Sagunto rodearon la Generalitat impidiendo la salida a los parlamentarios durante varias horas", *El País*, disponible en https://bit.ly/3XBTTGD.

— (1983b): "La ciudad y el puerto de Sagunto estuvieron completamente paralizados durante la jornada de huelga de ayer", *El País*, disponible en https://bit.ly/3RFoNqF.

Navarro, B. (2008): *La memoria necesaria. La historia de Puerto Sagunto, Vol. II, La República, La Guerra Civil*, Martínez Impresores, Puerto de Sagunto.
Navascues, C. (1983): "Sagunto, Fuenteovejuna, todos a una", *ABC*, pp. 48-49.
Pueblo (1983): "Las mujeres de Sagunto en Madrid", *Pueblo*, p. 15.
Reglamento Régimen Interior (1959): *Altos Hornos de Vizcaya*, Fábrica de Sagunto.
Solbes, R. M. (1978): "Las mujeres de Sagunto, en pie", *Valencia Semanal*, pp. 22-24.
Thomlinson, N. y Sutcliffe-Braithwaite, F. (2018): "National Women Against Pit Closures: gender, trade unionism, and community activism", *Contemporary British History*, 32(1). pp. 78-100.

CAPÍTULO 8

RADIO UNIDAD: JUSTICIA COMUNICATIVA Y LUCHA OBRERA EN LA BATALLA DE SAGUNTO (1983-84)

JOAN PEDRO-CARAÑANA Y
FRANCISCO SIERRA CABALLERO

La historia muestra que, en todo periodo, las clases dominantes han tratado de imponer sus intereses sobre las clases populares. Cuando los sectores subalternos se movilizan y logran pasar de la revolución pasiva a sujetos políticos de la historia tiene lugar lo que Thompson (1964) definió como "economía moral de la multitud", la clase se hace a sí misma. El presente capítulo es un estudio de caso que ejemplifica la capacidad de autonomía política y representación que el movimiento obrero es capaz de desplegar también a través de los medios de comunicación. Hablamos de la experiencia de Radio Unidad (1983-88), una emisora libre creada por trabajadores y vecinos al calor de las movilizaciones por el mantenimiento de Altos Hornos del Mediterráneo (AHM).

El caso de AHM "marcaba el paso de cómo podrían darse otras reestructuraciones a nivel del Estado" y las movilizaciones "tuvieron un marcado eco y repercusión nacional" (Colectivo de Radio Unidad, 2024: 16). Tal y como puso de manifiesto Radio Unidad, trabajadores, mujeres, jóvenes y la inmensa mayoría de la población de Puerto de Sagunto plantaron cara a los poderosos intereses de la Comunidad Económica Europea y el gran capital transnacional, materializados mediante la reconversión industrial por el Gobierno central y la aquiescencia del Gobierno autonómico del PSOE. En el mismo sentido, el papel de Radio

Unidad es paradigma de lo que denominamos justicia mediática y comunicativa. Contribuyó a que la lucha de Sagunto haya pasado a la historia como una lucha por la justicia, el trabajo, la dignidad obrera y la verdad; en definitiva, por la vida. Impulsó la conciencia de clase y la solidaridad, reflejando la integridad moral del pueblo, sus sufrimientos y alegrías, que son hoy parte de la identidad de Sagunto y memoria de la lucha obrera que llega hasta el presente.

En el presente texto, aportaremos algunos elementos de análisis para ilustrar la lucha de clases y las mediaciones alternativas posibles en un amplio proceso de resistencia como fue la reconversión industrial del tejido productivo en España, en este caso Puerto de Sagunto. Partimos de los contenidos digitalizados de Radio Unidad conservados por el Archivo Municipal de Sagunto, así como de otras fuentes documentales y expositivas que dan cuenta de la importancia de la organización y movilización de este hito histórico en la memoria de la clase trabajadora.

JUSTICIA COMUNICATIVA: UN MARCO PARA EL ANÁLISIS

En el hacer y rehacer de la historia, en el existir, resistir y reexistir de la clase trabajadora, no puede obviarse el papel que cumple la comunicación, aunque, a menudo, haya ocupado un lugar secundario en las discusiones (Sierra, 2020). Para la clase obrera solo es posible hacer historia si quienes la protagonizan comunican su presente; si durante el transcurso de la lucha ponen en común su razón de ser y actuar. Cuando se combina eficazmente acción social y acción comunicativa se hace posible incidir en el devenir de las relaciones laborales, políticas y sociales. Si la acción social permite llevar a la práctica la lucha de clases en torno a la apropiación material de la realidad, especialmente del trabajo y la riqueza que produce, la acción comunicativa trae a la luz la acción social, articula relaciones entre personas y determina el nivel de conciencia posible que coadyuva a la organización y movilización social.

En este trabajo queremos poner en valor el papel de Radio Unidad en la lucha por AHM. Lo hacemos desde la perspectiva de la justicia comunicativa para identificar qué aspectos de la lucha de Radio Unidad pueden definirse como tal. Se trata de un concepto que aún está en elaboración, pero que implica prácticas comunicativas justas que se relacionan con la consecución del reconocimiento de derechos fundamentales y en general de la justicia global (Pedro-Carañana, Herrera-Huérfano y Ochoa Almanza, 2023).

La historia que sigue es una historia contada fundamentalmente por sus protagonistas, especialmente miembros del equipo promotor de Radio Unidad. Destacan las voces de Ana Mellado, administrativa que se convirtió en locutora de Radio Unidad y cuya experiencia la influyó tanto como para después dedicarse al periodismo profesional, cofundando el periódico *El Económico*, y Juan Ángel Morcillo, primer técnico de la radio.

Mellado y Morcillo fueron entrevistados por Onda Cero en el Día Mundial de la Radio (Gimeno, 2024a). En la entrevista, narraron el precario proceso de financiación y autogestión. Presentaron la idea de lanzar la radio el 20 de julio de 1983 en una asamblea en el Estadio El Fornás y allí recogieron 90.000 pesetas con las que pudieron comprar la radio. Con la ayuda de un amigo, fueron a una tienda que montaba "emisoras de camionero" (para comunicarse entre ellos) y "compramos una de 22 vatios y la modificamos" para poder emitir en frecuencia modulada. Tuvieron que enchufarla a una batería y refrigerarla con un ventilador "porque si estaba más de 15 minutos en marcha se calentaba y dejaba de funcionar", recordaba el técnico (AytoSaguntoVideos, 2024). Pusieron una antena y el mismo día 20 emitieron el primer programa en pruebas (Radio Unidad, 1983a). Más tarde, la emisora fue sustituida por otra de 60 vatios y, finalmente, por otra de 200 vatios, "con un equipamiento de fabricación [y montaje] propia" (Colectivo de Radio Unidad, 2024: 15).

Según se cuenta en el segundo programa de Radio Unidad (1983b), el grupo promotor solicitó fondos en otra asamblea en el campo de fútbol, alcanzando un total de 194.000 pesetas. Una vez se gastaron estos fondos iniciales, se recaudó más dinero en las asambleas y también con la creación del Club de Amigos de Radio Unidad mediante el que cada suscriptor recibiría un número de socio y podría aportar dinero, recuerda Mellado (Gimeno, 2024a). El Colectivo de Radio Unidad (2024) también aportaba una cuota. Además, realizaron dos fiestas para recaudar fondos y vendieron pegatinas.

En este proceso de mejora, era fundamental minimizar costes, por lo que "íbamos a Andorra a comprar material como cintas, grabadoras o micrófonos", donde el precio era más económico, ha rememorado Morcillo (AytoSaguntoVideos, 2024). Fueron adquiriendo todo el material necesario, "como ecualizadores, controles de todo tipo, filtros contra interferencias para no molestar a las televisiones que estaban al lado" y "una antena de 20 metros". Según Morcillo, siguieron la filosofía de "hágalo usted mismo, desde el esquema al circuito impreso, montar los componentes, soldarlos, las cajas, todo". Debido a la precariedad de medios, "a algunas cintas les dábamos la vuelta y grabábamos encima; por eso no están todas", explica Mellado. Los primeros programas se grababan en un estudio casero prestado a partir de material cedido y, después, las grabaciones realizadas en las asambleas y movilizaciones se llevaban allí con una motocicleta (Colectivo de Radio Unidad, 2024: 15).

No es de extrañar que, en estas condiciones, la radio tuviese problemas técnicos. Así, en el programa 48, tras disculparse por las deficiencias sonoras, la locutora expresó que "esta no es una emisora privada financiada por casas comerciales ni empresariales y, por tanto, el equipo emisor y auxiliar es muy precario y funciona con un mínimo de aparatos debido a los medios económicos" (Radio Unidad, 1983f).

La ventaja de la autogestión y la financiación colectiva era la capacidad de ejercer el trabajo periodístico con autonomía. Como ha dicho Mellado, "nosotros éramos los dueños del medio. Nadie nos imponía una línea editorial y pudimos trabajar y dar las noticias como nosotros pensábamos que había que hacerlo, sin directrices de nadie por encima de nosotros. Te puedes equivocar, pero te equivocas tú, nadie te induce a equivocarte" (2024b).

LA PRODUCCIÓN COLECTIVA Y PARTICIPADA

Del mismo modo que la financiación y la gestión era colectiva, el equipo promotor apostó por la producción colectiva y participada de los programas. Si la lucha por AHM se concebía de manera colectiva como una lucha del pueblo, la batalla desde las ondas radiofónicas se libró siguiendo el mismo sentido de colectividad y cooperación: "Una radio de todos y para todos" (Radio Unidad, 1983f). Solo así podría hacerse sostenible el proyecto radiofónico y solo así podría tener éxito la lucha general.

Cabe comenzar haciendo referencia a la colaboración respecto a la infraestructura. Morcillo ha expresado su agradecimiento a las personas particulares que cedieron solidaria y clandestinamente espacio en su vivienda para instalar el estudio de grabación (AytoSaguntoVideos, 2024). También recibieron apoyo del grupo de teatro que les prestó micros, grabadora y apoyo técnico.

En cuanto a la producción de la información, ya en el segundo programa se advirtió que "no sabemos si lo conseguiremos; todo depende de vosotros" (1983b). Se añadía que "la infraestructura humana es mínima para recoger toda la información", por lo que "pedimos que, saltando el cerco de la obligada clandestinidad que nos rodea, intentéis contactar con nosotros y pasarnos noticias, informaciones extensas o breves, o programas ya grabados", pues "solamente así haremos de nuestra radio, tu radio". "[Radio Unidad] es tu emisora, ¡defiéndela!". "Recordad que la emisora está y funciona al servicio del pueblo y, por tanto, cualquier tema que pueda interesar a la población tiene cabida aquí en vuestra emisora". Se aportaba un apartado de correos para el envío de "colaboraciones, críticas y sugerencias, con la seguridad de que serán tenidas muy en cuenta" y, alternativamente, se animaba a "poneros en contacto" de manera personal "porque seguro que sabéis quiénes somos" (Radio Unidad, 1983f).

Con el afán de que la labor del equipo tuviese "un carácter anónimo y colectivo", decidieron no revelar sus nombres (Muñoz, 1984). El objetivo era "ser un micrófono abierto al pueblo y a su problemática", según cuenta el primer programa (1983a), por lo que se buscaba "recoger toda la información posible que afecte a la comarca y ser vehículo de expresión de todos aquellos que tengan algo que decir a su población". Frente a la verticalidad y falta de participación con la que informaban los medios hegemónicos, la emisora tenía una voluntad clara de dar voz a la población local y a los trabajadores, siguiendo "criterios de servicio público, respeto a las personas y a las opiniones" y de "libertad de expresión de todos aquellos que se acerquen a nuestros micrófonos", es decir, asegurando el acceso de una diversidad de personas y la difusión de una pluralidad de opiniones sin interferencia gubernamental o del capital.

Morcillo ha subrayado posteriormente que lograron hacer un "trabajo conjunto" de muchas personas, jóvenes, mujeres, hombres, trabajadores, no trabajadores y que contaron con muchas colaboraciones, incluyendo los grupos que llevaban cine y música (Gimeno, 2024a). La radio "se abría a todo tipo de gente, sindicalistas, comerciantes, asociaciones de vecinos, barrios con problemas; toda la comarca tenía la radio abierta, no se ponía cortapisa a nadie" (AytoSaguntoVideos, 2024).

A pesar de estos esfuerzos, la sostenibilidad de Radio Unidad y el apoyo que recibió en la creación de contenidos se preveía difícil en el largo plazo, especialmente por haber nacido para apoyar las movilizaciones por AHM. Según recogió el periodista Manuel Muñoz para *El País*, a finales de marzo de 1984, "las personas que se ocupan desinteresadamente y a diario de su funcionamiento lamentan que no haya llegado a ser algo más que la radio de la lucha de Puerto de Sagunto para transformarse en algo permanente que no muera con el fin de la batalla, que se adivina próximo" (Muñoz, 1984). Los protagonistas manifestaron para el diario que "desde el primer momento [...] se intentó incorporar todo tipo de colaboraciones, pero esto, que en los primeros meses pareció posible, se desvaneció tras el verano". Así y todo, Radio Unidad consiguió un "nivel de audiencia [...] muy elevado entre la población" y mantenerse al aire desde 1983 hasta 1988, sobreviviendo al cierre de AHM (Colectivo de Radio Unidad, 2024: 15).

El Colectivo de Radio Unidad (2024: 16) ha manifestado que el proyecto no hubiese salido adelante si no fuese por "la solidaridad y colaboración" no solo del equipo promotor, sino de los colaboradores y financiadores externos, incluyendo "todo el personal de la fábrica y de otros sectores de la población: comerciantes, grupos de estudiantes, personal de sanidad, grupos de teatro, enseñantes y de todas las personas que colaboraron con la emisora de una u otra forma".

UN MEDIO DE COMUNICACIÓN PARTISANO

Radio Unidad nació con una clara vocación partisana y "mantuvo su compromiso con la lucha obrera"; a los colaboradores les unía la convicción de "defender el futuro de un pueblo" (AytoSaguntoVideos, 2024). En palabras de Morcillo, el "sesgo izquierdista" de la emisora a favor de la resistencia obrera serviría "para contrarrestar las noticias y el sesgo político de la reconversión que serviría de espejo a todo el proceso que se haría en toda España". En el mismo sentido se ha expresado Mellado, señalando que Radio Unidad "surgió porque había muchos medios que eran progubernamentales y desenfocaban las cosas que pasaban" y queríamos contrarrestar esas noticias; "Radio Unidad cumplió ese papel" (Gimeno, 2024a; Gimeno, 2024b). Radio Unidad (1983b) era un medio de "concienciación e información al servicio de nuestro pueblo". Por eso, "a decir de muchos habitantes", Radio Unidad era "la única emisora que dice la verdad sobre Sagunto", según recogió *El País* (Muñoz, 1984). Es decir, se comunicaba desde una posición de compromiso con la lucha por AHM; "decíamos nuestra verdad", resalta Morcillo (AytoSaguntoVideos, 2024). De acuerdo con Mu ñoz (1984), "la emisora del pueblo habla a diario de la lucha permanente por el mantenimiento de la siderúrgica. Efectivamente, un objetivo clave era, según ha afirmado Mellado, "llevar la voz de los trabajadores y de los sindicatos" y dar cuenta de las diferentes manifestaciones y acciones contra el cierre (Gimeno, 2024a).

Sin embargo, es necesario poner en contexto lo que significaba el mantenimiento de la empresa no solo para los trabajadores, sino también para el conjunto de Puerto de Sagunto. En una carta al director de *El País* (1983), se ponía de relieve que AHM no era simplemente un trabajo, sino que había generado a su alrededor todo un ecosistema de vida digna: "La opinión pública debe entender que en Sagunto no se lucha por un puesto de trabajo, cualquier puesto de trabajo. Se lucha por la permanencia de la fábrica, que es su vida".

El intento de cierre de la fábrica se percibía como el fin de un pueblo que se quedaría sin nada, sin vida, sin futuro y, por tanto, su población se vería forzada a migrar. Puerto de Sagunto y AHM se habían construido y desarrollado a la par, con la proliferación de toda una serie de instituciones educativas, culturales, recreacionales, económicas y hasta deportivas que conformaban un hábitat y favorecían un modo de vida vinculado a la fábrica. En esta lucha entre del gran capital contra los intereses de los trabajadores, "la radio fue una herramienta más de las que todo el pueblo y los trabajadores nos dotamos para defender los intereses, el trabajo y el futuro industrial de este pueblo" (AytoSaguntoVideos, 2024).

La orientación partisana de Radio Unidad era explícita pero, como se ha visto en el apartado anterior, no impidió la pluralidad. Tenía "una línea editorial democrática", que "daba voz a las entidades locales", incluyendo "asociaciones de comerciantes, partidos políticos, sindicatos, representantes de otras empresas locales o comarcales y, en general, a personas que tuvieran algo interesante que exponer, que afectara a los barrios, a sanidad, urbanismo, o sugerencias y quejas comunes sobre servicios públicos municipales y un largo etcétera" (Colectivo de Radio Unidad, 1983: 15). No solo se dio amplio espacio a las voces de los afectados, sino que Radio Unidad cumplió la máxima que circula en las facultades de periodismo que sostiene que, si uno dice que llueve y el otro que no, el papel del periodista es abrir la ventana y comprobar si llueve o no. Por ejemplo, recogió que altos cargos del Instituto Nacional de Industria (INI) se mostraron "plenamente satisfechos" por el plan de reconversión, considerándolo "ejemplar para otras autoridades públicas" e informó de que el ministro de Trabajo, Joaquín Almunia, aseguró que los "nuevos puestos de trabajo que se crearán han de salir de la iniciativa privada y no creados directamente por el Estado", aseveración a la que la locutora apostilló que "no se ha concretado nada de puestos de trabajo alternativo". Más aún, señaló que la reconversión se estaba llevando a cabo "con el dinero público", con "los costes sociales", recayendo sobre "la clase obrera" y que "las empresas en crisis depararán finalmente en manos privadas" (Radio Unidad, 1983a).

LLAMADA A LA UNIDAD

Uno de los mensajes más importantes de la cadena radiofónica fue la llamada a la unidad de los diferentes actores, especialmente "entre los trabajadores y el pueblo" (incluyendo jóvenes, mayores, mujeres, comerciantes, etc.), según Mellado (À Punt, 2024). Tal y como ha escrito el Colectivo de Radio Unidad (2024: 15), hicieron "hincapié en la necesaria unidad de acción de toda la plantilla siderúrgica y entre todos los sectores de la población", pues "también se trataba del mantenimiento del medio de vida indirecto muy importante para la economía de muchas familias de nuestro pueblo y comarca: comercio, talleres, construcción, autónomos, etc.".

Así, el Colectivo de Radio Unidad (2024: 16) trató de actuar como pegamento social cuando surgieron tensiones. Por ejemplo, cuando transcendieron "rumores, propiciados por la empresa, para dividir a la plantilla, planes, listas... y esa incertidumbre generaba tensiones, suspicacias y recelos entre este amplio colectivo, fundamentalmente entre los de la "fábrica vieja" y la "fábrica nueva", es decir, Altos Hornos y la IV Planta". Radio Unidad intentó "desmontar y combatir esa tensión, apelando a la necesaria unidad de acción y a la solidaridad [...], canalizando el esfuerzo hacia el mantenimiento de todos los puestos de trabajo". En esta línea, Radio Unidad (1983d) dio voz a quienes llamaban a la unidad y a "evitar echarse las culpas", en palabras de un representante del comité de empresa, quien también criticó el posibilismo e insolidaridad de algunos, pues abrían fisuras en la lucha para evitar el cierre. En el mismo sentido, también criticó a "senadores socialistas que le han dado la espalda al pueblo que les votó" y a "representantes del pueblo que han negado la firma por un sillón burocrático y un salario de 300.000 pesetas para que otros compañeros puedan cobrar un salario de 50.000 pesetas".

También era habitual que apareciesen los representantes sindicales llamando a participar masivamente en las movilizaciones, por ejemplo, en Madrid y Barcelona. Estos llamamientos incluían críticas a la escasa participación que se dio por momentos, sobre todo en verano, cuando "unas 200 personas han estado trabajando" en la movilización de "una plantilla de 4.000". Por eso, es necesario "tocar la conciencia de quienes no han movido un dedo" (ibíd.).

Los programas dieron la palabra e hicieron referencia a todos los representantes sindicales y al comité de empresa como reflejo de la unidad en la diversidad. Además, se promovió la unidad con otros sectores, apoyando las causas justas y expresando solidaridad con diferentes situaciones, no solo en Sagunto y el Camp de Morvedre, sino en otras partes de España e incluso del extranjero. Así, el programa *La Mochila*, que dirigía Antonio Morcillo y "tenía formato de *Informe Semanal*", informaba "sobre los temas más candentes en el municipio, la comarca y España" (Colectivo de Radio Unidad, 2024: 16).

Respecto a la Comunidad Valenciana, Radio Unidad informó sobre problemas que afectaban a la comarca, como en la Mancomunidad de Les Valls y en Estivella (1983d), se apoyaron las reivindicaciones del sector citrícola (1983e) y las luchas por la sanidad (1983g) y del sector del calzado contra la producción clandestina y el plan de reconversión (1983h). Asimismo, se informó sobre las manifestaciones por la retirada de la estatua de Franco de la plaça del País Valencià, señalando que "no había manifestación que pasara que no coreara la consigna obligada *el burro i l'"aca fora de la plaça* ("el burro y la jaca fuera de la plaza")", y solidarizándose con los trabajadores que tuvieron que encapucharse para quitar la estatua por miedo a represalias (1983g).

También es de destacar que, según cuenta Mellado, "hubo una época en la que se hablaba de la lengua, del valenciano" (Gimeno, 2024a) y se pinchó música en catalán-valenciano de artistas como La Trinca (1983b), Al Tall (1983e) o Maria del Mar Bonet (1983h). Cabe recordar que los trabajadores de AHM y la población de Puerto de Sagunto provenían mayoritariamente de otras partes de España y eran castellanoparlantes, mientras que la población de Sagunto era valencianoparlante. Además, en el afán de tejer unidad, la cadena dio voz a los estudiantes que contaron que habían contactado a las compañías de teatro de Sagunto para que manifestasen su solidaridad con AHM antes de cada actuación y que acudirían a la puerta del concierto de Miguel Ríos en Valencia para recoger firmas (1983b). También se informó de actividades y exposiciones fotográficas en Sagunto (1983f).

A nivel estatal, se pidió solidaridad con el pueblo vasco por unas inundaciones recientes (Radio Unidad, 1983d) y se apoyaron manifestaciones en Barcelona y huelgas en Baleares por los derechos laborales, movilizaciones por la libertad de los jornaleros detenidos en El Coronil por ocupación de fincas y protestas en Getafe contra los despidos por el plan de reconversión en la línea blanca del sector de los electrodomésticos (1983h). También se trató el tema de la tercera edad en varios programas (1983de).

A nivel internacional, destacó el programa *Sagunto Internacional*, que durante más de diez meses en antena informó sobre temas como la reconversión industrial en otros países, la carrera armamentística y la conferencia de desarme de Helsinki, Marruecos bajo Hassan II, la situación en Palestina, la OTAN, el movimiento antimilitarista, la objeción de conciencia o el derecho al aborto (Colectivo de Radio Unidad, 2024: 16).

Además, se informó asiduamente de la proyección de películas nacionales e internacionales de cine obrero en el local del padre Jaime (Radio Unidad, 1983defg). Por ejemplo, se anunció el documental *La Espiral* (codirigido por Armand Mattelart, quien estuvo 11 años en Chile y colaboró con el Gobierno de Allende), sobre lo ocurrido con el Gobierno de Unidad Popular desde que ganó las elecciones en 1970 hasta el golpe de Estado de 1973 (1983g). Era una manera más de impulsar la conciencia de clase y el internacionalismo obrero. En este sentido, también se emitió música comprometida de Nacha Guevara, André Gagnon, Miguel

Ríos, Luis Eduardo Aute, Víctor Manuel, música *rock* en inglés, *jazz* y clásica (estas últimas a cargo del grupo de colaboradores jóvenes, que también se encargaban de los programas de cineclub).

EXPANDIR LA LUCHA

Un vector estratégico clave de la movilización fue sacar la lucha de la fábrica y expandirla en la mayor medida posible. Por eso, lo primero que hizo el comité "fue trasladar al pueblo, como órgano unitario, la situación de la fábrica"; "ese fue el germen que organizó todo este conglomerado: el que el pueblo fuese receptor del conflicto de AHM. Se crearon las condiciones para que la lucha no fuese solo de los trabajadores" (Muñoz, 1984). Cabe recordar que esta estrategia era fundamental en un contexto en el que Sagunto y Puerto de Sagunto tenían idiosincrasias diferentes. Según Muñoz (1984), "en Sagunto ciudad ha habido importantes muestras de solidaridad, pero es fácil advertir que el problema se siente más lejano. A ello se une una tradicional rivalidad local entre los dos pueblos, separados por tres kilómetros de carretera. En Sagunto la vida cotidiana no ha cambiado en este último año; en Puerto de Sagunto, sí".

Radio Unidad animó e informó puntualmente de las acciones para expandir la lucha. El Colectivo de Radio Unidad (2024: 15) quería que la emisora "fuese útil para sacarla lucha de los muros de la fábrica e implicar en la pelea al municipio de Sagunto y su comarca, a los sectores comerciales, productivos y de servicios". Según Morcillo, la radio "nació para unir a los trabajadores, al pueblo, y sacar la lucha de la fábrica al pueblo, a la comarca y allá donde pudiésemos llegar" (AytoSaguntoVideos, 2024).

Se trataba de implicar no solo a Sagunto y otras zonas de la Comunidad Valenciana, sino también a otros sectores obreros del resto del país. El sindicalista Vicente Mauri ha recordado que plantearon una "lucha de resistencia" para que "con nuestro ejemplo más trabajadores de la siderúrgica, la minería, los astilleros se diesen cuenta de que no era una batalla nuestra particular, sino en conjunto de la clase trabajadora". No fue fácil: "El problema es, cuando ibas a zonas industriales, nuestros compañeros de la izquierda sindical no lo entendían porque creían que era una fábrica vieja y no se daban cuenta de que, si nosotros caíamos, ellos iban detrás" (*Acero y Vida*, 2018).

En este sentido, según se recoge en el programa 45, se buscaba poner las movilizaciones "en el marco de una lucha más generalizada en el estado español, por lo que está pasando contra los trabajadores, en Andalucía, con los astilleros, en los sectores textil, azulejero..." (Radio Unidad, 1983d). La emisora informó de las movilizaciones y la recogida de firmas en "más de 80 pueblos en todo el País Valenciano", "en grandes fábricas" (1983g), en muchas empresas, en Madrid, Barcelona y otros lugares.

Técnicamente, hicieron todo lo posible para "ampliar los equipos de la emisora" y "dotarlos de un mayor alcance y calidad de sonido", para llegar "no solo a la comarca, sino más allá de Valencia y Castellón" (1983f). Morcillo ha contado que incluso iban en coche sintonizando la emisora para ver hasta donde alcanzaba la señal, con el horizonte puesto en ampliar las alianzas, los territorios y el proceso de lucha unitaria de todo el pueblo de la provincia de Valencia (Gimeno, 2024a).

CONCLUSIONES

Desde el punto de vista de la justicia comunicativa, entre quienes participaron en la protesta hay hoy consenso sobre que la lucha sirvió para lograr victorias importantes. "No ganamos la guerra, pero ganamos muchas batallas", comenta Rosa Balanzá, vecina que participó en las movilizaciones y viuda de un trabajador de la fábrica (À Punt, 2024). Entre las victorias materiales puede destacarse que se logró retrasar el desmantelamiento de la empresa, mantener el empleo durante más tiempo del previsto, mejorar las condiciones de prejubilación, la reubicación de algunos trabajadores, la calificación de Sagunto como Zona de Preferente Localización Industrial, la aprobación de un plan de reindustrialización mediante real decreto ley y la posterior instalación de nuevas empresas, incluida Siderúrgica del Mediterráneo (SIDMED).

Pero cabe sobre todo concluir la importancia de la radio popular y alternativa como motor de las victorias simbólicas y morales. La experiencia de Radio Unidad demostró a la clase obrera la potencia autónoma como sujeto político mediante la autogestión y la financiación popular de un medio sin ánimo de lucro que fue capaz de producir colectivamente contenidos propios al margen de presiones económicas y políticas. La vocación partisana de Radio Unidad vino además a corregir la asimetría de poder que había entre la voz de las personas afectadas y la narrativa oficial propagada por el Gobierno y la mayoría de los medios. En esas condiciones de desigualdad, la emisora llevó a la práctica el derecho a la comunicación para luchar con voz propia por el derecho al trabajo y a la vida. Las prácticas comunicativas justas de Radio Unidad entroncaron con la búsqueda de justicia para todos los afectados. Para el Colectivo, igual que para los sindicalistas, era fundamental actuar al unísono, evitar divisiones y lograr el mejor acuerdo posible para todos los trabajadores.

Radio Unidad comprendió la geopolítica del conflicto y la correlación de fuerzas, por lo que impulsó la expansión del conflicto más allá de los trabajadores hacia Sagunto, la comarca, la Comunidad Valenciana y otros sectores económicos del resto del país que también podían sufrir las consecuencias de la reconversión. Así, la justa lucha obrera y popular por AHM fue acompañada de justicia comunicativa desde las ondas. Con todas sus limitaciones, Radio Unidad contribuyó de manera determinante, con mucho esfuerzo voluntario, a la lucha, y ha pasado a la historia como paradigma de medio libre al servicio de la clase obrera, la voluntad popular, la memoria histórica y la vida.

BIBLIOGRAFÍA

À Punt (2024): "Informe Kawasaki", *Informe*, temporada 2, episodio 4.

Acero y Vida (2018): "1x09.Vicente Mauri. Altos hornos del Mediterráneo", *Acero y Vida*, 3 de febrero.

AytoSaguntoVideos (2024): "RP Digitalització dels programes de Radio Unidad emesos entre 1983 i 1984", *Youtube*.

Colectivo de Radio Unidad (2024): "Memoria de radio unidad, una voz en las ondas contra el cierre integral de AHM", *El Económico*, pp. 15-16.

El País (1983): "Sagunto tiene razón", *El País*, 6 de noviembre.

Gimeno, M. J. (2024a): "Radio Unidad, la radio que dio voz a los trabajadores de AHM hace 40 años en Morvedre", *Onda Cero Comunitat Valenciana*.

— (2024b): "Ana Mellado, primera mujer celadora del departamento de salud de Sagunto y periodista", *Onda Cero Comunitat Valenciana*.

Muñoz, M. (1984): "El conflicto de Altos Hornos del Mediterráneo ha introducido profundos cambios en la vida cotidiana de los saguntinos, *El País*.

Pedro-Carañana, J., Herrera-Huérfano, E. y Ochoa Almanza, J. (eds.) (2023): *Communicative Justice in the Pluriverse: An International Dialogue*, Routledge, Londres.

Radio Unidad (1983a): Programa 1, 20 de julio.

— (1983b): Programa 2, 21 de julio.

— (1983c): Programa 43, 3 de septiembre.

— (1983d): Programa 45, 5 de septiembre.

— (1983e): Programa 47 7 de septiembre.

— (1983f): Programa 48, 8 de septiembre.

— (1983g): Programa 49, 9 de septiembre.

— (1983h): Programa 53, 13 de septiembre.

— (1983i): Programa 56, 16 de septiembre.

Sierra, F. (2020): *Marxismo y comunicación*, Siglo XXI, Madrid.

Thompson, E. P. (1964): *The Making of the English Working Class*, Pantheon Books, Nueva York.

BLOQUE 3

RECONVERSIONES CULTURALES

CAPÍTULO 9

ESPACIO, DESINDUSTRIALIZACIÓN Y PATRIMONIO INDUSTRIAL. REFERENCIA A PUERTO DE SAGUNTO*

PAZ BENITO DEL POZO

EL ANÁLISIS GEOGRÁFICO DE LA DESINDUSTRIALIZACIÓN

La desindustrialización es un proceso económico y territorial que por lo general tiene su origen en una crisis sectorial que conlleva la destrucción total o parcial del tejido industrial de un lugar determinado. En su evolución, el proceso acumula hechos negativos como son la descapitalización de la base productiva del territorio afectado, el cierre de empresas y despido de trabajadores, aumento del desempleo y la emigración, así como el despoblamiento y la degradación física y ambiental causada por el abandono y ruina de edificios e instalaciones de todo tipo. Si la crisis es aguda y estructural se conoce como *declive* y sobre el tema, profusamente estudiado en las décadas de los ochenta y noventa, existe abundante bibliografía geográfica, económica y de sociología del trabajo repartida entre actas de congresos, revistas científicas, libros y monografías (véase el concepto desarrollado en López Trigal, 2015: 180-181).

La interpretación del fenómeno desde el punto de vista económico ofrece dos enfoques destacados: por un lado, están las

* Este trabajo es resultado del proyecto I+D+i REINLOES ref. PID2023-146628NB-I00, financiado por el Ministerio de Ciencia, Innovación y Universidades, Gobierno de España.

aportaciones que interpretan la desindustrialización como una fase cerrada o acotada del capitalismo que dejaría paso a una etapa posindustrial dominada por las actividades de servicios y, en consecuencia, por la terciarización de la economía; y por otro lado, están los trabajos y publicaciones que sugieren que otras formas de (re)industrialización son posibles, si bien el impacto de ese declive condiciona largo tiempo las estructuras y dinámicas de los viejos espacios industriales (Benito del Pozo y Pisabarro Pérez, 2022).

En ambos enfoque el territorio está presente como un factor condicionante, aunque se le otorga mayor influencia en los trabajos que consideran la desindustrialización como un proceso inherente a cualquier nueva industrialización, así como en los estudios que ponen el acento no solo en la recuperación económica, sino también en las condiciones y estrategias institucionales para superar el impacto negativo del cierre de empresas, es decir, en las acciones de diversificación productiva, la creación de una oferta de suelo industrial de calidad o en las políticas de empleo e innovación (ibíd.).

La literatura geográfica sobre los espacios industriales y su dinámica manifiesta enfoques que incorporan la sostenibilidad, la regeneración medioambiental, la reutilización del patrimonio minero e industrial y las nuevas funciones urbanas en el contexto de la globalización. Se toman como referencia lugares, ciudades y regiones en los que la industria retrocede, al tiempo que se asiste a la emergencia de actividades alternativas o potenciadas por los procesos de innovación y las TIC (Alonso *et al.*, 2022). A través del análisis de casos empíricos esa literatura demuestra que, trascurrido cierto tiempo, la pérdida de actividad productiva es un factor de transformación territorial que puede sumar elementos de reactivación del crecimiento; es decir, no se trata de una mera destrucción sostenida en el tiempo (Albertos y Sánchez, 2014). El cambio de tendencia vendría dado por el papel de los agentes públicos, por el emprendimiento empresarial, el apoyo a la I+D, las infraestructuras tecnológicas, la diversificación de actividades terciarias y por una planificación y ordenación del espacio que reutiliza los recursos legados por el industrialismo, afectando tanto a espacios rurales como urbanos, y con impacto local y regional (Manero y Cuesta, 2016; Benito del Pozo, 2022).

Asimismo, el análisis de la desindustrialización como proceso territorial requiere atender al contexto y las causas que provocan el desmantelamiento industrial (evolución del sector industrial, peso estructural de las ramas en crisis, empresas dominantes y su trayectoria, políticas sectoriales, estrategias de planificación urbana y ordenación del territorio, etcétera), y su impacto en el tejido productivo y laboral. También deben analizarse los efectos demográficos, medioambientales y paisajísticos. En la dinámica de los espacios desindustrializados (fase de declive, fase de estancamiento, fase de regeneración/revitalización) es fundamental el papel de las instituciones públicas y el tipo de gobernanza (Benito del Pozo y Pisabarro Pérez, 2022: 18-19).

Desde el punto de vista de la metodología (inductiva o deductiva), el acercamiento al problema de la desindustrialización territorial conlleva el manejo de una serie de herramientas (teorías interpretativas, conceptos, estudios empíricos) reforzadas (a) por el enfoque multiescalar (por un lado, las escalas espaciales, con especial atención a la escala regional y a la local/urbana; y, por otro lado, las escalas productivas, es decir, la empresa, el sector/rama de actividad y el sistema industrial de referencia); y (b) por la aplicación de técnicas cuantitativas y cualitativas, además del análisis espacial por medio de un sistema de información geográfica (SIG) y cartografía temática (figura 1).

Ante la realidad de un espacio desindustrializado, que experimenta distintas etapas en su evolución, merece especial atención la llamada *etapa de regeneración territorial*, que sigue a la fase de reindustrialización posterior al desmantelamiento y que se caracteriza por políticas y programas de actuación públicos enfocados a optimizar las capacidades del territorio y reutilizar elementos con un alto potencial y valor añadido heredados de los años de bonanza y auge industrial (Benito del Pozo, 2022). En esta línea estratégica, apreciable desde hace dos décadas aproximadamente en España, cobran protagonismo las fábricas y naves abandonadas, las minas clausuradas, las líneas de ferrocarril obsoletas, los barrios obreros y los conjuntos residenciales de técnicos y directivos y, en fin, todos aquellos elementos de la ciudad-fábrica que alumbró el paternalismo empresarial, incluidos los paisajes en precario (Álvarez, Blanco y Río, 2017; Cañizares *et al.*, 2020).

FIGURA 1

ESQUEMA DEL ANÁLISIS GEOGRÁFICO DE LA DESINDUSTRIALIZACIÓN

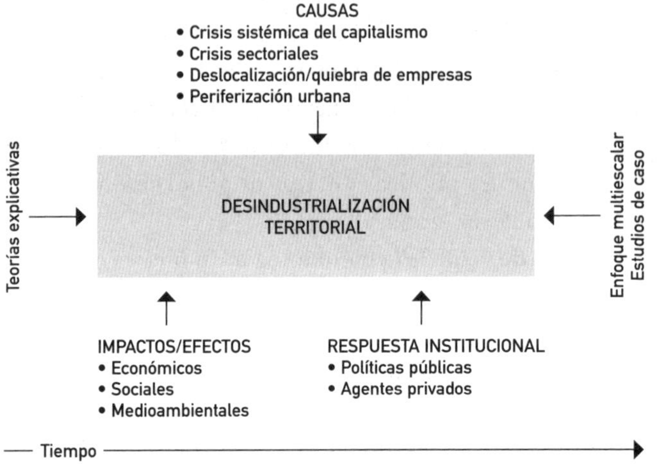

Fuente: Benito del Pozo y Pisabarro Pérez (2022: 19).

EL PATRIMONIO INDUSTRIAL COMO RECURSO Y FACTOR DE DINAMIZACIÓN TERRITORIAL

Sobre el afianzado concepto de patrimonio industrial y su relación con la técnica de estudio que es la arqueología industrial, la literatura es abundante y procede, sobre todo, de las actividades y publicaciones impulsadas desde los años setenta por entidades internacionales como el Comité Internacional para la Conservación del Patrimonio Industrial (TICCIH)[1] y en España desde 1999 por INCUNA (Industria, Cultura y Naturaleza). Según estas organizaciones el patrimonio industrial está formado por restos de la

1. Puede consultarse su página web en https://lc.cx/iFzI8l.

cultura industrial que tienen valor histórico, tecnológico, social, arquitectónico o científico: se componen de edificios y maquinaria, talleres, molinos y fábricas, minas y sitios de procesamiento y refinación, almacenes y lugares donde se genera, transmite y utiliza la energía, el transporte y toda su infraestructura, así como ciertos espacios residenciales (poblados obreros, barrios para ingenieros) (TICCIH, 2003). El periodo histórico de principal interés abarca desde el comienzo de la Revolución Industrial en la segunda mitad del siglo XVIII hasta la actualidad, considerando sus raíces preindustriales y protoindustriales, así como la historia de la tecnología (ibíd.).

Las primeras intervenciones de conservación del patrimonio industrial planteadas a escala de edificio o recinto fabril durante los años ochenta y noventa marcaron un hito en el reconocimiento social del patrimonio industrial como parte del legado cultural, pues se reconocía el carácter de monumento a lo que parecía una ruina inservible. Durante años la vieja Europa (los escenarios de la primera y segunda Revolución Industrial) fue acumulando este nuevo recurso cultural y turístico que eran las fábricas abandonadas, protegidas por una legislación aún laxa y recuperadas por medio de la rehabilitación o la restauración (Pardo Abad, 2008). Sin embargo, este tipo de intervención resultaba insatisfactorio porque faltaba la explicación del contexto socioeconómico y territorial de la industrialización y su crisis. Aquí entra en escena la *Carta de Nizhny Tagil*, que se aprobó en 2003 y reconoce la necesidad de considerar no solo los elementos y estructuras, sino también los lugares, los sitios donde se desarrollan las actividades sociales relacionadas con la industria, lo que incluye regiones y ciudades con una herencia industrial ligada a los yacimientos mineros, los puertos de mar o las infraestructuras ferroviarias (Benito del Pozo y López González, 2008).

El cambio de escala del edificio al itinerario será otro avance propiciado por la carta. En efecto, a partir de 2003 las políticas de intervención pondrán el acento en los itinerarios de la industrialización, lo que otorga protagonismo al contexto territorial; también el relato cambia: frente al monumento industrial, los itinerarios dan cuenta del proceso de industrialización de los lugares, lo que coadyuva a superar la estrategia de intervención aislada y descontextualizada en favor de una acción más territorial y geográfica, donde el entorno (el paisaje) y los agentes implicados desempeñan un papel destacado. Por su parte, la intervención en paisajes urbanos y rurales donde la huella de la industria forma parte del espacio geográfico refuerza el concepto de cultura del territorio. Incluso emerge una postura radical que consiste en la no intervención: dejar que las ruinas industriales se expresen y expliquen a sí mismas; todo un desafío en el contexto de la ciudad racional y controlada y de los paisajes ordenados (Benito del Pozo, 2002, 2023).

FIGURA 2

INTERPRETACIÓN DEL PATRIMONIO INDUSTRIAL COMO RECURSO TERRITORIAL

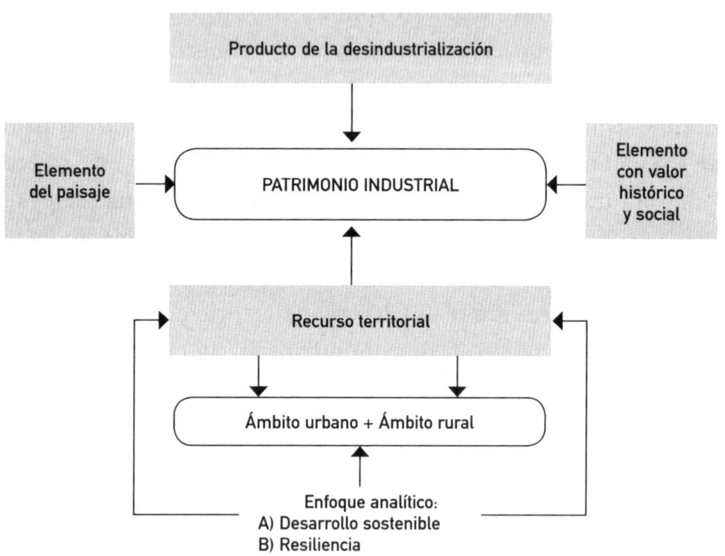

Fuente: Cañizares *et. al.* (2020: 325).

Por último, los llamados Principios de Dublín acordados en 2011 entre el Consejo Internacional de Monumentos y Sitios (ICOMOS) y TICCIH ponen el énfasis en la conservación de sitios, estructuras, áreas y paisajes del patrimonio industrial. En consecuencia, el territorio se sitúa definitivamente en el primer plano de lo que supone el estudio, comprensión, conservación e intervención en el patrimonio industrial[2]. Un verdadero cambio de paradigma "que permite caracterizar los paisajes históricos de la producción según tres modelos: estructurales, articuladores y funcionales. Estas tipologías [...] constituyen una vía de dos direcciones en las cuales la ciudad y la región forman parte de un mismo ecosistema de apropiación territorial" (Sobrino Simal, 2019: 110).

LA CONSERVACIÓN Y PROTECCIÓN DEL PATRIMONIO INDUSTRIAL EN ESPAÑA

En 1985 se aprobó la vigente Ley del Patrimonio Histórico Español y con ella se superaba la tradicional concepción protectora vinculada al arte y a la historia. Esta nueva ley aporta una perspectiva más amplia y flexible sobre el concepto de patrimonio al proponer no solo criterios de valoración histórico-artísticos, sino también criterios de tipo etnográfico, científico y técnico. Este cambio dejaba fuera, sin embargo, al patrimonio industrial, que seguirá sin estar incorporado.

Empero, la necesidad de dar cobertura institucional al legado de la industrialización histórica, habida cuenta del creciente interés social que suscita y su evidente valor cultural, explican la intervención del Instituto de Patrimonio Histórico Español (hoy Instituto del Patrimonio Cultural de España), que en 2001 puso en marcha el primer Plan Nacional de Patrimonio Industrial, de ámbito estatal, que va a permitir dar el salto de la protección legal a la recuperación real (Cruz *et al.*, 2002). Los resultados de este primer plan fueron valorados como "notables" por los expertos (Humanes, 2011) y, tras diez años de vigencia, el propio organismo promotor y gestor planteó su revisión y actualización, lo que alumbró la redacción de un nuevo documento. Como novedades y aspectos relevantes del segundo Plan Nacional de Patrimonio Industrial (PNPI, 2011) hay que destacar la visión más amplia del concepto de patrimonio industrial, que pasa del objeto (edificio industrial) al espacio y el paisaje como bienes patrimoniales. En

2. Véase https://lc.cx/rgoF_S.

consecuencia, el patrimonio industrial se considera que puede ser tanto material (bienes muebles, bienes inmuebles) como inmaterial. Asimismo, el nuevo plan centra el interés en los procesos productivos y los sistemas territoriales y propone realizar inventarios rigurosos y exhaustivos (Humanes, 2011).

Hasta la fecha no existe un tercer plan que actualice enfoques y revise criterios, es decir, que sustituya al PNPI 2011, de modo que los cambios que la realidad y las nuevas miradas sobre el patrimonio aconsejan asumir se realizan, si es el caso, de forma puntual en el marco del documento oficial publicado por el Ministerio en 2015 (Ministerio de Educación, 2015).

El principal objetivo del PNPI desde sus orígenes es detectar los principales bienes del patrimonio industrial en las diferentes comunidades autónomas. Basándose en una amplia consulta, el Instituto seleccionó con los responsables autonómicos una primera lista con los cincuenta bienes más apropiados para las primeras intervenciones. Como catálogo inicial, a modo orientativo, se consideró la lista de los *100 Elementos del Patrimonio Industrial en España* elaborada por la asociación TICCIH-España[3]. La normativa nacional se completa con la *Carta del Bierzo del Patrimonio Industrial Minero*, un documento de 2007 presentado en las Jornadas Técnicas sobre Patrimonio Industrial Minero en Ponferrada y aprobado en 2008 por el Consejo de Patrimonio Histórico. Tiene como finalidad impulsar las iniciativas de conservación y puesta en valor del patrimonio industrial minero y establecer unos mínimos criterios de intervención (ibíd.: 31).

En términos normativos y por comunidades autónomas, el patrimonio industrial está protegido de forma imperfecta y desigual por las respectivas leyes que regulan el patrimonio histórico/cultural. Según el PNPI vigente,

> no hay mención específica al patrimonio industrial y cuando se menciona suele ir en un epígrafe junto con el patrimonio etnográfico […] Esta mención se refiere, en general, a la

3. Véase www.100patrimonioindustrial.com.

> delimitación de los bienes inmuebles y muebles que lo componen. Se trata con mayor profundidad en las leyes de Asturias y Andalucía: en la primera, se definen y enumeran los diferentes elementos integrantes del patrimonio industrial y se establecen los mecanismos de protección [...] incluyendo el patrimonio documental y de carácter social; en el caso de la ley andaluza destaca la creación de una figura de protección específica del paisaje industrial, como es el Lugar de Interés Industrial (MECD, 2015: 32).

En la actualidad, las leyes autonómicas que hacen alguna mención al patrimonio industrial, además de las dos citadas, corresponden a Extremadura, Illes Balears, Aragón, Navarra, Castilla-La Mancha, Comunidad de Madrid y Galicia. Por lo que respecta a casos como la Comunidad Valenciana, la Ley de Patrimonio Cultural aprobada en 2017 no menciona este patrimonio (Ramón Fernández, 2020: 38).

Por último, algunas comunidades autónomas disponen de inventarios provinciales de patrimonio industrial (es el caso de País Vasco, Aragón, Principado de Asturias y Castilla y León), realizados en el marco de sus competencias y como parte del desarrollo de su normativa en materia cultural; más en concreto, de los planes regionales de patrimonio cultural (Biel Ibáñez, 2010). Son instrumentos para registrar, catalogar y estudiar el patrimonio industrial existente, su estado de conservación y sus posibilidades de puesta en valor.

EL PATRIMONIO INDUSTRIAL DE PUERTO DE SAGUNTO: AGENTES Y ESTADO ACTUAL

La literatura sobre patrimonio industrial pone de relieve la importancia de ciertos agentes públicos y privados en la difusión y concienciación sobre el valor de este patrimonio. En concreto, destaca el papel de las asociaciones culturales y ciudadanas que defienden la protección y conservación del patrimonio industrial como un componente de la cultura y la memoria del trabajo, así como de la identidad de los lugares (Benito del Pozo, 2002).

En el caso de Puerto de Sagunto —núcleo urbano tipificado como *factory town* y fundado en 1902 como resultado de la concesión a Ramón de la Sota y Eduardo Aznar de la construcción de una línea de ferrocarril minero entre Teruel y Sagunto y de un embarcadero en la playa de Sagunto— destacan varios agentes con diferente función y empuje en la dirección apuntada. En primer lugar, está la Fundación de la Comunidad Valenciana de Patrimonio Industrial y Memoria Obrera de Puerto de Sagunto (FCV), creada en 1994 con carácter privado y la participación de numerosos patrocinadores, pero que con los años ha quedado en manos de la Generalitat Valenciana y del Ayuntamiento de Sagunto. Dicha Fundación ostenta la titularidad de tres bienes importantes: el alto horno n.º 2, la nave Almacén de Efectos y Repuestos y el archivo minero-industrial. La principal crítica a la gestión de esta entidad tiene que ver con la falta de recursos financieros y sus limitaciones para salvaguardar con eficacia el patrimonio que tutela (APIVA, 2020). No obstante, puede atribuirse a la Fundación el éxito que supone la reciente declaración del alto horno como bien cultural: "Una realización arquitectónica o de ingeniería y obra de escultura colosal, que es, por su naturaleza, parte y representación del patrimonio industrial valenciano. Por lo tanto, es necesario tutelarlo como bien de interés cultural (BIC) con la categoría de monumento" (véase *Diari Oficial de la Comunitat Valenciana*, nº 9799/29.02.2024). La figura 3 muestra la localización precisa del nuevo BIC y su entorno protegido.

Un segundo agente a considerar es la Asociación de Patrimonio Industrial Valenciano (APIVA), que nació en 2013 con la finalidad de

> difundir, valorar y proteger los bienes de este patrimonio a través de su divulgación e investigación [...], destacando la participación y organización de jornadas en Puerto de Sagunto y en las universidades valencianas, talleres didácticos, rutas o visitas guiadas [...] También se llevan a cabo un mapa interactivo de elementos industriales, publicaciones didácticas para centros educativos y el boletín *APIVA Industrial*"[4].

4.Véase https://lc.cx/5TmJgb.

FIGURA 3

LOCALIZACIÓN DEL BIC ALTO HORNO N.º 2 DE PUERTO DE SAGUNTO Y SU ENTORNO PROTEGIDO

Fuente: *Diari Oficial de la Comunitat Valenciana*, nº 9799/29.02.2024, Decreto 26/2024, del Consell [2024/1771].

En el contexto asociativo local destaca la Asociación de Patrimonio Industrial de Puerto Sagunto (APIPS)[5], fundada en 2016 con el fin de recuperar, conservar y difundir el patrimonio de la comarca del Camp de Morvedre, en particular el de carácter minero y siderúrgico. Muy activa y crítica con las instituciones competentes de la zona, a través de su página web, pone a disposición del usuario una valiosa documentación sobre la historia y el patrimonio industrial de Puerto de Sagunto[6]. Por último, la Asociación Memoria Industrial y Movimiento Obrero (AMIMO) también vela por el patrimonio de Puerto de Sagunto y premia las contribuciones

5. Puede consultarse su página web en https://lc.cx/F4SkV2.
6. Disponible en https://lc.cx/qPtuea.

que lo visibilizan y difunden, dando proyección a las aportaciones individuales en este ámbito.

La situación en la que se encuentra actualmente la herencia industrial de Puerto de Sagunto se refleja en la tabla 1, que compila los principales vestigios, sus titulares actuales, estado de conservación y uso actual o previsto. Se trata de un conjunto de bienes materiales localizados en el núcleo urbano y legados por las diferentes empresas que se suceden en la industrialización de Sagunto a lo largo del siglo XX, con especialización minera primero, y después siderúrgica: desde la Compañía Minera de Sierra Menera-CMSM (1900), pasando por la Compañía Siderúrgica del Mediterráneo-CSM (1916), Altos Hornos de Vizcaya-AHV (1940) y Altos Hornos del Mediterráneo-AHM (1971-1984) (Sáez García y Díaz Morlán, 2009). Una parte de estos bienes son restos de la planta siderúrgica integral e infraestructuras de transporte; y otros, la mayoría, forman parte de la ciudad-fábrica que alumbró el paternalismo empresarial de la época.

Un elemento excepcional lo constituye la documentación de las empresas mineras y siderúrgicas protagonistas de la industrialización saguntina (libros, informes, planos, cartas) que habrá de nutrir el futuro Archivo Industrial (bien mueble), imprescindible para investigadores y estudiosos, y que custodia el Ayuntamiento de Sagunto, hoy almacenada en una nave y no a salvo completamente de ciertos peligros y deterioro material (tabla 1).

Como se aprecia en la tabla 1, de todo ello solo el alto horno n.º 2 tiene la protección adecuada (Bien de Interés Cultural), el resto se conserva en desigual estado y alguno de los bienes, en concreto el pantalán de la CMSM, figura en la Lista Roja de la Asociación Hispania Nostra[7].

El patrimonio industrial de Puerto de Sagunto, muy mermado tras el desmantelamiento que se inició en 1984, tiene un carácter testimonial y está sobre todo constituido por bienes o

7. Véase https://lc.cx/28s8ip.

elementos de tipo residencial, a saber: la ciudad-jardín de la Gerencia para directivos e ingenieros de la empresa, las casas de la Compañía o barrio obrero de la CSM y dotaciones comunes propias de estos poblados paternalistas como son el economato, las escuelas, el sanatorio, el casino o la iglesia; también hay que reseñar los nueve grupos de viviendas obreras construidos en los años de 1930 a 1960 y que aparecen catalogados en un documento técnico elaborado a instancias del Ayuntamiento de Sagunto, pero que no está en vigor (Universitat Politècnica de València, 1997) (tabla 1). Por su parte, las construcciones netamente industriales se hallan en situación dispar: el citado alto horno n.º 2, el Almacén de Efectos y Repuestos, los talleres generales de la CSM, las oficinas generales de la CSM y el pantalán de la CMSN (tabla 1).

No es posible rescatar lo destruido, obviamente, pero sí defender con firmeza lo que se conserva. Esta labor se lleva a cabo con perseverancia desde el frente asociativo, pero no es suficiente: algunos bienes están en grave riesgo y requieren de una intervención decidida. Se impone un urgente compromiso por parte de los agentes públicos y privados implicados, que deberían colaborar entre sí para acordar un proyecto de conservación y reutilización con un enfoque integrador y sostenible que se haga eco de la reclamación ciudadana y el interés general por un legado de evidente valor cultural e identitario. En Puerto de Sagunto no falta empuje social, pero el patrimonio industrial compite en desventaja con el rico patrimonio histórico-artístico del resto del municipio a la hora del reparto de recursos y la prioridad de las intervenciones.

En definitiva, se debería actuar de forma coordinada, con premura y rigor a partir de un diagnóstico que sitúe a Puerto de Sagunto en las coordenadas del patrimonio industrial en España y contemple conservar y poner en valor sus elementos como parte de lo que fueron los espacios siderúrgicos en el contexto industrial y territorial de nuestro país, con sobresalientes centros productivos en zonas del área central de Asturias, la ría de Bilbao y la misma Valencia-Sagunto.

TABLA 1

ELEMENTOS Y BIENES DEL PATRIMONIO INDUSTRIAL DE PUERTO DE SAGUNTO Y SU SITUACIÓN ACTUAL

ELEMENTO/BIEN	AÑO/ORIGEN	TITULAR ACTUAL	ESTADO	PROYECTO/USO
Alto horno n.º 2	1922, 1965	Fundación FCV	BIC Monumento	Musealización
Almacén de Efectos y Repuestos	1927	Fundación FCV	Rehabilitado	Futuro Museo Industrial
Documentación-archivo de empresa	1900-1984	Fundación FCV	Completo, sin ubicar	Futuro Archivo Industrial
Talleres generales CSM	1919-1930	Generalitat Valenciana	Rehabilitado	Espacio polivalente. Uso intermitente
Pantalán de la CMSM	1975-1977	Autoridad Portuaria de Valencia	Abandonado, Lista Roja HN	Desmantelamiento para nuevo uso
Oficinas generales CSM	1921, 1950	Ayuntamiento de Sagunto	Rehabilitado	Uso administrativo
Barrio obrero o casas de la Compañía CSM	1917,1921	Particulares	Bueno	Uso residencial y bajos comerciales
Ciudad-jardín de la Gerencia	1907, años veinte	Ayuntamiento de Sagunto	Recuperación parcial	No consta plan de intervención
Escuela niños AHV	1947	Conselleria de Educación	Reedificado	Colegio CEIP
Centro de Enseñanza Media AHV	1960	Ayuntamiento de Sagunto	Rehabilitado	Tenencia de Alcaldía
Economato AHV	1954	Ayuntamiento de Sagunto	Abandonado	Futuro centro de día
Casino AHV	Anterior 1928	Ayuntamiento de Sagunto	En rehabilitación	Centro sociocultural
Iglesia Nª Sª Begoña	1929	Iglesia	Bueno	Servicios religiosos
Escuela de Aprendices AHV	1966	Conselleria de Educación	Edificio transformado	IES Eduardo Merello
Sanatorio AHV	1945-1949	Ayuntamiento de Sagunto	Transformado	Centro cívico y jardín público
Hospital viejo	Principios siglo XX	Privado	Bueno	Viviendas
Nueve grupos de vivienda obrera	1930-1960	Particulares	Bueno	Viviendas y comercios

Fuente: Elaboración propia con datos de trabajo de campo (24/05/2024).

BIBLIOGRAFÍA

Albertos Puebla, J. M. y Sánchez Hernández, J. L. (coords.) (2014): *Geografía de la crisis económica en España*, PUV Universitat de València, Valencia.

Alonso, M. P. *et al.* (coords.) (2022): *Geografía Económica. Fundamentos, agentes y procesos*, Tirant Humanidades, Valencia.

Álvarez, M. A., Blanco, S. y Río, A. S. (eds.) (2017): *El Patrimonio Industrial en el contexto de la sostenibilidad*, CICEES, Gijón.

APIPS: *Itinerario didáctico multidisciplinar Patrimonio industrial de Puerto de Sagunto*, disponible en https://lc.cx/1ENNoH.

APIVA (2017): *Cuaderno didáctico Patrimonio Industrial de Puerto de Sagunto*, disponible en https://lc.cx/kJziIv.

— (2020): "Manifiesto en defensa del patrimonio industrial y la memoria obrera de Puerto de Sagunto", disponible en https://lc.cx/kJziIv.

Benito del Pozo, P. (2002): "Patrimonio industrial y cultura del territorio", *Boletín de la Asociación de Geógrafos Españoles*, 34, pp. 213-228.

— (coord.) (2022): *Resiliencia en espacios desindustrializados. Procesos y experiencias*, Tirant Humanidades, Valencia.

— (2023): "El análisis geográfico del patrimonio industrial: de problema a recurso territorial con futuro", *XXV Jornadas Internacionales de Patrimonio Industrial*, INCUNA, Gijón, 27-30 septiembre de 2023.

Benito del Pozo, P. y López González, A. (2008): "Patrimonio industrial y nuevas perspectivas funcionales para las ciudades en reestructuración", *Estudios Geográficos*, 264, pp. 23-50.

Benito del Pozo, P. y Pisabarro Pérez, A. (2022): "Desindustrialización y resiliencia en el capitalismo global", en P. Benito del Pozo (coord.), *Resiliencia en espacios desindustrializados*, Tirant Humanidades, Valencia, pp. 15-46.

Biel Ibáñez, M. P. (2010): "Los inventarios y catálogos del patrimonio industrial y la obra pública en España: metodología y criterios", en M. A. Álvarez Areces (ed.), *Patrimonio industrial y paisaje. V Congreso para la Conservación del Patrimonio Industrial y la Obra Pública en España*, TICCIH-España, Madrid, pp. 183-199.

— (2016): "El patrimonio industrial en el siglo XXI y su relación con la ciudad posindustrial", en A. Hernández Martínez, *Conservando el pasado, proyectando el futuro: tendencias en la restauración monumental en el siglo XXI*, pp 157-176, disponible en https://lc.cx/WBJirU.

Cañizares, M C., Benito del Pozo, P. y López-patiño, G. (2020): "El patrimonio industrial en el contexto de los Objetivos de Desarrollo Sostenible (ODS) y la resiliencia territorial: de la teoría a la práctica", *Anales de Geografía de la Universidad Complutense*, 40(2), pp. 323-344.

Cuesta Valle, A. (2006): "La reconversión de la siderurgia integral española, un modelo exportable", *Técnica Industrial*, 263, pp. 41-46.

Cruz, L. *et al.* (2002): "El Plan Nacional de Patrimonio Industrial", en VV AA, *Patrimonio industrial: lugares de la memoria*, CICEES, Gijón, pp. 43-51.

Generalitat Valenciana (2017): Ley 9/2017, de 7 de abril, de la Generalitat, de modificación de la Ley 4/1998, del Patrimonio Cultural Valenciano (DOGV núm. 8019, de 11 de abril de 2017).

Humanes, A. (2011): "El Plan Nacional de Patrimonio Industrial en España. Notas y reflexiones sobre su aplicación y perspectivas", *ÁBACO, Revista de Cultura y Ciencias Sociales*, 70, pp. 49-58.

Ministerio de Educación, Cultura y Deporte (2015): *Plan Nacional de Patrimonio Industrial*, disponible en https://lc.cx/D3gQOk.

López Trigal, L. (dir.) (2015): *Diccionario de Geografía aplicada y profesional*, Universidad de León, León.

Manero Miguel, F. y García Cuesta, J. L. (coords.) (2016): *Patrimonio cultural y desarrollo territorial*, Aranzadi-Thomson Reuters, Cizur Menor (Navarra).

Pardo Abad, C. J. (2008): *Turismo y patrimonio industrial*, Síntesis, Madrid.

Pardo Abad, C. J. y Benito del Pozo, P. (2021): "Industrial heritage in Spain: main elements and new tourism use projects", *Annals of the Professional Association of Romanian Geographers*, XII(12), pp. 5-27.

Ramón Fernández, F. (2020): "Patrimonio histórico industrial de la Comunidad Valenciana", *Técnica Industrial*, 325, pp. 36-41.

Sáez García, M. A. y Díaz Morlán, P. (2009): *El puerto del acero: historia de la siderurgia de Sagunto*, Marcial Pons, Madrid.

Sobrino Simal, J. (2019): "Hacia un cambio del paradigma del patrimonio cultural: del patrimonio industrial urbano al paisaje de la producción", en A. L. Rodríguez (comp.), *Paisajes de la producción y patrimonio cultural. Estudios sobre el patrimonio industrial*, Universidad Autónoma de Colombia, Bogotá, pp 99-114.

TICCIH (2003): *Carta De Nizhny Tagil sobre el Patrimonio Industrial*, disponible en https://lc.cx/iSDudG.

Universitat Politécnica de Valencia (1997): *Catálogo de Protección del Patrimonio del Puerto de Sagunto 'Grupos de Viviendas y Edificios Singulares'*, inédito, consultado en pdf por gentileza de la Fundación FCV (30 de mayo de 2024).

VV AA (2001): *Reconversión y revolución. Industrialización y patrimonio en el Puerto de Sagunto*, Universitat de València, Valencia.

CAPÍTULO 10

EL COLECTIVO LA COMPAÑÍA. ESTRATEGIA Y PRAXIS PATRIMONIAL A 40 AÑOS DEL CIERRE DE LA SIDERURGIA INTEGRAL DE PUERTO DE SAGUNTO

JULIO ACHER RAMIRO BODÍ

> "Mi conciencia me dice que tengo que ayudar a ese hombre (mi compañero de trabajo, que es más mayor que yo y está limitado físicamente por su edad) y eso al final crea un vínculo no solo de amistad sino de apreciarse y son esas cosas que son muy simples pero muy básicas en la vida, se va formando y creando un clima que realmente es como empieza una huelga, a través de la comunicación verbal. Primero tienes que crear la inquietud, la necesidad, despertar en la persona que tú vales para algo, que tú no eres un siervo. Y es cuando esos hombres mayores te "quitaban la viruta", te estaban puliendo, y es como cuando coges un trozo de arcilla y quieres modelar algo, "por ahí no, ten cuidado... (te están ayudando)" eso es "quitar viruta", eso es darte, eso es protegerte, te han captado que eres un buen chico y te dicen que no seas ignorante que no hables con todo el mundo que con él te puedes abrir... pero con aquel otro no. Eso es lenguaje obrero es "quitar la viruta", "pasar la garlopa", que es un cepillo, quitarte todo lo malo, porque no vale, y dejarte el corazón y endurecerte".
>
> ÁNGEL OLMOS GAUSES (1932-2024). Clase Obrera

A 40 años del cierre de la gran factoría, aquella que funcionó como un metauniverso para generaciones de trabajadores y sus familias, y por extensión, para todo un pueblo, se podría afirmar, sin ánimo de esquivar la réplica, que en términos patrimoniales se ha avanzado algo, pero mucho menos de lo que se esperaba cuando el patrimonio despertó en Puerto de Sagunto como una negociación sobre nuestro(s) pasado(s) y sobre nuestra (s) identidad (es).

La lentitud de este proceso se debe, por una parte, a que las administraciones públicas como agentes capaces de consumar y consolidar el patrimonio institucionalizado se han caracterizado por su incapacidad de gestión y, por otra parte, a que el patrimonio industrial está cuajado de una multiplicidad de intereses, puntos de vista y asimétricas capacidades de movilizar recursos para modelar un pretérito tiempo imaginado. Estas condiciones lo convierten en un elemento vivo surcado de desigualdades, contradicciones y asimétricas condiciones frente a la capacidad de decisión y definición del relato que nos lleva hasta el presente.

En estas líneas, tratando de superar el pesimismo que se cierne sobre todo aquel que observa cómo el pasado colectivo se le escapa de las manos, vamos a poner en valor a uno de los agentes sociales que dentro de la praxis patrimonial siempre ha cumplido con su parte. Este agente no es otro que la ciudadanía organizada, específicamente, citando a Martín (2015), la ciudadanía del compañerismo, de la camaradería, de la vecindad, la solidaria, la que busca la justicia y la igualdad. Nos acercaremos en estas breves líneas al Colectivo La Compañía, germen de la Plataforma Ciudadana en Defensa de la Gerencia Pública, entidad que años más tarde conseguiría su objetivo tras la declaración de la titularidad pública del emblemático espacio de la Gerencia, ciudad-jardín donde residían los directivos y cargos de empresa de la siderurgia porteña.

Esta aproximación y puesta en valor la haremos a través del análisis de su primer manifiesto allá por el 1.º de mayo de 1995. Concluiremos señalando que el Colectivo La Compañía utilizó estratégicamente el patrimonio, su lenguaje y el discurso autorizado acerca del mismo, para reactivar una sociedad civil herida de muerte tras la reconversión industrial.

También veremos, a modo de reflexión final y dejando para otro momento un acercamiento más exhaustivo, cómo esta ciudadanía porteña es heredera de aquella clase obrera que supo articular el arte de la resistencia en el tardofranquismo, infiltrándose en las organizaciones sindicales del régimen para socavarlas desde dentro. Salvando la distancia en el tiempo, ambas supieron manejar estructuras y códigos ajenos en pro de sus intereses y en defensa de lo común.

Pero, en definitiva, más allá de corsés normativos, ¿ser heredero de algo o de alguien no es la verdadera concepción de patrimonio? ¿No será nuestro patrimonio la posibilidad de ser herederos o albaceas de la maravillosa capacidad de reinventarnos y sobreponernos en un escenario histórico como Puerto de Sagunto, utilizando cualquiera de los medios a nuestro alcance?

EL PODER DE LA ESTRATEGIA

A mediados de 1989, la Gerencia de AHM, la ciudad-jardín que había sido durante décadas la exclusiva zona residencial de directivos y altos cargos de la empresa, estaba prácticamente deshabitada. En este contexto, la noticia de su recalificación urbanística en diciembre de 1989 significó, contra todo pronóstico, el punto de partida de un periodo marcado por su nuevo protagonismo. Esta decisión situaba al conjunto arquitectónico de la Gerencia, a sus edificios aledaños y a sus jardines, ante un serio riesgo de especulación urbanística. Tanto es así que su desaparición o en su defecto, su transformación parcial, parecían cuestión de tiempo.

Tras el desencanto de la reconversión industrial y tras el final de un modelo laboral y de deseabilidad social presidido por Fábrica, la ciudadanía parecía agotada ante un futuro que se alejaba de las realidades sociales y laborales de antaño. El protagonismo de los sindicatos de clase y con ello, el protagonismo de las distintas formas de movilización que habían resultado excelentes herramientas colectivas durante las décadas anteriores, comenzaba a decaer.

Ahora bien, en respuesta a esta amenaza, desde mediados de los años noventa del siglo pasado, la aletargada movilización ciudadana en Puerto de Sagunto volvió a reactivarse. Haciendo suyo el discurso patrimonial, un reducido grupo de personas consiguió involucrar a un variado número de colectivos sociales en la defensa de la Gerencia. Repensando los usos y los significados del pasado, y haciendo propia la gestión y el uso público de un espacio tan simbólico como la Gerencia, consiguieron despertar una conciencia patrimonial que se subjetivaba precisamente en el espacio prohibido para los trabajadores, en la médula espinal del poder de la empresa.

A pesar de que muy pronto la reivindicación en términos públicos y patrimoniales de la Gerencia involucró a muchas más entidades sociales del Puerto de Sagunto, el germen de las primeras movilizaciones se encontraba en el Colectivo La Compañía. El nombre del colectivo jugaba con el significado y la importancia de las dos compañías indisociables al desarrollo histórico de Puerto de Sagunto: La Compañía Minera de Sierra Menera (CMSM) y la Compañía Siderúrgica del Mediterráneo (CSM). Este hecho, no era otra cosa que un guiño al pasado con un fuerte componente simbólico. De cualquier modo, el colectivo estaba formado por una generación de porteños que nacidos durante los últimos años de dictadura, y por una cuestión de cohorte, habían vivido, una década antes, el cierre de AHM como adolescentes.

Así, la noche del 1 de mayo de 1995, coincidiendo con el Día de la Clase Trabajadora, el Colectivo La Compañía difundió un manifiesto que funcionó como detonante de una nueva conciencia sobre el espacio y el pasado. A través de referentes tan claros como la excepcionalidad, la vulnerabilidad y la representación colectiva estaban sentando las bases de la propuesta más explícita y articulada de todas las que ha dado el proceso de patrimonialización industrial:

> Diez años después del cierre de Altos Hornos del Mediterráneo, la mayor parte de su patrimonio ha sido derruido, se encuentra en estado de total abandono y saqueo, o corre el peligro de verse envuelto en operaciones especulativas de tipo inmobiliario. Y todo ello ante la total pasividad de los poderes públicos y los políticos locales. Este patrimonio fue fruto del trabajo de miles de obreros que en su férrea voluntad por construir un futuro, fueron capaces de levantar un núcleo de población como es Puerto de Sagunto. Sin embargo, gran parte de su trabajo les fue

robado en beneficio de intereses minoritarios, como lo demuestra en un ejemplo palpable de discriminación, esa "Gerencia" ajardinada y con sus puertas perpetuamente cerradas al disfrute del pueblo. Ahora, diez años después del cierre de la fábrica, los ciudadanos y ciudadanas del Puerto de Sagunto están a punto de perder un patrimonio cuyo disfrute les pertenece de pleno derecho. La pasividad de los poderes públicos y de nuestros representantes políticos, así como el desánimo y la desmovilización en la que se vio inmerso el pueblo y sus organizaciones sociales tras la experiencia traumática de la reconversión han llevado a esta situación. Sin embargo, aún estamos a tiempo de impedir que la ruina, el olvido y la especulación inmobiliaria terminen por arrebatarnos lo que nos pertenece. Por todo ello, EXIGIMOS de los responsables políticos y de la administración la urgente consecución de los siguientes puntos:

1. El Ayuntamiento de Sagunto debe tomar las medidas necesarias para que la Gerencia pase a ser un espacio público, conservando sus jardines como zona verde y rehabilitando sus chalets Ðhasta ahora disfrutados por una minoría- como edificios e instalaciones de uso público, que revieran en beneficio de toda la colectividad.

2. De igual forma, la antigua Cooperativa de Productores debe pasar a titularidad pública. Consideramos que la recuperación para el municipio de este patrimonio —Cooperativa y "Gerencia"—, no solo representa un acto de justicia histórica sino también una apuesta de futuro para un núcleo como Puerto de Sagunto que presenta grandes carencias de infraestructuras públicas, especialmente en el ámbito socio-cultural. De chatarra a patrimonio. El proceso de patrimonialización industrial de las antiguas instalaciones sidero-metalúrgicas de Puerto de Sagunto.

3. Por último, exigimos del Ayuntamiento de Sagunto, de la Conselleria de Cultura y de las entidades públicas y privadas implicadas la constitución de forma real y operativa del Patronato para la Protección del Patrimonio Histórico Industrial de Sagunto, de modo que el Horno Alto, el Almacén de Efectos y Repuestos, los archivos, documentos y restos materiales sean

> rescatados del estado de abandono y ruina en el que se hallan en la actualidad. Todo esto debe ser el primer paso para recuperar y proyectar hacia el futuro un patrimonio y una historia colectiva que no se reduce a las vicisitudes de un determinado proyecto empresarial, sino que fundamentalmente es la historia siempre viva de un pueblo trabajador. Una historia de lucha y explotación, de fracasos y esperanza; pero, sobre todo, una historia que todavía seguimos escribiendo con un patrimonio que es del pueblo y debe volver al pueblo.
>
> Puerto de Sagunto

El análisis del manifiesto revela algunas de las claves fundamentales del discurso del Colectivo La Compañía, al tiempo que aporta y concreta otras ideas. Desde el primer párrafo el texto alude a un patrimonio, en este caso de empresa (Altos Hornos del Mediterráneo), que ya se conocía como tal debido a las primeras publicaciones académicas sobre Puerto de Sagunto. Pero también fruto de la creación, dos años antes del manifiesto, de la Fundación para la Protección del Patrimonio Industrial de Sagunto (FPPIS). Por aquel entonces, ambos impulsos habían presentado y conceptualizado el patrimonio industrial en virtud de su excepcionalidad y su singularidad. En este sentido, el manifiesto recoge la idea de excepcionalidad, y en base a la misma, denuncia tanto su abandono y saqueo como las intenciones especulativas e inmobiliarias de sus, por aquel entonces, propietarios. A continuación, convierten al patrimonio en una cuestión política, responsabilizando a los poderes públicos y a los políticos locales de esta situación.

A su vez, el manifiesto también alude a la vulnerabilidad del patrimonio, una cualidad que viene a sumarse a su asumida excepcionalidad y singularidad. Al mismo tiempo, sitúa la capacidad de solventar la situación, en la acción concertada de administración local y autonómica.

En el segundo párrafo, el manifiesto nos aproxima a una idea de representación colectiva construida en base a la distancia de una minoría (la élite empresarial, los otros) frente a una mayoría (nosotros, los trabajadores-ciudadanos). En esta línea, el manifiesto afirma que "gran parte de su trabajo les fue robado en beneficio de intereses minoritarios" y que, por tanto, su devolución en términos patrimoniales es un hecho de justicia histórica. Sin lugar a dudas, esta exhortación está pensada como una idea-fuerza que contribuya a revertir el desánimo y la desmovilización de una población que se ha caracterizado históricamente por la fuerza de su acción colectiva. Así lo expresan en el tercer párrafo, poco después de insistir de nuevo, en la pasividad de los poderes públicos y de los representantes políticos locales.

A continuación, el manifiesto se cierra con tres puntos. El primero reclama la gestión pública y desde el ámbito local de la Gerencia, manejando un discurso que contempla el proceso de patrimonialización como la oportunidad para devolver a la población aquello que ha estado en manos de una minoría. El segundo punto apuesta por la titularidad pública no solo de la Gerencia sino también de la Cooperativa de Productores, un inmenso y abandonado edificio anexo a la misma. Sin embargo, en este caso no es necesario presentar este lugar como un espacio exclusivo porque la Cooperativa fue frecuentada por la mayoría de porteños. Insistiendo en su recuperación como infraestructura pública, el manifiesto remarca la necesidad de que su reutilización cubra las carencias sociales y culturales de una población que ha quedado huérfana tras la desaparición de Altos Hornos del Mediterráneo (AHM). Por último, el tercer punto insiste en la necesidad de la "constitución real y operativa" del Patronato para la Protección del Patrimonio Histórico Industrial de Sagunto. Aunque este organismo ya existía en el momento de la aparición del manifiesto, el Colectivo la Compañía reclama a las administraciones locales y autonómicas una mediación entre las diferentes entidades constitutivas. El Patronato regía las actividades de la Fundación para la Protección del Patrimonio Industrial de Sagunto (FPPIS), de igual modo que ahora lo hace años después, tras varios cambios de nombre, para la Fundación de la Comunidad Valenciana de Patrimonio Industrial y Memoria Obrera de Puerto de Sagunto. Como hemos visto, esta petición se inscribe en la línea de la reivindicación ciudadana de apostar por el cumplimiento de los compromisos de las administraciones frente al patrimonio. Así, se entiende que la institucionalización del patrimonio está en manos del poder. A su vez, este tercer punto enumera exclusivamente bienes materiales ya sean muebles o inmuebles, dando cuenta del sesgo material del manifiesto. La denuncia concluye en el último párrafo, retomando una de las claves de este proceso de patrimonialización; la ambigua dicotomía local entre la identificación con la antigua empresa y su modelo, y los referentes asociados al mundo del trabajo y al movimiento obrero. La afirmación: "Un patrimonio y una historia colectiva que no se reduce a las vicisitudes de un determinado proyecto empresarial, sino que fundamentalmente es la historia siempre viva de un pueblo trabajador", sintetiza la voluntad del Colectivo La Compañía de recuperar el protagonismo de todos los trabajadores, reconvertidos en ciudadanos, frente a su propio patrimonio. Superando el desánimo y la desmovilización en las que estaba instalada la ciudadanía, el manifiesto significa el punto de partida de una conciencia patrimonial que propone e invita a compartir una nueva relación con los espacios del pasado. No sin cierta dosis de identificación, nostalgia e idealización, el Colectivo La Compañía usaba los códigos discursivos del patrimonio con la intención de "recuperar y proyectar hacia el futuro un patrimonio y una historia colectiva".

EL ARTE DE LA RESISTENCIA

El análisis de este manifiesto deja claro que el Colectivo La Compañía manejaba, desde sus principios, además de la mención al pasado compartido o a la reivindicación de aquello que fue construido con la plusvalía de los trabajadores, el lenguaje patrimonial y las alusiones a la gestión cultural como parte de un *discurso autorizado* que con pretensión de *verdad científica* construye las formas y los contenidos del patrimonio. El lenguaje patrimonial y cultural así como su discurso autorizado son fruto de la retórica científica a la hora de producir verdades incuestionables (Smith, 2006).

De esta manera, las diferentes estrategias y recursos de los agentes patrimonializadores, incluyen, de manera especialmente relevante; la posibilidad de asumir, reelaborar o apropiarse del lenguaje patrimonial y del discurso autorizado con la pretensión de incidir en la forma y los contenidos que adopta el proceso de patrimonialización. El discurso autorizado es un discurso global que aterriza sobre las más diversas realidades locales, desarrollando allí su capacidad performativa. Que el discurso autorizado mediatice la legitimidad de las prácticas de recuperación y puesta en valor de los bienes culturales, significa al mismo tiempo, que puede ser utilizado como recurso, tanto al servicio de la formación de órdenes de dominación como de prácticas y formas de resistencia frente a un determinado modelo patrimonial.

La práctica del "arte de la resistencia" (Scott, 2003) ha demostrado que el hecho de que los agentes patrimonializadores asuman el discurso autorizado también puede dar lugar a que lo comprendan y lo utilicen como un recurso al servicio de estrategias y puntos de vista contrahegemónicos, o como un marco discursivo dispuesto a contrarrestar el orden patrimonial instituido. Por tanto, perdiendo su exclusividad hegemónica, y a disposición de los agentes patrimonializadores subalternos, el discurso autorizado se muestra también como un recurso de legitimación para aquellos que hacen encajar sus valores, sus principios y sus actitudes a través de su programática.

Con ello, en el seno de los escenarios locales, la diversidad y particularidad de los procesos de patrimonialización, no solo estaría relacionada con la pluralidad de objetos patrimoniales, sino principalmente con el posicionamiento, los intereses y los recursos de los agentes involucrados. En esta tesitura, la capacidad para asumir o transformar un recurso como el discurso autorizado sería decisiva (Smith, 2006). De ahí que, en el marco de los procesos de patrimonialización, el discurso autorizado con su excelsa retórica patrimonial pueda ser reformulado, adecuándose a las demandas locales y que su uso subversivo entronque con prácticas de resistencia influencia y transformación, pensadas con la intención de redefinir los usos, los valores del pasado, así como la construcción identitaria y colectiva (Smith, 2006, 2011 y 2012).

A MODO DE CONCLUSIÓN

El Colectivo La Compañía desarrolló una estrategia de movilización articulada en diferentes dimensiones y, como hemos visto brevemente, una de las dimensiones más importantes fue el uso del lenguaje patrimonial y del discurso autorizado para plantear una alternativa contrahegemónica a una cuestión que iba más allá del patrimonio. Se trataba de reactivar la sociedad civil, de situar a los antiguos espacios como ejes vertebradores de la planificación urbana del municipio, de reconvertirse en productores de cultura frente al desierto de la reconversión o de avanzar hacia el sentido de comunidad compartida. El patrimonio fue una herramienta vinculada al pasado y a la identidad que consiguió mover muchas más piezas articulando un pensamiento amplio y volcado hacia lo común.

El fruto de su respuesta fue la creación, pocos meses después, de la Plataforma Ciudadana en Defensa de la Gerencia Pública, concretamente el 20 de septiembre de 1995. Comenzando, como Martín (2015) señala, la "segunda batalla de AHM" y uniendo a más de una treintena de asociaciones. En ese momento, la Plataforma ya había conseguido un amplio consenso social y comenzó a crear las movilizaciones ciudadanas en defensa del patrimonio industrial que situarían a la ciudadanía organizada como el impulso patrimonializador más importante hasta el momento presente. Llegando incluso a despertar a ese movimiento obrero que había quedado aletargado tras la reconversión y demostrando que el vínculo entre generaciones se fundamentaba en la capacidad de reinventarse y sobreponerse. "Y les dijimos a la gente joven: 'id vosotros delante y nosotros os seguiremos'". Y ellos consiguieron cambiar la percepción de mucha gente, entre ellos la nuestra" (Ángel Olmos Gauses, Clase Obrera).

Con todo, sorprende que un grupo reducido de personas fueran capaces de movilizar a buena parte de la población en defensa de algo que se consideraba perdido y, además, haciéndolo a través de la articulación de un lenguaje y un discurso ajeno hasta aquel entonces a la ciudadanía como era el discurso patrimonial. Sin embargo, la clave está en entender cómo este discurso se utilizó para legitimar prácticas propias y contrahegemónicas sobre el patrimonio, sobre la sociedad civil, sobre el pasado y la identidad, sobre la gestión y el modelo de desarrollo urbano y local, que lo acercaban al terreno de lo público, de lo ciudadano y de lo colectivo. Todo esto antes de que el *boom* patrimonializador permeara las intervenciones propias de la gestión cultural y que nos situara ante iniciativas de *hueca excelencia* que con los años se han convertido en viejos *elefantes blancos*, como la propuesta autonómica de la Ciudad de las Artes Escénicas presentada en 2000 para dar uso a las antiguas instalaciones siderometalúrgicas.

Sin embargo, la capacidad de articular resistencias no era un fenómeno nuevo. Sin ánimo de ser exhausitivos, décadas antes, una generación de obreros siderometalúrgicos de Puerto de Sagunto ya había sido capaz de desarrollar estrategias de apropiación y resignificación. Desde su escasa formación y su falta de experiencia, consecuencia de la pérdida de continuidad tras la represión franquista; el incipiente movimiento obrero en Puerto de Sagunto utilizó la estrategia de infiltración en las estructuras sindicales del régimen propiciando su caída desde dentro (Hebenstreit, 2014). Apropiándose de estructuras y lenguajes ajenos, supieron subvertir el orden establecido del mismo modo que el Colectivo La Compañía lo haría décadas después utilizando el lenguaje patrimonial y el discurso autorizado.

Por último, tal vez sea el momento de reivindicar como patrimonio, alejándonos de definiciones sustantivas, la capacidad de arraigo en un entorno extremo (Sáez y Díaz, 2009), de organización y de resistencia de una comunidad local que sigue construyendo su futuro mediatizada por el contexto y el devenir de lo que todavía algunos llamamos nuestro "negro suelo amado" (Rodríguez, 1999).

BIBLIOGRAFÍA

HEBENSTREIT, M. (2014): *La oposición al franquismo en Puerto de Sagunto (1958-1977)*, PUV, València.

MARTÍN, M. A. (2015): "Puertos", *Ni debajo del Agua* [blog].

RODRÍGUEZ, E. (1999): "Los hijos de Prometeo: historia de un negro suelo amado", en VV AA, *Reconversión y revolución. Industrialización y patrimonio en Puerto de Sagunto*, Universitat de València, València.

SÁEZ, M. A. y DÍAZ, P. (2009): *El puerto de Acero. Historia de la siderurgia de Sagunto*, Marcial Pons, Madrid.

SCOTT, J. C. (2003): *Los dominados y el arte de la resistencia*, Txalaparta, Iruñea.

SMITH, L. (2006): *Uses of heritage*, Routledge, Londres.

— (2010): "Ethics or social justice? Heritage and the politics of recognition", *Journal of Aboriginal Studies*, 2, pp. 16-32.

— (2011): "El espejo patrimonial. ¿Ilusión narcisista o reflexiones múltiples?", *Antípoda*, 12, Universidad de Bogotá, Bogotá, pp. 29-45.

CAPÍTULO 11
OLOR A CAUCHO QUEMADO. MÚSICA, ACTIVISMO Y HEDONISMO

ION ANDONI DEL AMO CASTRO, EDUARDO LESTE
Y DAVID ÁLVAREZ GARCÍA

¿Los cambios políticos y sociales tienen banda sonora? ¿Podemos asociar algunas músicas a determinados acontecimientos y momentos sociales? Probablemente en un primer reflejo aparecen ya ciertas relaciones u homologías. La música, como fenómeno sociocultural, está indudablemente unida al espíritu de la época en la que surge, o en la que es movilizada. Determinados acontecimientos y movimientos sociales suenan con una determinada banda sonora, y ciertas músicas evocan el olor de una época.

Pensemos en los abolicionistas y los cantos de esclavos, el movimiento New Negro de los años veinte con el *blues*, *jazz* y góspel, o los movimientos obreros en los Estados Unidos de comienzos del siglo XX con el folk de Woody Guthrie, Pete Seeger y Alan Lomax, así como la lucha por los derechos civiles y su *performance* musical colectiva. Qué decir de los nuevos movimientos sociales y juveniles de la década de los sesenta y sus movilizaciones masivas, especialmente contra la guerra de Vietnam, en conjunción con el folk político de la mano de artistas como Bob Dylan o Joan Baez (Eyerman y Jamison, 1998). De entre la clase obrera británica de posguerra surgen también sonidos y subculturas como *teddy boys*, *mods*, *rockers* o *skinhead*. Y sin duda, la explosión punk británica de finales de los setenta resuena a desindustrialización, a oposición y a Margaret Thatcher.

OLOR A HUMO NEGRO DESDE GRAN BRETAÑA

Aunque la genealogía de sus sonidos puede rastrearse en Estados Unidos, el punk estalla en un contexto británico fuertemente marcado por los procesos de desindustrialización desarrollados por el Gobierno de Margaret Thatcher y por la inicial resistencia obrera a las mismas, y su posterior derrota. El punk sería así una mezcla de elementos directamente relacionados con la era neoliberal (desempleo, desaparición de las trayectorias sociales), pero también con otros heredados de los esquemas de la revuelta contracultural de los sesenta (crítica del exceso de institucionalización y elogio de la inmediatez, crítica del aburrimiento y tedio que genera la seguridad) (Herreros y López, 2013).

Fruto de su historia, Gran Bretaña constituía el cóctel perfecto. Se aúnan una cultura obrera asentada, con más de 200 años de instituciones y expresiones culturales autónomas; la *New Left*, una corriente renovadora de la izquierda; y el gigantesco caudal cultural —y musical— fruto del imperio. Sobre ello se desarrolla una intensa conflictividad social durante la crisis de los setenta, en una guerra social abierta, que era también una (contra)revolución cultural (Herreros y López, 2013).

Después del estallido de la primera ola de punk inglés (1976-1978), una segunda etapa se divide entre una escena nihilista, que deriva en el UK82, y otra escena más política, el anarcopunk, que, en pleno proceso de expansión del neoliberalismo, redefine la cultura punk, dotándola de una dimensión política. Para los anarcopunks, la primera ola había pretendido enfrentarse a un enemigo difuso y abstracto, contraponiendo una idea imprecisa e inocente de la anarquía, más cercana al caos. Toda esa actitud de rebeldía juvenil acabó siendo absorbida y fagocitada por las estructuras del mercado (Rimbaud y Crass, 2005). Los Sex Pistols habían sido una farsa, pero su discurso contenía un fuerte potencial rupturista y transformador.

Brutal, directo, provocador, inmediato, con una necesidad radical de comunicar, de decir cosas en un momento de inestabilidad política y existencial. El punk tenía así una música, una moda y una política. Y un hacer, un *do it yourself* (DIY): creación de sellos independientes, escritura de fanzines, diseño de canales propios de distribución y de realización de conciertos, okupación de espacios, etc. Y en este orden de hacer es clave la función de la música en la formación de nuevas comunidades que surgen de los restos que deja el ataque neoliberal a las relaciones sociales (Herreros y López, 2013).

En lugar de plantear antagonismos abstractos, señalan y cuestionan a las industrias culturales, la sociedad de consumo, el sexismo, la homofobia y los medios de comunicación de masas. En pleno contexto de Guerra Fría, también denuncian la amenaza que supone la carrera armamentística nuclear, e introducen luchas prácticamente inéditas hasta ese momento en la música popular, como fue la liberación animal.

La onda punk es alargada y algunos autores extienden su influencia hasta Nirvana, pasando especialmente por géneros como el pospunk, nacido casi inmediatamente a la primera ola, a finales de los setenta. El pospunk se aleja de la simplicidad y comienza a experimentar con estilos como el *jazz*, la electrónica y el funk, así como con las técnicas de producción del dub y la música disco. Destaca también la intersección entre el arte y la política, incluyendo la teoría crítica, el arte moderno, el cine y la literatura (Reynolds, 2005). Mantiene la filosofía DIY del punk y la extiende a artes visuales o espectáculos multimedia. Algunas de las bandas más emblemáticas serían Public Image Ltd. (fundada por el vocalista de la mítica banda punk Sex Pistols), Joy Division (más tarde rebautizada como New Order tras la muerte de su vocalista), Siouxsie And The Banshees, The Cure, Magazine, Wire, The Pop Group, Cabaret Voltaire, The Psychedelic Furs, Pere Ubu, Talking Heads, Devo, Gang of Four, The Slits y The Fall. Con sonidos y mensajes más oscuros, desencantados y muchas veces un tanto apocalípticos, algunos críticos lo han considerado una asimilación comercial del punk, con mensajes más individualistas. También —y quizás en consecuencia— más artísticos.

OLOR A CERRADO EN ESPAÑA

En el Estado español el proceso de reconversión industrial conlleva el desmantelamiento de gran parte de la industria pesada que se había ido construyendo desde la autarquía del franquismo. Es el caso de Sagunto, pero también Asturias, la ría de Bilbao, el Ferrol y Vigo, Cartagena, la bahía de Cádiz, o Getafe y el corredor del Henares.

Pero en España, a la hoguera del desmantelamiento industrial se suma otro elemento, que en unos casos va a tener un efecto apaciguador y en otros incendiario: la reforma del régimen tras la muerte del dictador. Un proceso que culmina en 1978 con un pacto entre élites, que cierra (en falso, pero cierra) un momento de levantamiento popular, y que como todos los falsos cierres supone una operación de integración de algunos grupos sociales y de exclusión de otros (Herreros y López, 2013).

Esto conlleva que se aplacen políticas impopulares por el temor a la conflictividad social, de forma que el grueso de las políticas de reconversión se llevan a cabo durante los años ochenta, especialmente por las exigencias de desmantelamiento para la entrada en la Comunidad Económica Europea (CEE). Al tiempo, van en paralelo con la construcción de una cultura consensual, fraguada desde lo *progre*, que lee el proceso de reforma como un éxito; un marco cultural y una nueva clase media soportados por instituciones como el bipartidismo y la concentración de medios de comunicación, así como por una base de medios materiales, fundamentalmente de origen inmobiliario-financiero, sectores a los que se orienta la economía española ante el fracaso de las políticas de reconversión (desmantelación) en generar una actividad económica alternativa de bases sólidas. Lo culturalmente correcto consistirá en "el arrinconamiento de toda actitud abiertamente crítica en aras de un espíritu conciliador y ecuménico que celebraba la cultura como fiesta, es decir, como ámbito segregado de las tensiones sociales y políticas" (Echevarría, 2012).

Pero entre los excluidos de los acuerdos de la reforma se encuentra también buena parte de la juventud. En 1985, las tasas de desempleo entre los menores de 25 años alcanzan niveles de casi el 50%. La reconversión tiene un alto coste para la juventud, que además ve aumentar su precariedad con la liberalización de los contratos temporales. Neme, una joven punk que en los años ochenta participó en la escena madrileña, recuerda: "No podías acceder a una vivienda, y conseguir un puesto de trabajo era muy complicado. Ahora vuelve a haber ese tipo de problemas, pero en ese momento no había ni siquiera prestación por desempleo. Si no trabajabas, no cobrabas nada. Y luego la gente era muy reacia a alquilar pisos a gente joven, porque claro, no tenías una nómina ni tenías una estabilidad"[1].

Esta exclusión sería uno de los factores que estimulan algunas respuestas juveniles, desde la evasión hedonista de la movida, de componentes de clase media-alta y sonidos y estética más en la onda pospunk, hasta un *rock* urbano y *heavy* que se refugia en la identidad y cotidianeidad de la vida de los barrios periféricos (Del Val, 2010). Y por supuesto, también aquellos sonidos como el punk que habían nacido entre los restos de la reconversión industrial británica, y que en el Estado prenderán en lugares como la escena de Vigo, Madrid y muy especialmente las tierras vascas.

No encontramos entre las músicas del momento, sin embargo, grandes referencias hacia Sagunto. Pero aún así puede reseñarse una canción del dúo barcelonés de música industrial Escupemetralla, titulada "Sagunto", que apareció en su primer casete de 1988 *Sublimado corrosivo*. Un tema influido por la pieza *Gdansk* de Test Department (también por el grupo Einstürzende Neubauten) y que surge tras asistir uno de los integrantes de Escupemetralla a un concierto en Londres de Test Departament, donde la banda intercalaba himnos de los mineros en huelga contra Thatcher con sus propias composiciones.

VÍAS DE ESCAPE Y ESCAPISTAS

Una parte significativa de la juventud a comienzos de los ochenta opta por la ruptura contra los valores establecidos, cuando no

1. Entrevistas personales realizadas por David Álvarez, autor del capítulo.

abiertamente por la marginación que implica la delincuencia y la drogadicción (Pascual, 2015). La heroína se convierte en vía de escape ante un panorama desolador: "Inyectarse en vena disolvía la angustia en un segundo" (Ribas, 2007: 567).

La pandemia de la heroína pegó muy duro en las periferias obreras (Carmona Pascual y Rodríguez López, 2007). La mayoría de los heroinómanos son hombres jóvenes nacidos durante el *baby boom*, entre 1956 y 1970, con un nivel educativo bajo y pocas posibilidades para competir en el mercado laboral (Gamella, 1997). Las *chutas* usadas desperdigadas por los alcorques y parques de los distritos más desfavorecidos evidencian la crisis económica y social de los años ochenta. Los toxicómanos, desprotegidos y desmoralizados, deambulan por las calles, destruidos por la adicción.

Sin embargo, el problema no se empieza a tomar en serio hasta que los pequeños atracos que cometen los jóvenes heroinómanos para financiarse sus dosis incrementan la inseguridad. Las personas drogodependientes se convierten en una metáfora de la degradación que se vive, lo que provoca pánico entre la población que se utiliza como argumento para poner límites a la democratización y la transformación de las estructuras heredadas del franquismo (Sánchez León, 2004).

Mientras que las letras de los grupos de *rock* duro hablan de esos jóvenes asediados por el paro, precariedad, hacinamiento, suciedad, drogas y falta de esperanzas de ese Madrid en el que, como cantaban Leño, "ni las ratas pueden vivir", los grupos de la movida evitan las temáticas sociales en sus letras (Galicia Poblet, 2015). No obstante, y con permiso de Pegamoides y Dinarama, pocos grupos como Mecano representan tan bien una actitud frívola y superficial ante la situación de crisis económica y social que asola al Estado en aquellos primeros años ochenta (Morales, 2013). A pesar de que procedían de familias de la alta burguesía madrileña, Ana Torroja y los hermanos Nacho y José María Cano se presentan a sí mismos como personas "sencillas", adoptando así el discurso de una supuesta "normalidad" apolítica e insustancial. Como apunta Grace Morales en su libro sobre el primer disco de la banda madrileña, sus letras y su contexto son la réplica a la dura realidad de las clases proletarias que era descrita por los grupos de *rock* duro, la rumba, el punk, o más adelante, el *rock* radikal vasco (RRV).

Morales señala acertadamente que la insipidez melancólica del grupo (que, por cierto, nunca perteneció a la movida) viene bien para aguantar la resaca de la transición. Para la escritora, una de las principales razones de su éxito está en el hecho de haber sido capaces de transmitir la indolencia conformista de la sociedad española: "Identificó el sentimiento, muy nuestro, de sentirse de prestado en el conjunto de las decisiones, cualquiera que fuesen estas, y aún así, esa comodidad de estar ajeno totalmente al ámbito de la política y del terreno de la responsabilidad, cuando las condiciones eran proclives" (Morales, 2013: 115).

HUMO(S) EN LAS CALLES VASCAS

Al norte, los efectos de la reconversión industrial resultan especialmente duros, sobre todo en la zona del Gran Bilbao, con el desmantelamiento total o parcial de grandes industrias navales, como los Astilleros Euskalduna, o siderúrgicas, como Altos Hornos de Vizcaya. A ello se suma un déficit de servicios públicos, incipientes problemas ecológicos o formación de guetos. En numerosas comarcas vascas el desempleo juvenil alcanza también tasas de hasta el 40 y 50%. Las resistencias obreras en algunos casos se convierten en auténticas guerrillas urbanas, como en los Astilleros Euskalduna.

Ello tiene lugar, además, en una situación social que ya venía siendo agitada en las décadas anteriores, mezclando movilización obrera y vecinal, lucha antifranquista, iniciativas populares y una reivindicación cultural vasca que había alumbrado la génesis de una nueva comunidad nacionalista. De tal forma que los acuerdos de reforma del régimen son confrontados con un fuerte rechazo político (de rechazo explícito o aceptación crítica), en un discurso de "déficit democrático del Estado" en las narraciones nacionalistas. Aún más, y no cosa menor, el espacio social está atravesado por la presencia traumática de múltiples violencias, con varias organizaciones armadas de distinto signo activas (ETA político-militar, ETA militar, los Comandos Autónomos Anticapitalistas, el Batallón Vasco Español, los GAL), además de la persistencia de una fuerte represión policial y el ejercicio de la tortura.

No estaba la cosa para mucho hedonismo. La leña, en todos los sentidos, está puesta, y se huele el humo que llega de Gran Bretaña. Una efervescencia de conciertos comunican con el punk y el pospunk: Iggy Pop, The Stranglers, Siouxsie and the Banshees, The Cramps, UK Subs, o una figura del *reggae* como Peter Tosh. Y sin duda, la importancia central del concierto de The Clash, ejemplo de politización consciente del punk.

Entre gran parte de las generaciones jóvenes, que demográficamente eran aún muy numerosas y sin apenas opciones de ocio, el *no future* del punk y su mala hostia, su capacidad para comunicar algo aquí y ahora, prenden el fuego. Poco o nada tienen que ofrecer a los grupos de jóvenes excluidos las instituciones nacientes. Poco o nada el panorama musical de la nueva canción vasca de décadas anteriores, que había ido de la mano de la política para acabar ofreciendo esto. Paro, miseria y humillación es lo que, parafraseando a Eskorbuto, encontraban.

El estallido punk prende, en torno a 1982, especialmente en las zonas obreras económicamente más degradadas, donde se asienta la emigración española de los cincuenta y sesenta (y por lo tanto castellanoparlantes). Y desarrolla también el hacer punk: okupaciones de *gaztetxes*, discográficas, fanzines, pegatas, cómics, radios libres... Al tiempo, se fagocitan las tradiciones religiosas, convocando procesiones ateas, muchas veces en nombre de comités imaginarios que parodian la organización de la extrema izquierda.

Roberto Moso, vocalista de Zarama, uno de los pocos grupos en euskara, recuerda:

> Son —somos— veinteañeros que alucinan al mismo tiempo con la explosión punkera y con la agitada escena euskaldun. Gracias a [la revista] *Muskaria* y a programas de radio como *Alguien te está*

> *escuchando* de Pablo Cabeza en Radio Euskadi, que comienza a emitir en el 83, nos vamos enterando de que nuestra iniciativa no es tan original. Los barrios de aluvión surgidos a golpe de especulación allá por los sesenta son el mayor vivero de nuevos grupos rockeros, los cinturones industriales de las capitales vascas y zonas como Mondragón, Errenteria, Irun o Laudio (Moso, 2004: 78-80).

Los punkis toman en tierras vascas el relevo de los cantautores y lo hacen porque, de acuerdo a su filosofía, no esperan a saber tocar para subirse al escenario con actitud y vitamina (Herreros y López, 2013). Moso apunta la característica arrebatadora que encuentran en el punk de los Sex Pistols, The Clash o Ramones: "Eran sencillos, hacían una música directa, contundente, sobria, absolutamente alcanzable. Para poder hacerla no se requería ser buen músico ni tener carísimos equipos: simplemente había que tener huevos" (Moso, 2004: 48).

El punk marca los contenidos de la década, y lo hace, a decir de Jakue Pascual, en torno a cuatro niveles de redefinición expresiva: la crítica social e irónica de La Polla Records, el anti-todo de los Eskorbuto, la reivindicación del hecho nacional de los Kortatu y el situacionismo utópico y en euskara de los Hertzainak (Pascual, 2015).

"Somos ratas en Bizkaia, somos ratas contaminadas, y vivimos en un pueblo que naufraga", grita el nihilismo distópico de Eskorbuto, que describe crudamente el ambiente de la margen izquierda. "Mundo muerto, mundo en paz", clama RIP desde Arrasate-Mondragón. "Antes con cruces gamadas, dictadura asegurada, ahora yendo de rojillos, os llenáis los bolsillos; cuidado burócratas del Gobierno, nuestras armas se están aburriendo", brama Cicatriz desde Vitoria-Gazteiz, que en muchos temas roza lo kinki. Desde allí también Hertzainak se mofa de los convencionalismos tanto del nacionalismo vasco tradicional del PNV como de la naciente izquierda independentista de HB: *Hainbeste ahalegindu bihar naiz euskalduna izateko?* ("¿Tengo que esforzarme tanto para ser vasco?"). La Polla Records, el grupo con una crítica social más elaborada, condensa la filosofía punk del momento: "Somos pequeñas bombas de odio, es nuestra única solución. Somos los últimos, los peores, somos sobras de esta civilización. Montando bronca nos desahogamos, cuanto más fuerte más molestamos. No quieren vernos pero aquí estamos, marcándonos nuestra pequeña venganza. Estamos arrastrando nuestra ruina,estamos demostrando que nada nos motiva. Nada nos mueve, no hay esperanza, ¡venganza!" (La Polla Records, *Venganza*, 1984).

El agitado momento social y político encaja con la fuerza expresiva del punk. A ello se suma el rechazo al servicio militar obligatorio, que también empapa varios temas de los grupos. Pero el punk vasco no solo es mala hostia. De hecho, la fiesta, lo lúdico, la celebración o la irreverencia van a ser reivindicados como una dimensión de pleno derecho de la cultura antagonista. Y precisamente los grupos del momento van a impregnar durante años la banda sonora de espacios festivos populares como *txosnas* (casetas políticas) y *gaztetxes*. Una fiesta en la que las drogas van a estar también muy presentes, como lo están, más allá de la sombra de las implicaciones policiales, en muchos de los temas de los grupos punk. Presencia que, por efecto del sida, posteriormente deriva en ausencias, entre las cuales se encuentran buena parte de los integrantes de algunas de las bandas más emblemáticas.

Todos estos elementos como irreverencia, influencia anglosajona, grupos en castellano o las drogas hacen que casi les estalle el cerebro a los sectores más militantes, y a la izquierda independentista en particular. Tras cierto pánico moral inicial que acusa a la juventud punk de influencias extranjeras y efectos desmovilizadores, la labor pedagógica del diario *abertzale Egin*, la coincidencia física en los nuevos espacios alternativos y simbólica en el marco antirrepresivo facilita un acercamiento. En 1985, la propia izquierda independentista organiza una gira de conciertos con los grupos punk más emblemáticos del momento, a la que denomina *Martxa eta Borroka* ("marcha y lucha").

Esta coincidencia y socialización en los espacios festivos y alternativos irá consolidando una nueva identidad contracultural. Durante la década de los noventa se consolida, pivotando desde el punk al *rock*, crecientemente en euskara, y más alineada hacia posiciones nacionalistas (Del Amo, 2016). Perderá buena parte de la efervescencia e irreverencia inicial, pero marcará una imagen de la música vasca como alternativa, rockera y combativa.

Con todo, este rollo duro, combativo, la mala hostia y el echarle huevos suena en buena parte a lo que suena. La miembro del grupo *reggae* Potato, Elena López Aguirre, realiza una lectura crítica del propio significado cultural del punk vasco y lo que se vino a etiquetar, no sin polémica, como rock radikal vasco: "Nuestros punkis fueron, a menudo, cortos de miras, neuróticos, demasiado arrogantes, poco elocuentes, muy machistas, bastante fanáticos, escasamente autocríticos, con poco sentido del humor, tremendistas y fariseos" (Herreros y López, 2013: 99). La antropóloga norteamericana Sharryn Kasmir (2000) también subraya que, aunque la estética liberadora y el lenguaje del punk ofrece a las mujeres bastantes márgenes de maniobra, el punk vasco atribuye la agencia e innovación cultural a los hombres, afirma la masculinidad de los espacios sociales y políticos clave, y escribe una narrativa masculinista de la nación. El propio batería y único miembro superviviente de RIP relata hoy en día lo complicado, si no imposible, que le resultaba en esa época manifestar abiertamente su orientación sexual. Es también el olor de la época.

El endurecimiento de las posiciones políticas (y violentas) en los noventa, junto con el cierre estético de la contracultura en torno al rock, opera además a modo de tapón hacia otros sonidos como la electrónica, y culturas más hedonistas.

BAILAR SOBRE LAS CENIZAS

En el contexto de la brutalidad social y económica del Gobierno Thatcher, el escenario de Bristol cultiva una asociación de la música de baile con el espíritu punk y *reggae*, con preocupaciones políticas y sociales, y unida la cultura del *sound system*. Así surgen en Inglaterra las primeras *raves*. De la mano del *house*, que llega desde Chicago vía Ibiza a finales de los ochenta, se convierten en la explosión que inocula a la juventud británica de las ciudades del norte: Leeds, Liverpool, o Sheffield. Pero sobre todo en Manchester, donde el Hacienda, el club fundado por el sello Factory con los beneficios de las ventas del grupo pospunk Joy Division, se convierte en el corazón del movimiento. Kyrou (2006: 213-214) relata el espíritu de finales de los ochenta y primeros noventa: "Los jóvenes del *acid-house* ya han digerido el vómito de ese punk, de ese Anticristo. Ya han comprendido: no escuchan nada de las instituciones. Ni siquiera las detestan. Las ignoran. Construyen su propia moral dentro de un circuito autónomo y sin mayúsculas".

Por mucho que duela a los seguidores de la electrónica que hoy se creen *gente de bien*, las culturas vinculadas a estas músicas nacen en los márgenes sociales. Es entre jóvenes punks, gais, afroamericanos, latinos, amantes de la experimentación musical, *new agers*, góticos y nuevos románticos que emergen bandas como Suicide, Cybotron, Raz, Kraftwerk, Visage, Alien Sex Fiend o clubes como Paradise Garage, Starck o Barraca.

La desindustrialización y el neoliberalismo, como decimos, avanzan imparables en los años ochenta y, con ellos, el desmantelamiento del Estado del bienestar. En este nuevo modelo, la presión del sistema productivo se hace despiadada. Había que competir o morir, brillar como un *yuppie* o llorar y, en muchas ocasiones, aceptar cualquier condición laboral ante el riesgo de quedarse sin nada. No es de extrañar que algunas personas encuentren un mínimo de oxígeno en las pistas de baile, donde la MDMA facilita otra forma de bienestar.

En el Estado español este tipo de culturas cuaja en primer lugar en Valencia, en clubes como Barraca o Chocolate donde, como recuerda Oleaque (2004), gente dispar y en teoría enfrentada consiguió convivir y deshacerse del peso de la vida ordinaria. Allí no hay por qué ligar, las mujeres que van no tienen que esquivar demasiados babosos y desde luego no hay que trabajar. Allí se va a bailar, a sudar, a abrazarse y a compartir las copas, las rulas o el *speed*. ¿Tan raro es que lo quieran extender durante días?

Así nace el bakalao a mediados de los años ochenta que, musicalmente, bebe de la EBM de Front 242 o Aroma di Amore, del *new rock* de los Sisters of Mercy, del tecnopop de Depeche Mode y, en general, de casi cualquier cosa que haga sentir bien a la gente que va. De este modo, en las sesiones de Valencia conviven estos grupos con Frankie Knuckles, Los Ramones o Wim Mertens. Desde el principio, el bakalao es una música vanguardista, abierta y dinámica, que bebe de las músicas disponibles a su alcance. Y así permanece hasta que desaparece, dando espacio después al *hardcore*, al trance, al *dance* o al *gabber*.

Sea como sea, a finales de los años ochenta el Estado español ingresa en la CEE y, con la llegada de fondos europeos, parece esfumarse el olor a caucho quemado. Las nuevas cadenas de televisión que abren en estos años, como Telecinco o Antena 3, se llenan de contenidos que proyectan una nueva imagen del país. Anuncios de marcas de ropa, series estadounidenses, como *Beverly Hills, 90210*, y programas de entretenimiento, como *Ricos y famosos*, generan una cierta sensación de modernidad y bienestar.

Las pistas de baile del bakalao no son ajenas a estos cambios, llenándose de marcas de ropa. Y lo mismo sucede con los *parkings* de las discotecas, donde aparcan las motos de gran cilindrada y los primeros coches tuneados. El paro sigue siendo alto entre la juventud, pero si tienes un trabajo entre semana, bien sea montando cocinas o en una frutería, puedes darte un par de fiestas al mes (siempre que vivas con tus padres). Más complicado lo tienen las y los estudiantes, que tienen que buscarse la vida, bien bebiendo más agua y menos copas o bien recurriendo a los tripis en lugar de a las pastillas, que en 1991 costaban unas 5.000 pesetas. En cualquier caso, siempre queda la opción de iniciarse en la incipiente economía informal que aparece en torno a las sustancias ilegales. Nadie quiere renunciar al glamour y a la modernidad pero tampoco a la fiesta, porque se necesita una cosa para sobrevivir a la otra.

Muchos jóvenes lo dicen muy claro en aquel entonces, pero nadie les quiere escuchar. En el famoso reportaje de la revista *Tráfico* de 1993 un joven dice que le hace sentir "feliz" y otro añade que le dan ganas "de abrazar y besar a todo el mundo". ¿Por qué necesitan sentirse tan felices? ¿Acaso la semana es tan infeliz? ¿Por qué es tan importante crear un espacio en el que poder abrazar a todo el mundo? ¿Tan aislante es la política afectiva del día a día? Las instituciones, es decir, las familias, los partidos políticos, los psiquiatras y otros tantos *expertos* no quieren hacerse estas preguntas, quizás porque hacérselas es poner de relieve que el modelo de sociedad por el que han apostado, y que sus hijos e hijas replican como buenamente pueden, provoca un profundo malestar.

Este malestar no hace más que incrementarse en los años noventa, sobre todo a partir de 1993 cuando la crisis económica hace acto de presencia. Sin industria y con los fondos europeos repartidos entre el sector financiero e inmobiliario (López Hernández y Rodríguez López, 2010) el paro se dispara de nuevo en los barrios obreros, que son los que nutren el bakalao. Con muchos padres en apuros, con pocas perspectivas laborales pero con el mandato capitalista de brillar, el bakalao da una nueva vuelta de tuerca a sus prácticas festivas y estéticas, llevándolas al límite. Estas y estos jóvenes están dispuestos a inmolarse en la pista de baile. Y para pagar estas fiestas no son pocos los que apuestan todavía más por el comercio de sustancias ilegales o incluso los robos.

Lejos de entender la problemática, las instituciones deciden reprimir a aquellos jóvenes, al modo de Thatcher con los clubs de música electrónica británicos, episodio que allí da lugar a la explosión de las fiestas *rave* y el denominado Segundo Verano del Amor (Kyrou, 2006). Los medios les colocan en las secciones de sucesos y los partidos del bipartidismo (PP y PSOE) les persiguen con sanciones administrativas, e incluso aplicándose la Ley Corcuera. Esto es más fácil que implicar al Ministerio de Cultura y, desde luego, que llevar a cabo una política de ayuda efectiva a la juventud. Pero para esto haría falta un dinero que no entra en las arcas públicas por la permisividad con la evasión fiscal (Puerto Ducet, 2012).

CLOSING TIME: BAILANDO AL OLOR DE LA ÉPOCA

Determinados acontecimientos y movimientos sociales suenan con una banda sonora concreta, y ciertas músicas evocan el olor de una época. Y los cambios sociales y políticos provocados por la desindustrialización resuenan en la música de los años ochenta y noventa, en la rabia del punk, el desencanto del pospunk, o en escapadas hedonistas como la movida y el bakalao. En función del momento, las fuerzas sociales presentes y las influencias culturales pueden cuajar más la rabia y mala hostia punk, como en el origen británico, los barrios obreros de Madrid o el encendido escenario sociopolítico vasco. O, probablemente, fruto de las derrotas y desmovilizaciones, el hedonismo de la movida o las escapadas del *acid-house* británico o el bakalao en el Estado español. Un hedonismo que, en todo caso, tampoco es una fuerza despreciable. Al ritmo de la música pueden recomponerse, al menos parcialmente, las relaciones sociales y comunidades fragmentadas por la desindustrialización y el n eoliberalismo, en forma de autonomía cultural. Cada uno y una, muchas veces como puede, baila al olor de la época.

BIBLIOGRAFÍA

Carmona Pascual, P. y Rodríguez López, E. (2007): "Barrios: Planificación, inmigración y movimiento vecinal (1939-1986)", en Observatorio Metropolitano, *Madrid: ¿la suma de todos? Globalización, territorio, desigualdad*, Traficantes de Sueños, Madrid, pp. 333-390.

Del Amo Castro, I. A. (2016): *Party & Borroka. Jóvenes, músicas y conflictos en Euskal Herria*, Txalaparta, Iruñea.

Del Val, F. (2010): "El rock como forma de expresión política (1975-1985): el caso español", *Congreso Internacional Jóvenes Construyendo Mundos*, Madrid.

Echevarría, I. (2012): "La CT: un cambio de paradigma", en G. Martínez (coord.), *CT o la Cultura de la Transición. Crítica a 35 años de cultura española*, Debolsillo, Barcelona.

Eyerman, R. y Jamison, A. (1998): *Music and Social Movements*, Cambridge UP, Cambridge.

Galicia Poblet, F. (2015): *El Heavy Metal en España, 1978-1985: Fases de formación, cristalización y crecimiento*, tesis doctoral, Universidad Complutense de Madrid.

Gamella, J. F. (1997): "Heroína en España, 1977-1996. Balance de una crisis de drogas", *Claves de Razón Práctica*, 72, p. 25.

Herreros, R. y López, I. (2013): *El estado de las cosas de Kortatu: Lucha, fiesta y guerra sucia*, Lengua de Trapo, Madrid.

Kasmir, Sh. (2000): "From the Margins: Punk Rock and the Repositioning of Ethnicity and Gender in Basque Identity", en W. A. Douglass *et al.* (eds.), *Basques in the Contemporary World: Migration, Identity, and Globalization Vol. 1-Basque Culture*, University of Nevada Press, Reno.

Kyrou, A. (2006): *Techno Rebelde: Un siglo de músicas electrónicas*, Traficantes de Sueños, Madrid.

Lasarte, J. (1984): "El pagaré del Tesoro, refugio de pecadores", *El País*.

López Hernández, I. y Rodríguez López, E. (2010): *Fin de ciclo: Financiarización, territorio y sociedad de propietarios en la onda larga del capitalismo hispano (1959-2010)*, Traficantes de Sueños, Madrid.

Morales, G. (2013): *Mecano 82. La construcción del mayor fenómeno del pop español*, Lengua de Trapo, Madrid.

Moso, R. (2004): *Flores en la basura. Los días del Rock Radikal*, Hilargi Ediciones, Urdúliz.

Olaque, J. M. (2004): *Extasi, drogues musika i báll*, Ara Llibres, Barcelona.

Pascual, J. (2015): *Movimiento de resistencia. Años ochenta en Euskal Herria. Contexto, crisis y punk*, Txalaparta, Iruñea.

Puerto Ducet, M. (2012): *Oligarquía financiera y poder político en España. Redención de los pecados de cuello blanco en los países PIGS*, Aresta, Barcelona.

Reynolds, S. (2005): "It Came From London: A Virtual Tour of Post-Punk's Roots", *Time Out London*.

Ribas, J. (2007): *Los 70 a destajo: Ajoblanco y libertad*, RBA, Barcelona.

Rimbaud, P. y Crass. (2005): *Tienen una bomba: Textos, letras y declaraciones de la banda más peligrosa del Reino Unido*, La Felguera, Madrid.

Sánchez León, P. (2004): "Estigma y memoria de los jóvenes de la transición", E. Silva *et al.* (eds.), *La memoria de los olvidados. Un debate sobre el silencio de la represión franquista*, Ámbito Ediciones y Asociación para la Recuperación de la Memoria Histórica, Pontevedra.

CAPÍTULO 12

EL IMPREVISIBLE ESPECTRO DE LA CLASE OBRERA

JOSÉ MANUEL RAMBLA

Al igual que la alineación de los astros explican las cartas astrales, en ocasiones la alineación de efemérides en el calendario permite entender los tiempos históricos. Algo de eso ha ocurrido en 2024, un año en el que han coincidido tres conmemoraciones clave: el centenario del nacimiento del historiador Edward Palmer Thompson y un doble 40 aniversarios: el del fallecimiento del comunista italiano Enrico Berlinguer y el del cierre de los Altos Hornos del Mediterráneo (AHM) en Sagunto, en la primera gran reconversión industrial en España. Las tres comparten un protagonista común: la clase trabajadora. Thompson revitalizó el marxismo con su estudio sobre la formación de la clase obrera (1998), una clase que durante los siglos XIX y XX será protagonista del conflicto social y político. La muerte de Berlinguer fue un punto de inflexión para el mayor partido comunista occidental. Y la reconversión industrial en Sagunto supuso los primeros pasos del proyecto neoliberal en España cuyo impacto en la clase trabajadora será devastador, incluyendo su desaparición de la agenda política y social.

Todo ello hacía de 2024 un año propicio para reflexionar sobre la clase trabajadora en un siglo XXI. Pero, precisamente, este protagonismo de la clase obrera explica el escaso eco que estas tres efemérides han tenido. La clase trabajadora tenía que aparecer muerta. No en vano, aunque Francis Fukuyama lo vinculó a la caída de la URSS, lo cierto es que la desaparición de la clase obrera, aquel sujeto histórico del marxismo, es lo que justificaría el supuesto fin de la historia. Eso sí, como en los crímenes perfectos, fue necesario que su muerte pareciera *natural*, consecuencia de una implacable ley económica que, como una enfermedad letal, hacía inevitable el fatal desenlace. Lo contrario es asumirla como una contingencia histórica, fruto del conflicto social; en definitiva, de la lucha de clases. Y eso resultaba inadmisible, pues el discurso neoliberal necesita una clase trabajadora muerta y en descomposición, no una clase obrera derrotada; o lo que es lo mismo, una clase en condiciones de superar —algún día— la derrota.

Sin embargo, ya a finales de los años setenta, Toni Negri (2004) advirtió sobre los vínculos entre lucha de clases y un cierre de fábricas que se agudizará con las reconversiones industriales. Para el filósofo italiano, el neoliberalismo fue la respuesta de la clase dominante a la hegemonía que los trabajadores habían conquistado en los espacios fabriles. Frente a aquel poder obrero, el capitalismo fue implacable: destruyó la fábrica, debilitó a la clase trabajadora, fragmentándola y precarizándola, y potenció el capital financiero donde su hegemonía era absoluta.

La historia de AHM es un ejemplo de aquella capacidad obrera para generar contrapoderes. De hecho, su limitación espaciotemporal convierte al núcleo de Puerto de Sagunto en un caso ejemplar, casi de laboratorio, para observar ese proceso de *formación* de la clase. En 1900, los empresarios Ramón de la Sota y Eduardo Aznar asumían la explotación de las minas turolenses de Ojos Negros y buscarán un punto costero desde donde exportar el mineral. Ese lugar será Sagunto. Allí construirán un embarcadero y a partir de 1917 una siderurgia, creando una isla industrial moderna en el panorama valenciano. Hasta allí se dirigirán miles de trabajadores y sus familias desde Aragón, Euskadi o Andalucía, e irán configurando un movimiento obrero cuya gestación fue pareja al nuevo pueblo, Puerto de Sagunto.

De este modo, la formación de Puerto de Sagunto se enmarcará en un proceso de lucha de clases que la empresa trató de contrarrestar con represión, paternalismo empresarial y control ideológico, especialmente a través de la Iglesia. Pero estos esfuerzos no impidieron que el núcleo se consolidara como un foco de resistencia obrera. Cultura obrera y cultura popular se confundieron entre huelgas, manifestaciones, atentados e incluso movimientos insurreccionales como el de enero de 1932. De hecho, los años previos a la guerra fueron especialmente conflictivos por la crisis de 1929, que provocó el cese de la actividad siderúrgica y cientos de despidos. La burguesía local, integrada por directivos e ingenieros, acentuaba a su vez el carácter clasista del espacio urbano al fijar su residencia en la selecta ciudad-jardín de la Gerencia, con un exclusivo casino y protegida por guardias y alambradas, que la población obrera pronto bautizó como el Vaticano.

La guerra civil y la victoria franquista impusieron un corte. Cientos de trabajadores fueron fusilados, encarcelados o depurados, y el silencio se instauró dentro y fuera de la fábrica. "No era una fábrica, era un campo de concentración"[1], recuerda Julián López, militante clandestino del PCE y CCOO. Sin embargo, los paredones y las cárceles no extirparon aquella cultura obrera que, como aquel viejo topo, horadaba subterráneamente en el cobijo de los hogares, pasando de padres y de madres a hijos. Aquellos túneles salieron a la luz a mediados de los años cincuenta con una nueva generación de líderes obreros ligados al PCE que comenzaron a plantear las primeras demandas laborales. Y muy pronto también las primeras protestas. Nacía CCOO, que en poco tiempo, conjugando trabajo legal y clandestino, detentan una representatividad tan indiscutible que la empresa tuvo que asumir. Las conquistas serán rotundas: en 1961 se firma uno de los primeros convenios colectivos de España y durante los años siguientes se puso en jaque los planes de racionalización del trabajo de la empresa. La situación es ya muy distinta a la primera posguerra: "Los mandos ya no pintaban nada —recuerda López—, porque dentro de la fábrica mandábamos nosotros".

Esa fuerza sindical no estuvo exenta de contradicciones. El proyecto de construir en los años setenta la futura IV Planta

1. Entrevista personal del autor.

Siderúrgica Integral en Sagunto llevó a los líderes sindicales a centrar su lucha antifranquista fuera de la fábrica y a rebajar la conflictividad dentro para no poner en riesgo la inversión. Esto provocará críticas y tensiones; por ejemplo, por la escasa solidaridad con otros obreros de la localidad que por esos años luchaban contra el cierre de sus empresas. Lo mismo ocurrirá con la incorporación de nuevas generaciones de trabajadores, jóvenes con empleo eventual y condiciones muy diferentes a los veteranos de la fábrica. Además, muchos de ellos llegaban influenciados por unos vientos del 68 que chocaban con los veteranos comunistas.

En cualquier caso, estas diferencias políticas y generacionales lejos de cuestionar la cultura obrera la reforzaban. La identidad de clase cohesionaba así una sociedad porteña donde los primeros jóvenes llegaban a la universidad, las asociaciones vecinales reivindicaban mejoras en los barrios, los curas obreros imponían un carácter progresista a las comunidades religiosas y surgían colectivos culturales ligados al teatro independiente, los cineclubs o la música. En todas estas manifestaciones el sentimiento de clase —con independencia del nivel de conciencia— se vivía con naturalidad. Y por eso el conflicto podía estallar en las circunstancias más variadas. Por ejemplo, en la madrugada del 7 de agosto de 1976, en plena transición política, un grupo de jóvenes disparó petardos durante las fiestas patronales de Puerto de Sagunto. Algunos de esos cohetes estallaron dentro del casino de AHM, donde se reunía la burguesía local y los sectores más conservadores. El incidente provocó varias noches de duros enfrentamientos con la policía. Aquella protesta espontánea, que pilla por sorpresa a la izquierda, se salda con decenas de heridos y 23 detenidos, entre ellos seis jóvenes entregados a la juridicción militar bajo la acusación de terrorismo.

LA CONCIENCIA DE CLASE, UN ENEMIGO A BATIR

Esta primacía de la clase en la articulación de subjetividades colectivas siempre ha preocupado a los sectores dominantes. No es extraño que el franquismo convirtiera la palabra *obrero* en un concepto sospechoso, eliminándolo del Fuero del Trabajo y proscribiendo su uso en los periódicos. Y no sorprende tampoco que erradicar el sentimiento de clase fuera una prioridad política del proyecto neoliberal. Margaret Thatcher lo expuso sin tapujos: "No es la existencia de clases lo que amenaza la unidad de la nación, sino la existencia del *sentimiento* de clase" (Thatcher, 1976). La conciencia de clase será, pues, el enemigo a batir.

Es en este contexto que debemos enmarcar la promoción de la clase media como disolvente de la cultura obrera. Con ella se busca desactivar el potencial subversivo de la clase al desvincular los niveles relativos de riqueza o pobreza de la estructura socioeconómica y las relaciones de poder, y ligarlos exclusivamente al esfuerzo del individuo. Un rastreo por la hemeroteca digital de la Biblioteca Nacional de España nos ayuda a comprobar cómo la introducción del *clasemedianismo* en el discurso mediático español fue pareja a la evolución del conflicto social y político en el país. Aparentemente, su hegemonía es histórica e incluso lógica si pensamos en el perfil social del lector medio de periódicos. Así, entre 1961 y 2023, por cada página periodística en la que se menciona "clase trabajadora" o "clase obrera", se publicaron más de dos sobre la "clase media"[2]. Pero esa hegemonía fue cuestionada al final de la dictadura. En concreto, entre 1971 y 1980 aparecieron 26.569 alusiones a clase trabajadora/obrera frente a 12.930 a la clase media. A partir de aquí la "clase trabajadora" no dejará de retroceder en los periódicos pese a la fuerte conflictividad laboral en los años ochenta y noventa. La tendencia tuvo su máximo nivel en la primera década del siglo XXI cuando —coincidiendo con los Gobiernos de Aznar y Zapatero— la "clase media" multiplicó por 3,6 el número de páginas alusivas a la "clase trabajadora".

Este desplazamiento devaluará la conciencia de clase. Pertenecer a la clase trabajadora dejará de sentirse como un orgullo y a partir de los años ochenta se consolidó como una geografía sociológica

2. Todas las consultas recogidas en este artículo fueron realizadas el 21 de agosto de 2024.

del fracaso, un lugar —como señala Owen Jones (2012)— del que huir. Ese desprestigio se verá reforzado por la desindustrialización, el desempleo, el impacto de la inflación y la primera reforma laboral de Felipe González de noviembre de 1984 —aprobada poco después del cierre de AHM— que, junto a la debilitación sindical, incluirá dos nuevos conceptos en el vocabulario social: precarización y *trabajo basura*.

La invisibilización de los trabajadores tuvo en el ámbito cultural uno de los espacios más representativos. En este sentido, resultan pertinentes las dudas de José-Carlos Mainer al analizar la cultura española durante la transición, especialmente tras el influjo del pensamiento posmoderno y hedonista que tuvo en la movida su máximo esplendor:

> Un historiador ingenuo de dentro de 200 años podrá preguntarse con razón [...] si la España de 1985 tuvo proletariado (y no el *lumpen* que ha atraído progresivamente a los que gustan de sensaciones fuertes), campesinos o clases medias bajas, y si no fue exclusivamente poblado por Hamlets pasivos y perplejos, obsesionados por el sexo y la inestabilidad afectiva, analizando eternamente sentimientos equívocos y sintiéndose ahítos de casi todo lo que le rodea (Mainer y Juliá, 2000: 247).

El cine reflejó este fenómeno. Aunque tradicionalmente el canon cinematográfico, cuyo marco de representación estaba fijado por Hollywood, fue una máquina propagandística del mito de la clase media y el sueño americano, los trabajadores estuvieron presentes en el nuevo arte desde que los hermanos Lumière rodaron *Salida de los obreros de la fábrica* (1895). Incluso en la España franquista, la realidad obrera se colaría bajo el influjo del neorrealismo con títulos como *Surcos* (1951) de José Antonio Nieves Conde o *Esa pareja feliz* (1951) de Luis García Berlanga y Juan Antonio Bardem. Más tarde, durante el tardofranquismo y la transición, se pusieron en marcha iniciativas de cine militante y documental como *España 68 (El hoy es malo pero el mañana es mío)* (1968) o *El cuarto poder* (1970) de Helena Lumbreras; el filme inacabado de Llorenç

Soler *¡Seamos obreros!* (1970); los trabajos del Colectivo de Cine de Clase —integrado por Lumbreras y Mariano Lisa— *El campo para el hombre* (1973), *O todos o ninguno* (1976) y *A la vuelta del grito* (1978), o *Numax presenta...* (1979), documental de Joaquín Jordá sobre la lucha en la empresa Numax.

La presencia obrera incluso llegaría aquellos años hasta el cine con vocación de amplio público. No solo por realizadores como Godard, que tras una breve experiencia de cine militante encerrará a dos estrellas como Yves Montand y Jane Fonda en una fábrica ocupada en *Todo va bien* (1972), sino incluso en el cine hollywoodiense que verá premiada en los Oscar y Cannes *Norma Rae* (1978), la historia de una sindicalista dirigida por Martin Ritt. En España también hallamos ejemplos como *Con uñas y dientes* (1977) de Paulino Viola o *El puente* (1977) y *Siete días de enero* (1979), del veterano realizador comunista Juan Antonio Bardem.

Sin embargo, a partir de 1979 los trabajadores desaparecen del cine español. Y lo hace cuando España vive su momento más álgido de conflictividad laboral: solo aquel año, según datos del Ministerio de Trabajo, más de 5,7 millones de trabajadores participaron en alguna huelga. Pese al declinar de la afiliación sindical, que comenzaría por esas fechas, el movimiento se mantuvo las dos décadas siguientes. La media anual de huelguistas superó en los años ochenta los 1,4 millones, y ello sin contabilizar los 4,8 millones de trabajadores que se sumaron a la histórica huelga general del 14 de diciembre de 1988. En la década siguiente la media anual se mantuvo en 1,1 millones de huelguistas, más otros 8,5 millones que secundaron los paros generales de 1992 y 1994. La clase trabajadora era la gran protagonista del conflicto social en España. Pero no fue protagonista de ninguna película durante 20 años.

Este borrado de los trabajadores fue paralelo al discurso neoliberal del individualismo exacerbado, la sacralización de la riqueza como medida del éxito y la defenestración de lo público. Un tiempo que, a juicio Mainer, podría ser recordado culturalmente como un periodo "cínico y seductor" donde "abundó el sentimentalismo y se poetizó muy adrede la banalidad vitalista, donde volvió a gustarse de formas más convencionales (al hilo de la teoría de la posmodernidad) y donde se postuló una suerte de *reprivatización* de la emoción artística, justo a la vez que se iniciaba la reprivatización de las grandes empresas públicas del *welfare state*" (Mainer, 2000: 87).

Si volvemos a repasar la hemeroteca comprobamos cómo en este periodo se producen también otros destacados desplazamientos de conceptos en la prensa. Una de las ideas que lo sufrirá con especial virulencia fue la de *justicia social*. Si en los setenta las referencias periodísticas a la justicia social ocuparon 22.770 páginas, una década más tarde, coincidiendo con los Gobiernos de Felipe González, su presencia se derrumbó hasta las 8.976. En paralelo, otro concepto seguirá el camino inverso para convertirse en una de las palabras clave de la época: *modernidad*, un vocablo que en los años setenta solo aparecía en 6.360 páginas y que en los años ochenta se disparó hasta las 27.906.

La conclusión es clara: el proyecto promovido por el PSOE, que culminaba la transición democrática, no se legitimó en la *justicia social* sino en la *modernidad*, una noción ambigua que lo mismo servía para celebrar la movida, Almodóvar o el auge del diseño, que para justificar el cierre de fábricas para *modernizar* el sector industrial. Los trabajadores que luchaban en Puerto de Sagunto, Gijón, Avilés o Cádiz por sus empleos se convertían así en seres tan caducos como las fábricas que defendían. La clase obrera y su cultura de solidaridad quedaban expulsadas del paraíso de la modernidad. El nuevo referente será un personaje de clase media, profesional liberal, narcisista, ambicioso, hedonista y sobre todo ultraindividualista que irrumpe en los ochenta: el *yuppie*. Junto a él se impone otro nuevo concepto, *emprendedor*, que en la década de los noventa aparece en 24.335 páginas, un crecimiento superior al 260% respecto a la década anterior.

Este protagonismo del emprendedor reforzaba el prestigio de la iniciativa privada frente a lo público al tiempo que actualizaba el mito del burgués intrépido de cuya audacia surge la riqueza. Frente a su dinamismo aventurero, la figura del trabajador se devalúa a la de un sujeto pasivo, resignado; un ser, en suma, víctima de su propio fracaso. Pero además el éxito del nuevo emprendedor ya no está ligado a largos años de esfuerzo, sino al enriquecimiento inmediato. Y si es posible desorbitado. El propio ministro Carlos Solchaga legitimará esta idea cuando en febrero de 1988, al tiempo que animaba a los empresarios a moderar los salarios, presentaba a España como "el país donde se puede ganar más dinero a corto plazo de Europa y quizá del mundo" (Matías, 1988).

La primacía del capital financiero y el protagonismo que tendrán en los años venideros sectores especulativos como el inmobiliario ha llevado a algunos a calificar la globalización neoliberal de *capitalismo de casino*. Por ello no sorprende que la proliferación de juegos de azar, tan ligada a la cultura popular de las quinielas o la lotería de Navidad, haya ido pareja a la normalización de esta concepción del enriquecimiento que chocaba con la visión obrera de una *vida digna* e incluso con los preceptos religiosos que conciben la avaricia como pecado. A partir de 1977, los bares de los barrios populares verán alterada su rutina con las luces y sonidos estridentes de las tragaperras, mientras los bingos aparecen en el paisaje urbano. En enero de 1984, en pleno conflicto de AHM, la ONCE renueva su sorteo para ofrecer premios de un millón de pesetas, cifra mítica en la época. Al año siguiente, el Estado eleva la apuesta con la Lotería Primitiva, que en noviembre de 1985 repartía en uno de sus sorteos premios de hasta 125 millones de pesetas.

El azar venía a *democratizar* la borrachera de riqueza que propagaba el pensamiento único neoliberal. Cualquiera parecía poder ser multimillonario, o hasta megamillonario, si daba con la combinación ganadora o tenía la audacia de un emprendedor. Lo demostraba en 2007 el hijo de un trabajador de AHM fallecido en accidente laboral, Enrique Bañuelos, que aquel año entraba por vez primera en la lista Forbes de las personas más ricas del mundo. Su proyecto empresarial comenzó con 18 años cuando, aprovechando las ayudas para la reindustrialización en Sagunto, compaginó la creación de una envasadora de miel con sus estudios de Derecho. Pero su olfato pronto se dirigió a un sector del que se iba a hablar mucho: el inmobiliario. En poco tiempo sus negocios convertirán el vecino municipio de Canet d'en Berenguer —curiosamente, con alcalde comunista— en un enclave turístico aprovechando la ley urbanística del último Gobierno socialista valenciano que permitía promover la urbanización de suelo sin necesidad de ser titular del mismo ni de construir un solo edificio. En paralelo, desplegará sus dotes seductores para lograr los mejores contactos: algún responsable de finanzas del PSOE con cargos en Bancaja, personas próximas a directivos de la Cierval, familiares de Francisco Camps y otros altos cargos del PP valenciano. Hasta el yerno de Aznar llegará a tener negocios con el audaz empresario saguntino.

Pero su jugada maestra fue reunir todas sus empresas en el grupo Astroc y sacarlo en 2006 a la bolsa. Su maniobra atrajo el interés de los más grandes, como Amancio Ortega y en pocos meses sus acciones subían un 500%. Bañuelos incluso se convertía en el mayor accionista del Banco Sabadell. Pero de repente todo se vino abajo. Detrás del imperio Astroc no había nada, solo humo y maquillaje contable. Sus acciones se desplomaron en 2007 arrastrando a toda la bolsa española. Bañuelos pasaba de ser la imagen del triunfador a personificar la debacle del *crack* del ladrillo y representar la ruina para numerosos pequeños accionistas que confiaron en Astroc, entre ellos muchos saguntinos que se habían dejado maravillar por el éxito de su paisano.

Pero la burbuja inmobiliaria no fue solo el gigante con pies de barro sobre el que cabalgaba la economía y el paraíso de los idolatrados emprendedores. También fue un efectivo medio ideológico para cuestionar las identidades de clase, como ya intuyó en 1959 el ministro franquista de Vivienda, José Luis Arrese, cuando afirmó: "No queremos una España de proletarios, queremos una España de propietarios" (*Pueblo*, 1959). La misma estrategia usaron en la Gran Bretaña de los años ochenta y noventa los Gobiernos conservadores y neolaboristas con su fervor por la propiedad privada de la vivienda frente al alquiler. "El thatcherismo sin duda lo consideraba un medio de acabar con la identidad de la clase", destacaba Owen Jones (2012: 175). En la España del cambio de siglo, el *boom* inmobiliario reforzó el mito de la clase media y el espejismo de la prosperidad individual materializado en el acceso al adosado, a una segunda residencia, a un dúplex construido en cuestionables condiciones. Una *prosperidad* que además no se sustentaba en ningún cambio en la distribución de la riqueza, sino en un acceso fácil al dinero crediticio gracias a unos bajos tipos de interés que además reforzaban el protagonismo social del capital financiero. Desde el punto de vista de la racionalidad económica, el auge del ladrillo parece un sinsentido con graves consecuencias como pronto evidenciaron los desahucios; desde el punto de vista de la lucha de clases, su lógica es aplastante. Incluso hoy la vivienda sigue aprovechando su efectividad entre la clase media con el nuevo mito del peligro okupa.

Pese a esta ofensiva política, económica y cultural, el cambio de siglo también fue testigo de las resistencias populares al neoliberalismo. Frente a la globalización capitalista fue articulándose un amplio movimiento altermundialista que aprovechará las potencialidades políticas de un medio que irrumpe por aquellos años, internet. Si podemos fechar el nacimiento de este movimiento en la humilde insurrección indígena liderada por los zapatistas en Chiapas el 1 de enero de 1994, su entrada en la agenda internacional llegará con multitudinarias protestas como las registradas en Seattle contra la cumbre de la Organización Mundial de Comercio (1999) o en Génova (2001) contra la reunión del G8. Esta ola de protesta también se vivirá en España intensamente con episodios como las movilizaciones contra la reunión en Madrid del Fondo Monetario Internacional (1994) o la contracumbre a la reunión programada por el Banco Mundial en Barcelona (2001).

El altermundialismo cuestionaba las nuevas estructuras del capitalismo globalizado y sus consecuencias sociales y medioambientales. Esto favoreció un diálogo, no exento de contradicciones, entre la tradición del movimiento obrero y sindical y los nuevos movimientos sociales. Y también un mayor interés por la clase trabajadora que podemos rastrear en ámbitos como la producción cinematográfica donde, incluso, encontraremos éxitos como *Full Monty* (1997), de Peter Cattaneo, o *Billy Elliot* (2000), de Stephen Daldry. Ya en 1995, Harun Farocki, uno de los representantes más críticos del nuevo cine alemán, realizó el ensayo visual *La salida de los obreros de la fábrica* (1895), una reflexión sobre la representación de los obreros en la pantalla y su relación con el espacio fabril. El mismo tema abordará Aki Kaurismäki en el irónico corto *Valimo* (1996) —realizado para un filme colectivo del festival de Cannes—, donde unos trabajadores dedican su tiempo de almuerzo a visionar el filme de los Lumière. Esa mirada melancólica sobre la clase trabajadora es una constante en el director finés que años antes ya había realizado su *Trilogía del proletariado: Sombras en el paraíso* (1986), *Ariel* (1988) y *La chica de la fábrica de fósforos* (1990).

Lo mismo ocurre con el británico Ken Loach, el gran referente del cine social y político europeo. Toda su filmografía es una ácida radiografía de los estragos del thatcherismo, con filmes como *Riff-Raff* (1990), *Lloviendo piedras* (1993), *Ladybird, Ladybird* (1994), *Mi nombre es Joe* (1998) o *La cuadrilla* (2001). También el cine francófono presenta una amplia muestra de este interés por la clase. Ahí están, por ejemplo, *Dos días, una noche* (2014), de los hermanos Jean-Pierre y Luc Dardenne; *Recursos humanos* (1999) o *Taller literario* (2017), de Laurent Cantet; o Jean-Gabriel Périot con propuestas como *Nuestras derrotas* (2019) o *Regreso a Reims* (2021). Incluso en el cine chino podemos rastrear las huellas del impacto social de la globalización y las privatizaciones en títulos como *Un toque de violencia* (2013), *Más allá de las montañas* (2015) o *La ceniza es el blanco más puro* (2018) del cineasta Jia Zhang-ke.

En el caso español habrá que esperar dos décadas para que la clase trabajadora regrese a las pantallas, como subraya el título elegido por Joaquim Jordà para su reencuentro con algunos de los protagonistas de Numax: *Veinte años no es nada* (2004). De esta época es también *El efecto Iguazú* (2003), el documental de Pere Joan Ventura sobre el conflicto de Sintel. Y especialmente *Los lunes al sol* (2002), la icónica película de Fernando León de Aranoa sobre los destrozos personales y colectivos de la reconversión industrial. Eso sí, a diferencia del panorama internacional, habrá que esperar casi otros 20 años para que con *El año del descubrimiento* (2020), el documental de Luis López Carrasco sobre las protestas en Cartagena en 1992, la clase trabajadora vuelva a tener un papel central en cine español. Todas estas aproximaciones cinematográficas, tanto nacionales como internacionales, tienen algunos rasgos comunes. En primer lugar, el grueso de toda esta filmografía obrera será la crónica visual de la derrota. Como destaca Roman Gubern (2005: 199): "Los combativos obreros de Eisenstein parecen ya no tener cabida en nuestro mundo robotizado e informatizado". Esto genera una segunda característica: el punto de vista melancólico. Y es que, continúa Gubern (2005: 198), "lo más usual, desde los años setenta, fue que los conflictos obreros se presentarán en la pantalla como porciones de la historia pasada". Es significativo en este sentido que en 1998 Mario Camús adaptará la novela de Eduardo Mendoza *La ciudad de los prodigios*. O que en 2020 la televisión francoalemana Canal Arte produzca la miniserie *Le temps des ouvriers* (que en España se emitirá por Movistar Plus como *Europa: La historia de la clase obrera*) del director Stan Neumann.

DEL OBRERO INVISIBLE AL MUTANTE ANTROPÓFAGO

No sorprende por tanto que una de las pocas producciones audiovisuales que, de forma muy indirecta, hace referencia al conflicto de AHM sea *Cuéntame cómo pasó*, la serie de RTVE que repasa con una mirada conciliadora la historia de España desde el final del franquismo. Eso sí, la melancolía no es la peor de las formas de aproximarse al universo obrero. Otras producciones, como *Las colinas tienen ojos* (2006) de Alexandre Aja y su secuela dirigida por Marton Weisz en 2007, ambas con guion de Wes Craven, trasladará la imagen obrera al terror *slasher* y *gore*. En ambos títulos los obreros —en este caso antiguos mineros— han sufrido una espeluznante mutación que los convierte en psicópatas antropófagos que desatan el horror a su paso. Inicialmente, podría parecer un enfoque anecdótico si no fuera porque coincide con un giro discursivo que está marcando los últimos años. Si hasta entonces se había invisibilizado a la clase trabajadora, ahora se pone el foco en ella como responsable del nuevo monstruo que amenaza la propia democracia: la ultraderecha.

Los orígenes de esta demonización coinciden paradójicamente con la última gran ola de protestas populares tras la crisis de 2008. El *crack* financiero desencadenó un fuerte movimiento internacional que tuvo en el 15M español de 2011 uno de sus referentes. La precarización, la crisis sindical y el impacto del desempleo hicieron que, a diferencia de anteriores coyunturas, el papel del movimiento obrero fue moderado en este contexto. Así, entre 2007 y 2013 la media anual de trabajadores en huelga se situó en 433.635 personas, siendo 2009 el año de mayor conflictividad con más de 650.000 huelguistas; cifras muy por debajo de los años setenta, ochenta y noventa. Esta tendencia se mantuvo en los años siguientes y se vio reflejada igualmente en el limitado seguimiento de la huelga general convocada por los sindicatos en 2010.

Esto provocó un cambio en la percepción de la clase trabajadora. Si hasta entonces la demonización del universo obrero era promovido desde posturas conservadoras, ahora se sumarán importantes sectores progresistas que comienzan a ver a la clase como una rémora e incluso como un peligro. Este cambio se verá favorecido por las corrientes que llegan de la izquierda norteamericana que desplazan el protagonismo de la clase a identidades como la raza, el género o la diversidad sexual. Esa perspectiva se verá reforzada además por teóricos como Ernesto Laclau y Chantal Mouffe, que en ensayos como *Hegemonía y estrategia socialista* (2015) cuestionan abiertamente la lógica clasista y la preponderancia marxista de la lucha de clases, para defender una transversalidad y pluralidad de sujetos al tiempo que priorizan la profundización radical de la democracia frente al cambio socioeconómico.

De este modo, la aproximación a la clase obrera deja de realizarse desde la perspectiva estructural del capitalismo, para hacerse bajo criterios identitarios. Los trabajadores ya no son concebidos como sujeto histórico en la lucha por la superación del capitalismo, sino como representantes ideológicos del hombre blanco, occidental, racista, machista y homófobo. Así, sus críticas a la teleología ortodoxa marxista, que mitificaba a la clase como motor emancipador, acaban colaborando en su satanización como encarnación de las fuerzas reaccionarias. De este modo, a la hora de explicar el auge de la extrema derecha, se primará el comportamiento político y electoral de los antiguos cinturones rojos industriales, mientras se excluye del análisis la función del posfascismo en la reorganización política de las sociedades neoliberales. Este ataque a la clase tendrá una consecuencia añadida, como señala Slavoj Žižek: la debilitación de la izquierda para articular una crítica al capitalismo.

> [...] Si bien esta narrativa izquierdista posmoderna convencional del pasaje del marxismo "esencialista" con el proletariado como único Sujeto Histórico, el privilegio de la lucha económica de clase, etc., a la irreductible pluralidad de luchas posmoderna describe indudablemente un proceso histórico real; sus partidarios, como regla, omiten la resignación que implica —la aceptación del capitalismo como 'la única opción', la renuncia a todo intento real de superar el régimen capitalista liberal existente— (Žižek, 2000: 101).

Para el filósofo esloveno esto se explica por la paradójica disposición posmoderna a *repolitizar* ámbitos considerados anteriormente como *apolíticos* o *privados*, mientras excluye al capitalismo de la política ya que "la noción y la forma misma de 'lo político' dentro del cual opera [la posmodernidad] se funda en la 'despolitización' de la economía" (Žižek, 2000: 106). Esto facilita la asimilación por el sistema de los nuevos discursos. Un ejemplo es la primacía del techo de cristal en algunas corrientes feministas, una idea fácilmente identificable con el espejismo de la meritocracia y cuyas beneficiarias solo podían ser aquellas mujeres que "ya poseían el capital social, cultural y económico requerido. En cuanto a las demás, ni lograrían subir un escalón desde sótano" (Fraser, 2024: 30). No sorprende por ello que instituciones y centros comerciales no tengan problema para engalanarse de violeta o con los colores del arcoiris durante el 8M o en las celebraciones del Orgullo LGTBI+, pero nunca hayan desplegado —ni tengan intención de hacerlo— la bandera roja para conmemorar el 1 de mayo, por muy integrados que estén los trabajadores en el capitalismo avanzado. Como no es menos significativo que las primeras y necesarias leyes españolas sobre el matrimonio homosexual, violencia machista o igualdad de género se promuevan en la misma legislatura en que Zapatero adoptaba duras medidas de austeridad. Y es que, como señala Fraser (2024: 29), "para que el proyecto neoliberal triunfara, había que presentarlo en un nuevo envase, darle un atractivo más amplio y vincularlo con aspiraciones emancipatorias no económicas".

Este desplazamiento de las identidades ha dejado a la clase trabajadora en una cierta orfandad política. La consecuencia es una reafirmación de las tendencias abstencionistas, pero también la seducción que nuevas propuestas políticas ejercen sobre parte de la población con discursos que, en un contexto de crisis de lo colectivo y desvertebración social, refuerzan el sentimiento identitario, otorgan soluciones simples y proyectan un supuesto carácter antisistema. El Sagunto de la posreconversión es también un ejemplo. Su municipio está integrado por dos núcleos diferenciados: por un lado, el milenario Sagunto histórico, de tradición agrícola, con primacía lingüística valenciana, instituciones centenarias y sede del poder político municipal; por el otro, Puerto de Sagunto, ciudad factoría surgida con la siderurgia, de población inmigrante, mayoritariamente de habla castellana y mayor dinamismo sociocultural. Esta realidad ha sido fuente tradicional de rivalidades entre ambos núcleos y también de varios intentos segregacionistas del núcleo porteño. En 1996, esas corrientes separatistas volverán a despertar en El Puerto con un movimiento interclasista donde confluyen desde veteranos exmilitantes de izquierda a miembros de la pequeña y mediana burguesía o antiguos técnicos y mandos de la siderurgia. El *independentismo* porteño resurge así como respuesta al desconcierto identitario, social y económico provocado por el cierre de AHM.

Aunque los tribunales rechazaron esa segregación, el movimiento acabó consolidándose como partido, Iniciativa Porteña, que se mantiene como una de las principales fuerzas municipales. Pero también favoreció una revisión nostálgica del pasado con una idealización de los años sesenta como un tiempo de trabajo estable en la fábrica, prosperidad y confianza en el futuro. Un tiempo armonioso del que se evapora la dictadura y las luchas obreras y ciudadanas que hicieron posible los avances, para privilegiar el mito del paternalismo empresarial. Un conservadurismo sociológico que, por ejemplo, propició la recuperación de tradiciones como las procesiones religiosas, suspendidas en El Puerto en 1971 tras el impacto del asesinato de un niño por un sacerdote, pero también por el carácter laico de la sociedad porteña y por el papel de los curas obreros durante el tardofranquismo y la transición. Esto no significa que el segregacionismo sea un movimiento conservador en su conjunto. De hecho, un ambivalente obrerismo está presente entre sus seguidores y en las elecciones que no son locales buena parte de sus votos regresan a los tradicionales partidos progresistas, que siguen teniendo en Puerto de Sagunto uno de sus feudos más destacados. Pero sí hacen del caso saguntino un ejemplo temprano de cómo las fracturas sociales del neoliberalismo y su ataque a la identidad de clase propicia el surgimiento de corrientes que promueven identidades esencialistas, eliminan el conflicto social de su revisión del pasado y aportan soluciones simples a realidades complejas. Corrientes que pueden evolucionar hacia populismos posfascistas cuando además señalan chivos expiatorios como el inmigrante, el independentismo catalán, el feminismo o el colectivo LGTBI+, como origen del desconcierto social. Es ilustrativo cómo en las elecciones municipales de 2023 los 1.200 votos perdidos por la lista segregacionista beneficiaron al PSOE, pero también a VOX.

El fenómeno evidencia la importancia del diálogo entre el pasado y el presente en la articulación de identidades colectivas. Y lo hace en un momento en que, como señala Enzo Traverso (2019: 39): "[…] Socialmente descompuesta, la memoria de clase se desvaneció en un contexto donde los trabajadores y las trabajadoras habían perdido toda visibilidad pública; se convirtió en una especie de memoria 'marrana', es decir, una memoria oculta […], y la izquierda europea perdió tanto sus bases sociales como su cultura".

Y, sin embargo, las huellas de esa "memoria oculta" siguen ahí. Perduran en las formas de hablar, en el paisaje, en los silencios, en las fotografías. Son como espectros que nos interpelan y de los que, en última instancia —como señala Derrida—, tenemos que "aprender a vivir". De ahí que "ese ser-con los espectros sería también, no solamente pero sí también, una *política* de la memoria, de la herencia y de las generaciones", una memoria con la que entablamos diálogo "en nombre de la *justicia*" (1995: 12). Algunos de esos fantasmas no son inmateriales ni etéreos. Son restos físicos, de ladrillo, piedra, hierro o cemento. Son el rastro de las viejas fábricas que la nueva realidad posindustrial se ha llevado por delante.

Sus vestigios, convertidos en arqueología industrial, certificarán el final de una clase obrera reducida a una pieza del museo. Y a menudo ni siquiera eso, pues los planes de conservación del patrimonio industrial incidirán en los aspectos tecnológicos o en los avatares del empresario, relegando a un apéndice secundario a las comunidades obreras. En otras ocasiones, privilegiarán una mirada esteticista sobre estos paisajes de la desindustrialización que anula su comprensión crítica y promueve lo que algunos autores no han dudado en calificar como "pornografía de la ruina industrial" (Strangleman, 2013). Todos estos fenómenos, sin embargo, no hacen más que poner de manifiesto que estos lugares son, por encima de todo, espacios de un conflicto de cuya resolución dependerá la resignificación colectiva que se le otorgue.

En Sagunto, la mayoría de las instalaciones siderúrgicas se demolieron —o fueron vendidas a precio de saldo a especuladores del suelo— tras el cierre de AHM. Se hizo con la complicidad de la mayor parte de la población que asumieron aquella desaparición como una amnesia voluntaria frente al trauma. La conservación de los pocos vestigios conservados se llevó a cabo conjugando el culto técnico a la máquina y una acrítica *nostalgia de las chimeneas*. Pero esto cambió a mediados de los años noventa cuando una nueva generación, los hijos de los obreros, pasó a entablar diálogo con aquellos restos. Primero fue de forma espontánea y lúdica, al calor de los ecos tardíos de la cultura *rave* británica que llegaban a la ciudad; después articulando un amplio movimiento contra los planes urbanísticos que amenazaban la ciudad-jardín de la Gerencia. Bajo el lema "Gerencia pública, ya", una plataforma de sindicatos, ecologistas, colectivos culturales, asociaciones de vecinos y defensores del patrimonio reclamaron la recuperación de aquellos espacios para afrontar las necesidades socioculturales de la población y reafirmar desde criterios de clase una identidad colectiva. La legitimación de este movimiento amplio e intergeneracional era clara: había que saldar una deuda histórica con los trabajadores. Tras diez años de luchas, las movilizaciones dieron su fruto: lograron derrotar los planes inmobiliarios y consiguieron que aquellos espacios pasarán a titularidad pública. Además, se forzó a la fundación que gestiona el patrimonio industrial a incluir entre sus objetivos la preservación de la memoria obrera.

No todo fueron victorias. A día de hoy, la mayor parte del patrimonio industrial sigue sin recuperar, pese a las millonarias inversiones realizadas por los Gobiernos del PP en faraónicos proyectos *pornoindustriales*, como la Ciudad del Teatro que solo sirvió para dilapidar dinero público en operaciones de *marketing* para tratar de desactivar la movilización ciudadana. Pero la experiencia confirmó la viabilidad de conformar sujetos políticos transversales, articulados a partir de criterios de clase. Es cierto que ello se produjo en una generación bisagra, los hijos de los obreros, que habían crecido inmersos aún en la cultura obrera, e incluso muchos de ellos participaron como niños o adolescentes en la lucha de AHM. La incógnita, y el reto, es cómo la clase puede articular subjetividades sociopolíticas entre los nietos y bisnietos de aquellos obreros, unas generaciones nacidas en plena invisibilización y estigmatización de la clase trabajadora. Para estos jóvenes su referente más cercano es un movimiento como el 15M que, pese a su indiscutible potencial crítico, se asentó en gran medida, como señala Jorge Sola (2018), sobre premisas del *clasemedianismo*. El propio concepto de *casta*, tan común aquellos días, si bien identificó un enemigo, desdibujaba las estructuras socioeconómicas de clase. Es significativo que quienes luchaban contra la *casta* fueran pronto presentados como parte de ella al alcanzar cotas de

Gobierno local, autonómico o nacional. O que en un contexto de repliegue de la protesta popular como el actual, el mismo término sea explotado con éxito por movimientos posfascistas.

CLASE, PLURALIDAD Y DIFERENCIA

Y, sin embargo, como irónicamente señala José Saturnino Martínez (2012: 9), con las clases ocurre como con las meigas: no creemos, pero haberlas, *haylas*. Solo que, en este caso, su existencia no la marcan creencias míticas sino criterios objetivos como el empleo o el nivel de renta. El sociólogo Antonio Antón Morón, analizando datos como los de la Encuesta de la Población Activa, concluye que en España las clases trabajadoras integran a dos tercios de su población activa. Si a ellas le sumamos las clases medias estancadas o descendientes, nos encontramos con que las clases populares abarcarían a un 80% de la población (Antón, 2018: 63) Es una realidad amplia, compleja y heterogénea, atravesada además por otras variables como el género o la raza. Pero conviene no olvidar que nunca existió un modelo homogéneo de clase trabajadora encarnado en el obrero fabril. En cualquier caso, ese variado 80% sí tiene elementos en común: un carácter subalterno respecto al poder económico y político y unas condiciones socioeconómicas que condicionan —y a menudo determinan— su desarrollo vital, su educación, su acceso a la vivienda, sus empleos (o carencia de ellos), su estatus social o sus expectativas de realización personal. Un marco de clase que, en suma, viene a desnudar falacias como la meritocracia o el ascensor social.

A ello se le suma la creciente *proletarización* del empleo. Mientras la industria fordista desaparecía, el síndrome de la cadena de montaje se extiende por más tipos de sectores: del empleado de banca al trabajador de McDonals, sus funciones se hacen cada día más rutinarias, repetitivas y alienantes. Incluso en aquellos sectores que se presentaban como ejemplo de creatividad y éxito. En 2017, la programadora Melissa McEwen confesaba en un artículo publicado en *Medium* su agotamiento físico y psíquico, las migrañas o la artritis que sufría tras diez años escribiendo códigos durante ocho y más horas al día. Su caso no es una excepción, y cada día nos llegan más testimonios de trabajadores mentalmente exhaustos tras sus jornadas interminables para firmas como X, Facebook, Google o Amazon. Trabajadores de usar y tirar, como demostró la ola de despidos de las grandes corporaciones del sector tras la COVID-19.

Pero la mayor proletarización llegó con el cambio estructural impuesto por el neoliberalismo y globalizado que mientras cerraba las antiguas fábricas convertía a toda la sociedad en una gigantesca *fábrica social*, como señalan autores como Negri (2004) o Franco "Bifo" Berardi (2023). La primacía del capital financiero y el desarrollo de las comunicaciones e internet hicieron innecesario el espacio fabril para extraer la plusvalía. Hoy, el valor no dependería del tiempo de trabajo, sino que gracias al desarrollo tecnológico estaría vinculado al conocimiento colectivo, a ese *general intellect* intuido ya por Marx en los *Grundrisse*. Esto, que posibilitaría transformaciones emancipadoras como la drástica reducción del tiempo de trabajo o la universalización de una renta básica vital, ha sido aprovechado por el capitalismo para crear un nuevo *obrero social* al que explotar no solo en el espacio de trabajo, sino durante toda su cotidianidad, desde que se levanta hasta que se acuesta: cuando trabaja gratis al usar cualquier autoservicio, o cuando mercadean con sus datos mientras navega por internet. Estamos ante un nuevo capitalismo que sustituye sus bases productivas por un pillaje extractivista generalizado; una nueva realidad que refuerza la necesidad, planteada por José Manuel Naredo (2022: 130), de dejar de ver la historia como una sucesión de "modos de producción" y empezar a verla como una evolución de "modos de dominación".

Pero además este obrero social se ha visto acentuado por otro fenómeno sobre el que acertadamente llama la atención Santiago Alba Rico. Se trata de la "proletarización del ocio" traída por la extensión de la explotación capitalista a la esfera del consumo. El ocio se habría convertido en la mayor fuente de beneficio capitalista. Un cambio crucial para analizar la clase puesto que "[...] es ahora el mercado, y no la 'fábrica', el mayor generador de hegemonía de clase; y el 'lugar' donde los sujetos se constituyen —en cuanto que sujetos— al margen de los vínculos colectivos" (Alba Rico, 2018: 47). De hecho, en las sociedades actuales "el consumo se ha convertido de algún modo en una fábrica" (ibíd.: 49).

En cualquier caso, todos estos elementos solo nos permiten obtener una foto fija de la estructura social o de los engranajes que el sistema pone en marcha para ejecutar su pillaje. Pero como advertía Margaret Thatcher, el problema no es que existan clases, sino que exista el orgullo, la conciencia de clase. Esa conciencia no viene determinada por la estructura social o su función en el entramado capitalista de extracción de riqueza, sino que, como advertía Thompson (1989), es un proceso en formación que emana de las experiencias, las vivencias, la lucha, la organización y los intereses comunes. De hecho, György Lukács (2021: 263) ya nos advirtió hace tiempo que "si se intenta dar a la conciencia de clase una forma existencial inmediata se cae inevitablemente en la mitología". Esa mitología se encarna hoy en dos posturas divergentes: aquellos (cada vez menos) que esperan reencontrar al héroe de la clase obrera, como si fuera un personaje de Eisenstein, y aquellos que la ven como los mutantes imaginados por Wes Craven.

Aunque más prioritario que debatir entre ambas mitologías es dilucidar primero si en nuestro tiempo líquido, desaparecidas las fábricas y los barrios que favorecían las subjetividades obreras de antaño, todavía es posible encontrar ese sujeto transformador. Construir ese sujeto globalizante es una de las cuestiones más urgentes del siglo XXI. Pero su formación actual parece "incompatible con la subjetividad de este consumidor —fallido o no— que solo se relaciona individualmente con las mercancías (y no con otros humanos)" (Alba Rico, 2018: 51). La incertidumbre se agrava por el impacto que las nuevas tecnologías de la comunicación, internet y las redes están teniendo en nuestra forma de concebir lo que nos rodea y en la propia racionalidad crítica asediada por una infoesfera que no cesa de crecer en un continuo fluir que desborda la capacidad de asimilación de la mente humana. Franco "Bifo"

Berardi (2021: 97) plantea el interrogante abiertamente: "¿Está la mente humana osificada y a merced del autómata cognitivo, o hay latente una subjetividad consciente y todavía capaz de reorganizar?". Obviamente, el filósofo italiano no tiene la respuesta. Y, como él, solo podemos aferrarnos a la frágil esperanza de pensar que cuando estamos convencidos de que llega lo inevitable, a veces la realidad da un giro inesperado y termina aconteciendo lo *imprevisible*. Hoy, la perspectiva de futuro parece traer el inevitable regreso del fascismo, la guerra y una crisis ambiental que amenaza, en pocas generaciones, la continuidad de la vida humana sobre el planeta. Por eso resulta imprescindible estar atentos a cualquier señal de los imprevisibles.

Uno de esos imprevisibles es la relativa recuperación que está mostrando el movimiento obrero. Y es que la lucha de clases parece haberse colado por los resquicios de los algoritmos para llegar hasta sectores que parecían inexpugnables como las grandes corporaciones y plataformas. En estos últimos años se han ido generando comunidades de autoayuda y auténticos sindicatos que empiezan a plantar cara a compañías como Amazon, Facebook, Microsoft o X (Franco, 2024). El 1 de noviembre de 2018 unos 20.000 trabajadores de Google se manifestaron por las calles. La palabra *huelga* deja de parecer un anacronismo después de que miles de guionistas norteamericanos secundaran en 2023 un paro de varios meses que ponía contra las cuerdas a las grandes productoras. El movimiento obrero volvía a entrar en escena con tal fuerza que ha provocado imágenes inauditas: el 23 de septiembre de 2023, el presidente de Estados Unidos Joe Biden se sumaba a los piquetes de la United Auto Workers y arengaba a los trabajadores a perseverar en su huelga contra los gigantes del motor.

Esta ola recorre el mundo como un nuevo espectro. En países tan distintos como Brasil, Países Bajos o Kenia, los conductores de Uber comparten aplicaciones para contrarrestar las duras condiciones impuestas por las plataformas, al igual que miles de repartidores en la India. En Colombia o México, controladores de contenidos están haciendo frente con apoyo sindical a la explotación que sufren por empresas subcontratadas. Este resurgir de la protesta se puede rastrear por todos los sectores: a finales de 2023, decenas de miles de trabajadores textiles de Bangladesh paraban la producción en talleres que abastecen a las grandes marcas de la moda; en julio de 2024, se declaraba la huelga Sansung, la primera en 55 años de historia de la empresa insignia del capitalismo surcoreana. En Europa la situación es similar y en Francia, solo en 2023, más de 3,5 millones de trabajadores participaron en paros y protestas. Alemania registró ese año su oleada huelguista más importante en 14 años y Noruega vivió su mayor huelga en el sector privado en medio siglo (Pascual, 2024).

España no es una excepción. Según datos del Ministerio de Trabajo, el número de huelguistas superó las 294.000 personas en 2023, una cifra escuálida, pero la más alta del último lustro. Y también aquí se han registrado nuevas y exitosas experiencias de organización obrera. El caso más emblemático es, sin duda, el de los *riders*. Este colectivo de repartidores dependiente de las plataformas no solo creó estructuras de autoorganización y huelgas frente a gigantes como Glovo o Deliveroo, sino que consiguió que se aprobara la Ley Rider, aunque sus efectos siguen siendo limitados. Otra experiencia clave es la protagonizada por las camareras de piso, las *Kellys*, que han sido capaces de generar redes autogestionadas para denunciar sus condiciones de explotación y visibilizar sus demandas. Mientras tanto, los sindicatos clásicos, pese a la crisis de afiliación, siguen integrando en España a más de 2,4 millones de trabajadores e incluso están registrando una tímida recuperación al calor de conquistas sociales como las subidas del salario mínimo interprofesional o la lucha contra la precariedad de la reforma laboral (Bayona, 2024).

A la vista de este fenómeno, la pregunta es: ¿puede la clase volver a ocupar la centralidad en un proyecto de emancipación que cuestione las lógicas explotadoras y alienantes del capitalismo? A juicio de Nancy Fraser:

> [Para] revivir la idea de una clase obrera como fuerza dirigente dentro de un nuevo bloque contrahegemónico, tendremos que

> concebir esa clase de una manera nueva —*interseccionalmente*, si se quiere—, de modo que no quede restringida a los trabajadores fabriles y mineros heterosexuales, varones y de la etnia dominante y que se extienda a todas las otras ocupaciones —pagas y no pagas— e incluya masivamente inmigrantes, mujeres y personas de color (2024: 92).

La reflexión es oportuna porque nos incita a concebir, es decir, a imaginar, a pensar, a comprender a la clase trabajadora. Y este es un ejercicio crucial ya que, en realidad, la clase trabajadora nunca ha sido un bloque homogéneo de "trabajadores fabriles y mineros heterosexuales, varones y de la etnia dominante". La realidad es que la clase obrera siempre fue plural. Ha estado compuesta por trabajadores industriales y mineros, pero también por albañiles, operarios de taller, tipógrafos, ferroviarios, camareros. Y además por sirvientas, costureras, hilanderas, trabajadoras de almacén. Igualmente, entre sus miembros nunca han faltado los emigrantes procedentes de otras regiones, de otros países europeos o del sur. En suma, esa pluralidad que hoy parece certificar la caducidad de la clase obrera existió siempre.

De hecho, los datos demuestran que el movimiento obrero y el discurso de clase pueden integrar muchas pluralidades. Por ejemplo, el 56% de las personas que secundaron una huelga en 2023 en España, según datos oficiales, fueron mujeres. Esto evidencia tanto la incorporación plena de la mujer al trabajo, como un cambio en el sesgo de género del sindicalismo del siglo XXI, ligado al mayor peso de sectores como la enseñanza y la sanidad. Y lo mismo ocurre con el ascenso de ese racismo del que se responsabiliza a la decadente clase obrera blanca. Los hechos demuestran que cuando la diversidad racial se integra bajo criterios de clase se abre la puerta a las experiencias compartidas. De nuevo, un vistazo a las estadísticas nos permite observar esas potencialidades: el 13% de los huelguistas en 2023 fueron extranjeros, un porcentaje equiparable a su participación en la Encuesta de Población Activa.

Es curioso —y nada inocente— que muchos de quienes criticaban el *esencialismo revolucionario* de la clase obrera defiendan hoy con vehemencia el *esencialismo reaccionario* de los trabajadores. No, es cierto, la clase obrera no es —ni ha sido nunca— la garantía de la revolución. Pero no es menos cierto que ninguna revolución, proyecto emancipador o programa progresista será posible sin la clase trabajadora. Estamos pues ante un problema político cuya resolución, si es que llega a darse, está por venir. La posibilidad de configurar una contrahegemonía frente al capitalismo realmente existente dependerá de los lazos de autorreconocimiento que se creen, de las complicidades que se tejan, de los intereses compartidos; requisitos complicados en nuestras sociedades líquidas y desvertebradas. Pero sí sabemos cómo hemos llegado hasta aquí: "Cuando la desigualdad y la redistribución dejan de ser un tema central, es probable que la clase deje de articular la política" (Sola, 2018: 95). Y sabemos que cuando la clase desaparece, su vacío político es ocupado por otras identidades: el nacionalismo excluyente, la xenofobia, el integrismo religioso, el supremacismo racial. Selina Todd (2018: 541) retrata la complejidad y ambivalencia de un fenómeno como el racismo en el caso británico: "En un país donde ningún partido político principal habla de acabar con la desigualdad económica, sino que todos hablan de la necesidad de controlar la inmigración, la raza se ha convertido en el único medio legítimo mediante el cual la gente de clase obrera blanca puede reafirmar su derecho a alguno de los bienes que ayuda a producir".

El veterano Ken Loach despedía su larga carrera cinematográfica con *El roble viejo* (2023), una película que, a diferencia de la mayor parte de su filmografía, dejaba abierta una puerta a la esperanza: una clase obrera que recupera su conciencia gracias el encuentro solidario entre la tradición del viejo movimiento obrero europeo (uno de esos "espectros" de Derrida, que acecha desde fotos antiguas y olvidadas) y los nuevos refugiados e inmigrantes del sur. ¿Será posible esta fusión renovadora? ¿O, por el contrario, el racismo y el fascismo lograrán imponer lo inevitable? La historia de Puerto de Sagunto demuestra cómo la clase puede generar subjetividades positivas a partir de la suma de desarraigos de la inmigración; unos inmigrantes que, aunque durante la formación de El Puerto compartían nacionalidad, también presentaban una pluralidad cultural no exenta de conflictos como el lingüístico. Solo el discurso de clase, con su acento en la justicia social, puede hacer posible ese encuentro de intereses entre el trabajador nativo y al extranjero. Una unidad que se quiebra con los discursos racistas del miedo. Un miedo al inmigrante exterior que, por cierto, no difiere de aquel que en los años setenta del pasado siglo proyectaba sobre el inmigrante interior con el mito del marginado suburbial y el quinqui. Pero una unidad que, indirectamente, también se ve resentida por un discurso progresista que prioriza el humanitarismo sobre la justicia social, potenciando una mirada multiculturalista que subraya la condición de extranjero, de otro, del inmigrante, en lugar de asumirlo como trabajador, con toda su complejidad cultural pero susceptible de configurar con el resto un nosotros.

Es necesario pues, como señala Fraser, concebir una nueva clase trabajadora, dejar de percibirla desde la visión caricaturesca de hombre blanco, racista y machista para asumirla en toda su pluralidad y complejidad. Para ello es necesario situar de nuevo en el centro del debate y la acción político el problema de la explotación y la distribución de la riqueza que subyace en el capitalismo. Esto no significa cuestionar la autonomía y las reivindicaciones de los otros actores, ni luchas tan necesarias y urgentes como la que se libra contra la violencia machista o el deterioro ambiental. De lo que se trata es de reintegrarlas en un proyecto compartido de emancipación que avance en la formación de un nuevo bloque hegemónico, cuya plasmación real se concretará, si llega, durante el proceso. Se trata de superar el marco de las identidades, excluyente por esencia y campo de una *batalla cultural* donde el fascismo se siente cómodo. Y sustituirlo por un nuevo marco que frente a la identidad defienda el derecho a la diferencia dentro de una subjetividad de clase que luche por la igualdad. Para ello habrá también que concebir un nuevo universal; pero no como referente cerrado e ideal, sino como "el proceso permanente del cuestionamiento y la renegociación de su propio contenido 'oficial'" (Žižek, 2000: 111). Desde ese prisma, abierto, dialéctico y en permanente revisión, habrá que repensar tanto los viejos valores del movimiento obrero como la igualdad, la justicia social, la solidaridad, el internacionalismo, el socialismo o la democracia, como las nuevas aspiraciones del feminismo, el movimiento LGBTI+ o el ecologismo.

Solo así se podrá librar la batalla entre lo inevitable y lo imprevisible. Un combate urgente en un mundo expuesto cada día más al retorno del fascismo, al imperio de la explotación y a unos niveles de alienación que intensifican el carácter depresivo de nuestra sociedad. Destacaba Mark Fisher (2018: 283) que "la depresión colectiva es el resultado del proyecto de resurbordinación de la clase dirigente". Contra aquel proyecto lucharon sin saberlo los trabajadores saguntinos. El 15 de abril de 1988, *El País* se hacía eco de un informe sobre salud elaborado por CCOO. Los datos eran espeluznantes: los suicidios en las zonas afectadas por la reconversión habían crecido un 37%. También aumentaban los problemas de neurosis, depresiones, desestructuración familiar, alcoholismo o drogadicción. La situación era tan preocupante que se habían tenido que reforzar los centros de salud en localidades como El Ferrol, Vigo, Reinosa, Gijón o Alicante. 40 años después España es el país que más benzodiacepina consume. Además, según los datos para 2022 de la Fundación Española para la Prevención del Suicidio, cada día se quitan la vida más de 11 personas en el país y el suicidio es la principal causa de muerte en jóvenes de entre 15 y 29 años.

Pero en aquel informe de CCOO había una excepción: Sagunto. Aquí los datos sociosanitarios en lugar de empeorar habían mejorado. Para los responsables del estudio aquellos resultados no se explicaban sin las conquistas de la lucha obrera durante la batalla de AHM. La implantación sindical, la conciencia de clase y la cohesión colectiva habían sido el mejor antídoto contra el deterioro de la salud mental. Es una enseñanza que no hay que olvidar y afrontar la formidable tarea de reconstruir la conciencia de clase defendida por Fisher (2018: 283): "[...] A pesar de lo que nos dice nuestra depresión colectiva, puede ser puesta en marcha. Inventar nuevas formas de involucramiento político, revivir las instituciones que se han vuelto decadentes, convertir la desafección privatizada en ira polítizada: todo esto puede hacerse, y una vez que ocurra, ¿quién sabe qué es posible?". Tal vez, incluso, hasta sea posible hacer realidad lo imprevisible.

BIBLIOGRAFÍA

Alba Rico, S. (2018): "Sujetos políticos y relevo civilizacional", en A. Tarín y J. Rivas (coords), *La clase trabajadora, ¿sujeto de cambio en el siglo XXI?*, Siglo XXI, Madrid, pp 42-54.

Antón, A (2018): "El sujeto del cambio" en A. Tarín y J. Rivas (coords), *La clase trabajadora, ¿sujeto de cambio en el siglo XXI?*, Siglo XXI, Madrid, pp 55-80.

Bayona, E. (2024): "La afiliación a los sindicatos crece al calor de los avances sociales y salariales", *Público*, disponible en https://bit.ly/3ZvVwqi.

"Bifo" Berardi, F. (2021): *La segunda venida*, Caja Negra, Buenos Aires.

— (2023): *Medio siglo contra el trabajo*, Traficantes de Sueños, Madrid.

Derrida, J. (1995): *Espectros de Marx*, Trotta, Madrid.

Fisher, M. (2018): *Los fantasmas de mi vida*, Caja Negra, Buenos Aires.

Franco, M. G. (2024): Las redes son nuestras, Consonni, Bilbao.

Fraser, N. (2024): *¡Contrahegemonía ya!*, Siglo XXI, Madrid.

Gubern, R. (2005): *La imagen pornográfica y otras perversiones ópticas*, Anagrama, Barcelona.

Jones, O. (2012): *Chavs. La demonización de la clase obrera*, Capitán Swing, Madrid.

Lukács, G. (2021): *Historia y conciencia de clase*, Siglo XXI, Madrid.

Mainer, J. y Juliá, S. (2000): *El aprendizaje de la libertad 1973-1986*, Alianza, Madrid.

Martínez García, J. S. (2012): *Estructura social y desigualdad en España*, Los Libros de la Catarata, Madrid.

Matías, G. (1988): "Solchaga anima a los empresarios a moderar los costes laborales en torno al 4% indicado el Gobierno", *El País*, disponible en https://bit.ly/4e7mKYQ.

McEwen, M. (2017): "I just don't want to be a software developer anymore", *Medium*, disponible en https://bit.ly/3TAtK8p.

Naredo, J. M. (2022): *La crítica agotada*, Siglo XXI, Madrid.

Negri, A. (2004): *Los libros de la autonomía obrera*, Akal, Madrid.

Pascual, R. (2024): "Los trabajadores europeos retoman las huelgas como arma de protesta tras la pandemia", *El País*, disponible en https://bit.ly/3MPvYgd.

Pueblo (1959): "Presidentes de los Colegios Españoles de Agentes de la Propiedad Inmobiliaria entregan al ministro de la Vivienda el nombramiento y la placa de agente de honor", *Pueblo*, p. 2.

Sola, J. (2018): "La invisibilización de la clase trabajadora" en A. Tarín y J. Rivas (coords): *La clase trabajadora, ¿sujeto de cambio en el siglo XXI?*, Siglo XXI, Madrid, pp 81-98.

Strangleman, T. (2013). "'Smokestack Nostalgia,' 'Ruin Porn' or Working-Class Obituary: The Role and Meaning of Deindustrial Representation", *International Labor and Working-Class History*, 84, pp 23-37.

THATCHER, M. (1976): *Fundación Margaret Thatcher*, disponible en https://bit.ly/4guqxAY.
THOMPSON, E. P. (1989): *La formación de la clase obrera en Inglaterra*, Crítica, Barcelona.
TODD, S. (2018): *El pueblo. Auge y declive de la clase obrera (1910-2010)*, Akal, Madrid.
TRAVERSO, E. (2019): *Melancolía de izquierda*, Galaxia Gutemberg, Barcelona.
ŽIŽEK, S. (2000): "¿Lucha de clases o posmodernismo?...", en J. Butler, E. Laclau y S. Žižek, *Contingencia, hegemonia, universalidad*, Fondo de Cultura Económico, Buenos Aires.

EPÍLOGO

MAREA DE SIRENAS, MAREA DE CUERPOS (RE)SONANTES A PUERTO DE SAGUNTO

PEDRO MONTESINOS BLASCO Y MIGUEL MOLINA-ALARCÓN

UUUUUUUUUUUUUUUUUUUUUUUUUUUUUUUUUUH
uuuuuuuuuuuuuuuuuuuuuuuuuuuuuuuuuuuuuuuuuu
uuuuuuuuuuuuuuuuuuuuuhUUUUUUUUUUUUUUUUUUU
UUUUUUUUUUUUUUUUH

EL MISTERIO DE LA SIRENA

En aquella ocasión salí al mar respondiendo a lo que se había convertido poco a poco en una obsesión que no había podido refrenar. Definitivamente, estaba dispuesto y preparado para enfrentar y afrontar lo que había de ser la irresistible voz que profería una misteriosa sirena que, de manera sorprendente, proyectaba su canto desde tierra firme. Había escuchado tantas veces hablar de la poderosa fuerza de atracción que ejercía aquel sonido en forma de llamada sobre los hombres jóvenes que, despojados de su albedrío, respondían ciegamente desde los pueblos y territorios cercanos y distantes, con la esperanza de un trabajo, un hogar, de su Ítaca.

Con todo, en los días previos traté de no pcnsar cn cllo demasiado. Como tampoco lo hicc al zarpar y adentrarnos en el mar a la búsqueda de un lugar adecuado desde el que aguardar el momento justo cn cl quc la cnigmática voz lograba alcanzar su máximo magnetismo. Tampoco recuerdo que ocurriese nada especial al abordar las primeras millas de la travesía. Pero lo cierto es que, en un determinado instante, sin que pueda identificar si hubo algún desencadenante o si medió una decisión voluntaria, fui percibiendo un sonido ondulante que podía provenir de una voz humana. Era casi inaudible al principio, y después de una sutil emergencia, se desvaneció lentamente dejando en el aire el rastro sobre el que surgió otra voz… y otra más… hasta formar un delicado coro de incontables unidades.

No puedo descartar completamente que, mecido por el suave vaivén que imprimía a la embarcación el moderado oleaje sobre el que navegamos, el monótono chapoteo del agua al chocar con el casco de la embarcación ejerciera algún efecto en mis sentidos o en mi imaginación. Escuchaba claramente esas voces irreconocibles, granuladas y espectrales. Aparecían en lugares diferentes y se disipaban sin más, dibujando apariciones y desapariciones, sucesiones y superposiciones que parecían ir y venir en todas las trayectorias posibles.

Surcando la inmensidad del mar, bajo un cielo estrellado que se abovedaba y reverberaba a mi alrededor, pude sentir una extraña sensación, como si en aquel momento se me concediera, por unos instantes, una posición central en un mundo que parecía pivotar a mi alrededor y terminarse en los confines de mí mismo. A los pocos instantes, aquel coro de voces difuminadas y brillantes se desvanecía hasta desaparecer enmascarada en la ajena letanía de chapoteos. Una languidez somnolienta volvía a aquella indiferente cubierta mecida con desdén por un mar somnoliento.

Las propagaciones ilocalizables y perturbadoras me sumían en una pléyade de sentimientos y emociones difusas que aunaban y confrontaban afligidos lamentos con gozosos regocijos, siniestros destinos con luminosos itinerarios, la desesperación agazapada y el solícito deseo.

Quizá fuese el único que percibiese esas voces porque nadie en esa embarcación daba ni la mínima muestra de estar experimentando nada que no se correspondiera con la insólita travesía en la que nos habíamos enrolado.

Inadvertida y sigilosa, una ondulación vocal mezclaba sus partículas mitológicas con el oleaje como si una delicada caricia granulada recorriera mis oídos antes de difuminarse y desaparecer. Poco a poco, la cadencia marina se disolvía en la resonante inmensidad en la que aquellas ondulantes voces dispersaban sus trayectorias indeterminables y sus estelas cristalinas. Pero nadie se inmutaba mientras la creciente marea de sirenas mitológicas desplegaba sus encantos cuando una desmesurada y feroz vibración que emergía al unísono desde todos los rincones impuso su llamada para someter y subyugar cualquier otra presencia y quebrar el hechizo que arrinconaba mi desarmado y tentado albedrío.

UUUUUUUUUUUUUUUUUUUUUUUUUUUUUH

LA SIRENA AMORDAZA Y CANTA: DEL ATURDIMIENTO MONSTRUOSO A LA NUEVA MUSICALIDAD

Cualquier persona que tuviese la oportunidad o la necesidad de adentrarse, por una u otra razón, en los intersticios de aquel desmesurado organismo siderometalúrgico en incesante estado de actividad múltiple y continuada debía estar preparada para sumergirse y permanecer a lo largo de la jornada de trabajo entre sobrecogedores chirridos, brutales explosiones, interminables traqueteos, golpes descomunales, rumores terroríficos, soplidos y siseos sobrenaturales, chispazos expansivos que se alternaban, se respondían, se (des)coordinaban desde las diferentes etapas que daban vida a aquel ser inconmensurable.

Cada posición tendría más cerca unos sonidos que otros, cada operario generaba algunos de aquellos sonidos y escuchaba los demás. Unos cercanos, otros más alejados y otros en la distancia. Cada persona se veía obligada a bucear en aquel océano vibraciones que se arremolinaban, retorcían, sacudían o se expandían violentamente en su determinación por mostrar sus virtudes para perpetuarse dibujando nuevos horizontes y fronteras, nuevas travesías y exploraciones.

Además, toda esa colección de nuevos ruidos y estridencias surgían inagotablemente desde las inabarcables e inauditas naves o talleres en las que se generaban estas colosales cacofonías incesantes. En su afán por confinar en su interior cavernoso los estruendos indiscriminados y desmedidos que se producían, las paredes, los techos y los suelos reflejaban las energías que se concitaban en su seno hasta alcanzar niveles desconocidos, antes de fagocitarse sin miramientos por una nueva irrupción irresistible.

No había pasillo, habitáculo o rincón en el interior del ciclópeo engendro mecánico que permaneciera ajeno a aquel trasiego de vibraciones y ondulaciones que generaba la actividad y que se dispersaban inexorablemente por unos espacios de geometrías imposibles, de ecos siniestros, de reverberaciones interminables, de resonancias inexplicables, de zumbidos imperceptibles y ondas estacionarias inmanentes.

Es fácil de comprender que las primeras exposiciones a unas fuerzas de semejantes proporciones producían un efecto intimidante y paralizador. Algo así como un aturdimiento difuso del cuerpo y de la mente al que había que sobreponerse si querías alcanzar a realizar las acciones que permitían obtener la recompensa semanal comprometida.

No sería fácil para nadie permanecer impasible y no sobresaltarse al escuchar algunos de los sonidos que daban vida a aquella compleja maquinaria de maquinarias que parecía disponer de vida propia. Ni resistirse al hipnótico y exuberante despliegue de fuerzas movilizadas en el proceso productivo.

Como consecuencia inevitable, el silencio y la quietud propios del reposo, de la reflexión o la ensoñación y el de la pereza o la desidia no encontraban dónde instalarse y, como quien está separado de su otra mitad, quedaban relegados, marginados y reprimidos en favor de un vigor electrificado que propulsaba un constante e irrenunciable acontecer. Para poco parecía servir el silencio improductivo e inerte pudiendo abrazar la ingobernable vitalidad de la acción perpetua.

Cierto es que, con el paso de las jornadas, las semanas, los meses y los años, la redundancia inquebrantable y las explicaciones que unos u otros daban a los sonidos de las vísceras metálicas, de las articulaciones mecanizadas, de los vómitos incandescentes o las exhalaciones inanimadas perdían paulatinamente su condición de excepcionalidad, grandilocuencia y monstruosidad. Sin esfuerzo, la normalidad iba haciendo sitio a las rutinas cotidianas, a las repeticiones anodinas e intrascendentes que se iban infiltrando aquí y allá, desnudando de su embrujo y magnetismo a toda aquella fenomenología acústica.

Sin embargo, en ese transcurrir entre la magnificencia de los procesos, intercaladas en la profusión sonora, las excitaciones aéreas menores aparecen ensambladas y entrelazadas con los incontables chirridos repetidos en series cíclicas que vuelven sobre sí mismas, una vez tras otra. El recurrente e irreductible esfuerzo por hacerse un sitio en los escasos resquicios que dejan los insistentes impactos, que sustentan la gran cadencia, se hace una constante. La aleatoriedad indeterminable y la refinada sincronización tratan sin éxito de doblegarse mutuamente en su litigio irresoluble por la supremacía temporal y el pulso de la actividad.

Un largo bufido irrumpe dejando tras de sí una indiferencia generalizada. Al desvanecerse, revela una hipnótica y obstinada atmósfera cargada de rumores, golpes, fricciones, chasquidos y chispazos que parecen buscar engarces y diálogos en forma de confluencias rítmicas, en forma de fraseología incomprensibles. Múltiples modulaciones y caprichosas concatenaciones melódicas dibujan nuevas percepciones y, sin saberlo ni pretenderlo, impulsan exploraciones hacia nuevas relaciones con los sonidos, con el ruido y el silencio.

Así aparecen formas diferentes de unir, enlazar y componer presencias y ausencias, de escuchar y apreciar ruidos desconocidos a los instrumentos musicales, inspirados involuntariamente por prosaicos criterios de eficiencia y productividad, de coordinación, de sincronizaciones y secuencias que impregnan una desconocida belleza a las involuntarias y, a pesar de todo, épicas composiciones a las que nadie prestaba atención.

Los sonidos del trabajo, de las máquinas y de las fábricas fueron desplegando su dimensión estética. Esos ruidos obtuvieron un protagonismo creciente en los ámbitos musicales de la contemporaneidad, que vieron en estas nuevas sonoridades, ritmos, secuencias y puntuaciones un universo inagotable de metáforas que exaltaba la irrupción arrebatadora de nuevas fuerzas y nuevos materiales, nuevos procesos y tratamientos que prometían el progreso para las personas y para el mundo. Una forma nueva de escuchar, de apreciar y sublimar la vida iluminada del nuevo Polifemo de una sola sirena, pero con 100 cabezas, miles de brazos y otras tantas piernas.

LA SIRENA BIOACTIVA: PIELES (IM)PERMEABLES Y CUERPOS (RE)SONANTES

Pero por más acostumbrado y habituado que alguien esté a abstraerse de las propagaciones de gran intensidad, o a desentenderse de los mil y un matices y precisiones que se pueden apreciar e interpretar sobre las causas y el comportamiento del sonido, no es el oído, ese órgano por el que se cuela la fina pero significativa materialidad de la voz materna, el único sentido que se ve invadido y afectado por las ondas que viajan por el aire.

Para identificar una de esas otras percepciones no audibles de las ondas sonoras hay que trasladarse a una escala diferente. Porque, de forma análoga a como nuestro tímpano está preparado para captar los cambios de presión del aire, cuyas frecuencias de repetición se sitúan entre los 20 y 20.000 ciclos en un segundo, la piel también percibe a través del tacto las variaciones en la presión del aire que generan las oscilaciones al propagarse.

Compuesta por la acumulación estratificada de incontables células que se acumulan y se vinculan unas a otras, la piel constituye ese revestimiento capaz de contener determinadas sustancias, organismos, tejidos y estructuras fisiológicas, necesarias para la subsistencia, impidiendo que abandonen un contorno higiénico, sensible y operativo. Al mismo tiempo, y de manera inversa, es esa misma delimitación de lo interior la que mantiene en el otro lado todo aquello que constituye la exterioridad. Todo aquello con lo que nos relacionamos desde dentro, que nos construye y nos destruye, en nuestra simbiosis cutánea con el medio que igualmente construimos y destruimos.

Una fina, delicada y frágil envolvente, bioactiva e inteligente, constituida de células, vasos, colágenos, extensiones nerviosas, capilares sanguíneos y grasas dispuestas en tres capas diferenciadas interdependientes y complementarias que en su reajuste permanente se empeñan en cumplir una función esencial para la vida. Esa membrana de membranas, ennegrecida por el hollín, el carbón y la tierra, que negocia permanentemente el contacto entre el interior y el exterior, que confina sin perder una cierta impermeabilidad, reclama una atención propia para ese tacto invisible pero certero que se desentiende de la naturaleza del sonido que se escucha, y que esquiva las preocupaciones auditivas. Sobre esa malla viva y dinámica es sobre la que el aire grava sus impactos metálicos, esculpe sus abrasiones chispeantes, moldea sus registros y sus límites, firmemente ligada a ese aliado indeleble que es el tiempo.

Y lo mismo puede decirse de esa piel que perfila al Polifemo de hierro en su cueva fabril. Ese pellejo de muros y alambradas de espinas que envuelve las dispersas instalaciones que intervienen en las diferentes etapas de la producción, las protege y les atribuye la monstruosa forma que asegura su existencia. Ese cuero que acoge a la vez a personas, materiales y maquinarias autorizadas para entrar y salir, trata de repeler de manera tajante y reglamentada todo lo demás.

Esa voluntad de mantenerse ajena, estanca e indiferente a la exterioridad no la tiene nuestra piel que al oponerse a sonidos con niveles de intensidad media y alta se ve atravesada, sin autorización posible, por frecuencias bajas y muy bajas (incluso por debajo de los 20 ciclos por segundo). El impacto de esas ondas sobre la protección cutánea produce una transferencia de energías vibratorias al interior de los organismos. Al propagarse las ondas sonoras también por los tejidos, fluidos y oquedades del cuerpo, estas pueden generar resonancias fisiológicas allí donde las oscilaciones aéreas encuentran un espacio con las proporciones justas para rebotar y realimentar su fuerza entre las paredes que lo conforman. De esa manera se excita una resonancia que se perpetúa mientras el estímulo permanece activo.

Las tres capas que opone la envolvente cutánea se ven incapaces de contener, amortiguar o rebotar toda la energía y fracasa al impedir la inmisión acústica al interior de los cuerpos.

No puede evitar que tiemblen los tejidos respecto al punto de reposo ni que se trasladen de forma mecánica las variaciones de presión a través de los fluidos corporales hasta el aire que llena órganos vitales como los pulmones, el estómago o el corazón. Una discreta simbiosis entre la materialidad temblorosa, la fluidez agitada y la elasticidad aérea, que excita y alienta unas determinadas resonancias entre las paredes de los órganos huecos. Así el cuerpo reacciona al estímulo, audible o no, haciendo suyas las frecuencias que hace, y lo hacen, resonar, que explican quién es y qué pasa a su alrededor y que se van asentando hasta cimentar, de manera inadvertida pero inevitable, una memoria del cuerpo y de los sentidos que se escapa a nuestra voluntad.

Todas esas fuerzas obligaron a muchos cuerpos a adaptarse y amoldarse inmersos en las mareas, corrientes, oleajes y expansiones invisibles. Procesos y fluidos biológicos como los que participan en la digestión o en la circulación sanguínea, se ven interferidos, modulados o inducidos, en mayor o menor medida, por las torrenciales vibraciones que atraviesan los cuerpos permanentemente expuestos. Son esas ondulaciones del aire, esas permeabilidades dérmicas y fisiológicas; esas resonancias en los espacios huecos, reiteradas día tras día, repetidas una y otra vez, debidamente organizadas y normativizadas, las que de manera implacable participan en la conformación y modelado de los cuerpos industriales envueltos por pieles no menos industriales, que se forjan en el interior del ciclópeo cuerpo productivo.

LA SIRENA, DENTRO Y FUERA, FUERA Y ADENTRO. EL CUERPO SOCIAL Y LA SIRENA-PIEL

El monstruo lanza al viento su ubicuo alarido sinuoso con el que marca el tiempo del trabajo y del descanso. Es el cambio de turno. Con su *crescendo* majestuoso y omnipresente la sirena irrumpe soberbia y categórica en cualquier lugar, sin remedio ni cortesía, para advertir del momento, de la oportunidad y de la necesidad. Es la señal de las señales, la voz de las voces, la vibración de las vibraciones que coordina y alinea todas las extremidades orgánicas, que impulsa y mantiene el esfuerzo continuado, inflexible y determinado, inasequible al desaliento, y que se proyecta hacia el futuro, hacia una ilusoria eternidad a la que se llega yendo.

El despiadado gemido no encuentra sus límites entre los muros de la instalación y se propaga más allá de las naves, las oficinas, las garitas o los talleres. A través del aire, sus ondulaciones y vibraciones desbordan los límites del cuerpo fabril y de la piel que lo delimitan en busca de otros territorios a los que llevar su mensaje, su canto, su llamada, su requerimiento. Y los encuentra en la exterioridad de las calles, las casas, en los pasillos, estancias, altillos o sótanos que acogen a los trabajadores y sus familias y que reverberan con la voz incontenible e inevitable del barrido ascendente que se proyecta en todas direcciones.

Fuera del recinto, esa marca invisible indica el momento de preparar la comida, la cena o el almuerzo, de volver a casa "antes de que llegue mi padre del trabajo" o "de que mi padre se levante para ir a trabajar", de preparar una inminente salida o de iniciar las labores domésticas. Y así, más allá de la piel espinosa y amurallada, la sirena se convierte en otra piel. Esa en la que también se sentían envueltas, protegidas y delimitadas las personas que aferraron sus vidas cotidianas al pulso y las vicisitudes que se enfrentaban en el interior del complejo siderúrgico.

En sus pieles, en cambio, sí percibían la inflexible y paternalista llamada de la sirena. Tres cambios de turno al día, con preavisados 15 minutos antes, y las entradas y salidas de oficinas convertían aquel aviso en el canto más atendido, la voz más conocida y la vibración más compartida entre quienes vivieron bajo el influjo de semejante artefacto.

Y, a través de esa piel, una embarazada podía vibrar y resonar hasta inducir en el líquido amniótico un indetectable ajetreo vibratorio capaz de estimular la piel, el oído y el cuerpo en maduración. Como si un tutor sonoro intentase, sin que nadie lo pueda evitar, guiar y moldear, desde sus primeras etapas, cuerpos industriales envueltos en piel industrial de los que disponer para asegurar su propia supervivencia.

A pesar de la colosal energía que era capaz de desplegar el dispositivo que exhala el bramido mecanizado, la distancia impone su límite y dibuja una maleable frontera con una interioridad y su correspondiente exterioridad. Todos aquellos cuerpos que permanecían ajenos e indiferentes al vibrar de la sirena carecían de las marcas y las huellas, de las resonancias y abrasiones que lucían, altivas y orgullosas las pieles que cubrían los cuerpos industriales. Las pieles de los otros cuerpos no se entendían con estas pieles y viceversa. Un ellos y un nosotros que la sirena alimentaba en cada alarido, contrapuesta a la llamada rural de la campana.

Una fuerza regeneradora y omnipotente se expresa día tras día en las entrañas del coloso que humea, rechina, crepita y retumba como nunca. En su máximo esplendor, la sociedad industrial encuentra y reconoce su exuberante belleza en la expansión, en el incremento, en la opulencia de inusitadas explosiones, en la ampliación de las etapas, en la prolongación de los procesos que adelantan un crecimiento expansivo que no encuentra límite.

Ruge la bestia social en su henchida sinfonía ensordecedora. La ingente monstruosidad orgullosa de alimentarnos no cesa en su empeño por agitar, friccionar, percutir o resoplar, ajena a todo, indiferente y confiada, ensimismada en su propio ímpetu, en su propio estruendo, en las marcas, abrasiones, tirones y erosiones que deja en la piel y en los cuerpos que viven en la sirena.

UUUUUUUUUUUUUUUUUUUUUUUUUUUUUH

LA VOZ DE LA SIRENA CALLA: UN CUERPO UNIDO QUE LUCHA HASTA DESFALLECER

Con su inevitable y definitivo *decrescendo* de aguda a grave de la voz de la sirena, ahoga su alarido en la imperturbable cotidianidad y devuelve a la nimiedad de un cuerpo quebradizo, a la fragilidad de la piel vulnerable.

Al acceder al interior del cuerpo productivo, tras el descanso establecido, junto con los rugidos y alaridos remanentes del monstruo mecánico, novedoso y transformador, los obreros introducían en sus pieles y en sus entrañas las vibraciones y resonancias de sus vidas en el exterior. Los llantos y amarguras por las duras condiciones de sus vidas fuera de la instalación se entremezclan con los rastros interiorizados de festejos explosivos, exaltaciones de la amistad o melodías de seducción.

Las resonancias de la vida social refuerzan la determinación para afrontar los retos y las exigencias, las marcas y las resonancias que perpetúan las motivaciones y las aspiraciones que prometen los nuevos tiempos, los nuevos materiales, los nuevos sistemas que llegarán. Nada puede detener un cuerpo industrial asentado y apuntalado en un cuerpo social que se regenera y crece sumando cuerpos que se instalan en el interior de la piel-sirena en busca del salario que permita no depender de las cosechas, de las arbitrariedades y caprichos de la naturaleza, de uno u otro señor.

El cuerpo de la sociedad industrial, engrasado y ajustado mantuvo su pundonor, su voluntad y su determinación cuando se encaró otra ampliación y se estimaron nuevas exigencias de producción, cuando el monstruo arrinconó el paternalismo o cuando entendió que tendría que medirse con sus hermanos mayores. Nada parecía inquietar a la ciclópea monstruosidad, ni a quienes la alimentaban y sostenían en pie cuando empezaron las primeras voces a sospechar. La constatación de la incansable sirena o de la sinfonía de lo desmesurado, lo cíclico e interminable, las marcas impertérritas de la piel y las resonancias asentadas en la memoria de los cuerpos, dentro y fuera, fuera y dentro, impedían identificar el peligro.

Envueltos en la piel-sirena, los cuerpos de trabajadores y no trabajadores, hermanos y hermanas, primos, primas, tíos, tías, sobrinos, sobrinas, cuñados, abuelas, suegros... advierten incrédulos la aparición de una amenaza desconocida. En poco tiempo emerge un nuevo coro en defensa de las ampliaciones que aseguren el mantenimiento y el sustento para todo aquel organismo industrial capaz de arrastrar a sus espaldas, en perfecta simbiosis, ese otro cuerpo social que denuncia y anuncia su final.

Un cuerpo compacto y aguerrido encara unido una lucha impensable por la supervivencia. Toda la vitalidad y energía reivindicativa se moviliza y se articula, se agita y se arremolina, mientras el confiado coloso industrial otea un porvenir asfixiado por inanición y se resiste a su final, al final, a un final escrito y negociado, peleado y exigido.

El monstruo abandona su lucha, ceja en su empeño que fue irrenunciable y se proyectaba hacia la eternidad. Deja que lo desmiembren, que minimicen sus grandezas, que derrumben sus extremidades y lo dediquen a menesteres menores. Consiente que acallen la inmensa voz que dejará de oscilar y ondular, de vibrar y propagar, de avisar, de advertir, de señalar, de identificar y de exhibir, de enseñar, de atraer, de explicar, de ser piel.

La colosal y monstruosa sinfonía de la fábrica va perdiendo su vigor, ahogada en los gritos desesperados que se desvanecen definitivamente hasta desaparecer en el más oscuro y siniestro de los silencios. Los cuerpos que habían dado signos de fuerza inagotable, de vitalidad desmesurada, que se proyectaron en aquella ilusoria eternidad yacen ahora inermes, despojados de cualquier signo de esperanza o motivación. Han dado su brazo a torcer y aceptan lo que nunca creyeron que pasaría. Han perdido sus referentes fisiológicos y epidérmicos, sociales y económicos. Han dejado de escuchar la sirena.

SEAMOS SIRENA: RESONANCIAS SOCIALES, MEMORIA Y REIVINDICACIÓN

El rastro de silencio, otrora proscrito, lo empapa todo con la decepción y el desánimo que devasta cualquier aspiración y deja los cuerpos exhaustos y desmoronados. El monstruo yace resquebrajado y moribundo cuando todo parece haberse desvanecido. La más fulgurante y magnífica existencia se enfrenta a la dispersión de sus procesos, a la especialización monofónica, al ronroneo confortable, a las migajas de los planes improvisados o de las promesas que nunca se cumplen.

En la inmensidad de un cósmico vacío, la caricia granulada de unas partículas mitológicas asoma sigilosa desde las profundidades de una oscuridad densa y pegajosa. Su presencia espectral va adquiriendo una creciente consistencia en los tímpanos distraídos.

Unas minúsculas oscilaciones se perciben en el aire estancado. Se dispersan en todas direcciones y van materializando un ondulante susurro. Nadie se mueve, nadie se agita, nadie resuena. Hace falta tiempo; hay que cerrar las heridas, aceptar el final, pasar página. El ambiente se tensa alrededor de lo que no deja de ser un rumor distante e inofensivo...

En un rincón apartado, una mano mueve suavemente sus dedos. Con una lentitud extrema y titubeante se estiran, se repliegan y se aprietan, un instante, antes de desplomarse.

Los *crescendos* y *decrescendos* se aproximan y sus fluctuaciones ondulantes alcanzan un pie que se mueve lentamente hacia atrás obligando a la rodilla a doblarse. En el mismo instante, como si la misma fuerza los moviese, la mano vuelve a extender los dedos muy despacio. Los retrae y los vuelve a apretar. En lugar de desplomarse, esta vez, la mano vuelve a abrirse temblorosa pero finalmente se estira otra vez y se vuelve a cerrar.

Un brazo se yergue con fuerza. Permanece firme, aunque de su mano descuelga unos dedos inanimados, mientras la mano sigue estirándose y apretando cíclicamente y el pie va y viene doblando y desdoblando la rodilla.

Otros brazos irrumpen aquí y allá y los dedos, las manos, los pies, las rodillas van ganando movilidad paulatinamente al tiempo que la voz de la sirena se aproxima cada vez más. Las agitaciones de las extremidades van insuflando vida en los cuerpos que empiezan a interactuar, a zarandearse y a abrazarse, a apoyarse y animarse mutuamente.

Entre la gente emerge una voz frágil y quebradiza que se empasta con el sonido de la sirena. Otra voz se suma a la llamada... otra más... otra más... Paulatinamente, un coro de sirenas va conformando un alarido creciente.

Las ondulaciones de la sirena remiten a un pasado que fue presente, desde un presente que será pasado de otro presente: unas agitaciones vibrantes que cruzan el tiempo en un viaje de ida y vuelta para generar una nueva resonancia realimentada desde la memoria, desde las marcas de la piel y las resonancias del cuerpo. Una vibración oscilante que encuentra su etapa definitiva más allá de la escucha pasiva de las frecuencias sublimes que excita y suscita la voz inconmensurable que atraviesa a las personas y las aúna bajo su envolvente invisible.

La consumación emerge de la vibración simpática que alinea y acompasa cada una de las emisiones particulares e íntimas con las que se genera la amalgama de todas las voces dispuestas a emular, reproducir, proferir o ulular el recuerdo, la vivencia, la evocación y la reivindicación. Una transmutación de la experiencia inadvertida y olvidada en resonancia de resonancias retroalimentándose hasta reunir fuerzas y energías, rebotes y reflejos capaces de proyectar en el tiempo la solemnidad monumental de un significativo alarido.

Una agitación de agitaciones que atraviesa una mitología carnosa, temblorosa y húmeda desde la experiencia, los recuerdos y evocaciones, desde la imaginación y la determinación; fruto inadvertido y discreto de un contacto aural, corporal y simbiótico con las agitaciones, oscilaciones, ondulaciones, reverberaciones, ecos, resonancias con las que muchos cuerpos crecieron y convivieron y que vertebran y sostienen el aliento común.

Una vibración de vibraciones que se realimenta cada vez que alguien hincha sus pulmones hasta llenarlos completamente, antes de exhalar, a través de la tráquea y las cuerdas vocales el chorro de aire que modula la boca y la nariz, los dientes y los labios y que se expande a nuestro alrededor en forma de alarido íntimo y colectivo. Una marea definitiva de sirenas ululantes y dichosas que celebran la exaltación de resonar con una voz hecha de cientos, de miles de voces escuchadas y emitidas, traídas y llevadas, olvidadas y recreadas, desde y hacia este preciso instante en el que tú también eres sirena, piel, cuerpo, memoria y resonancia. Si te conviertes en sirena humana, volveremos a (re)sonar en otros cuerpos. Y nadie podrá olvidar.

UUUUUUUUUUUUUUUUUUUUUUUUUUUUUUUUUUUUUUUUUUUUUUUUUUUUUUUUHuuuu uuuuuuuuuuuuuuuuuuuuuuuuuuuuuuuuuuuuuuuuuuuuuuuuuuuuuuuu uuuuuuuuuuuuuuuuuuh

SOBRE LAS AUTORAS Y LOS AUTORES

Ion Andoni del Amo Castro

Ingeniero de Telecomunicaciones, licenciado en Ciencias Políticas y Sociología, máster en Modelos y Áreas de Investigación Social, y doctor en Comunicación Social. Profesor e investigador de la UPV/EHU, en la Facultad de Educación de Bilbao, Departamento de Ciencias de la Educación. Ha sido también investigador visitante en la Universidad Autónoma de Madrid, Universidad Autónoma de Barcelona, Universidad de Oporto, Merrimack College y Harvard University. Es autor del libro *Party & Borroka: Jóvenes, músicas y conflictos en Euskal Herria* (Txalaparta, 2016) y de varios trabajos individuales y colectivos en el ámbito de la comunicación, la cultura popular, la educación, las nuevas tecnologías y los movimientos sociales.

David Álvarez García

Licenciado en Comunicación Audiovisual y doctor en Periodismo por la Universidad Complutense de Madrid (UCM), y máster en Comunicación, Cultura y Ciudadanía Digital por la Universidad Rey Juan Carlos (URJC). Su carrera investigadora gira en torno a la cultura popular, aunque ha tratado otros temas como los movimientos sociales, las subculturas y el lenguaje audiovisual. En 2023 realizó una estancia de investigación en la Universidad

Erasmus de Rotterdam. Durante diez años ha impartido clases en IE University (Segovia y Madrid) en las asignaturas Pop Music and Cultural Change, Visual Storytelling, Scriptwriting & Storytelling y Advertising Creativity, donde fue responsable del laboratorio de creación audiovisual MediaLab.

Pere Beneyto

Doctor en Sociología y profesor honorario de la Universidad de Valencia, en la que ha desarrollado su docencia e investigación en el área de relaciones laborales habiendo publicado, entre otros, los libros *Reivindicación del sindicalismo* (Fundación 1º de Mayo, 2012) y *Trabajo y empresa* (Tirant, 2014). En la actualidad preside la Fundación Valenciana de Estudios e Iniciativas Sociolaborales (FEIS), en la que codirige la colección Rutas de la memoria obrera.

Paz Benito del Pozo

Catedrática de Geografía Humana en la Universidad de León y directora del grupo de investigación Invester. Reconocida experta en patrimonio industrial, es autora de numerosas publicaciones nacionales e internacionales sobre la materia. En España es pionera en el enfoque geográfico de este patrimonio y su impacto en espacios desindustrializados.

Pablo Díaz Morlán

Licenciado en Ciencias Económicas (1991, Universidad del País Vasco) y en Geografía e Historia (2002, UNED), y doctor en Ciencias Económicas (1997, Universidad del País Vasco). Catedrático de Historia e Instituciones Económicas en la Universidad de Alicante. Entre sus áreas de investigación destacan la historia empresarial de España, las biografías empresariales, la empresa familiar, la reconversión industrial o la historia de la siderurgia europea. Ha publicado 6 libros, 30 capítulos de libro y numerosos artículos en revistas nacionales e internacionales como *Business History*, *International Journal of Maritime History*, *Revista de Historia Económica*, *Revista de Historia Industrial* o *Investigaciones de Historia Económica*.

Joaquín Estefanía
Periodista y escritor. Fue director de *El País* desde 1988 a 1999 y de la Escuela de Periodismo de la Universidad Autónoma de Madrid/ El País durante 21 años. Es autor de más de una docena de ensayos sobre lo que sucede a nuestro alrededor. En la actualidad es columnista en dicho periódico y colabora con el programa *Hora 25* de la Cadena SER.

Juan Ramón Gallego Bono
Licenciado y doctor en Economía por la Universitat de València. Es profesor titular y director del Departament d'Economia Aplicada de esta universidad. Sus principales áreas de investigación son los procesos de reconversión y de reindustrialización en áreas de antigua industrialización, como Sagunto, y más en general el desarrollo regional, la economía de la innovación y el cambio tecnológico, la economía social y las instituciones. En todos estos ámbitos ha publicado en revistas nacionales e internacionales. Ha realizado estancias de investigación en España, Francia y Suiza. Ha realizado trabajos de transferencia del conocimiento para Gobiernos regionales y locales.

Sergio Gálvez
Doctor en Historia Contemporánea. Actualmente es jefe de servicio del Archivo Central del Ministerio de Trabajo y Economía Social. Entre otras membresías es investigador del Ibero American Institute of the Hague, así como forma parte de la Section on Archives and Human Rights on the International Council on Archives (SAHR ICA). Ha sido docente en la Universidad Complutense de Madrid, en la UNED y en la Universidad de Buenos Aires.

Ernest Garcia
Profesor emérito de la Universitat de València donde ha sido catedrático de Sociología, decano de la Facultat de Ciències Socials y coordinador del grupo de investigación en Estudios de Sostenibilidad. Es autor de *El trampolí fàustic: Ciència, mite i poder en*

el desenvolupament sostenible (Germania, 1995); *Medio ambiente y sociedad: La civilización industrial y los límites del planeta* (Alianza, 2004); *Transitioning to a Post-Carbon Society: Degrowth, Austerity and Wellbeing* (Springer, 2017); y *Ecología e igualdad: Hacia una relectura de la teoría sociológica en un planeta que se ha quedado pequeño* (Tirant, 2021).

Miguel Ángel García Calavia

Profesor del Departamento de Sociología y Antropología Social de la Universitat de València. Sus principales áreas de interés docente e investigador sociológico son trabajo y relaciones laborales. Sus líneas de investigación actuales son: despidos laborales, recursos de poder de los sindicatos y colaboración de sindicatos y Tercer Sector de Acción Social. Ha realizado numerosas publicaciones, entre otras, *Regulación del empleo en entornos nacionales europeos* (Tirant lo Blanch, 2024). Ha desempeñado responsabilidades de gestión en distintas instituciones universitarias.

Maria Hebenstreit

Doctora en Historia Contemporánea. Se licenció en Historia, Arqueología Clásica y Filología por las universidades de Leipzig y Edimburgo. Desde 2008 estudia la historia social e industrial de Puerto de Sagunto, destacando sus investigaciones sobre negociación colectiva en el franquismo, la mujer en los conflictos laborales y sociales, los movimientos vecinales y los curas obreros. En 2012 concluyó su tesis doctoral europea sobre *La oposición al franquismo en Puerto de Sagunto, 1958-1977*, libro publicado por la Universitat de València. Es miembro de la Junta del Centre d'Estudis del Camp de Morvedre y forma parte del consejo de redacción de su revista *Braçal*. Además, representa el Centre d'Estudis en el Patronato de la Fundació Comunitat Valenciana de Patrimoni Industrial i Memoria Obrera. Actualmente trabaja como traductora y es profesora de la Universidad Europea de Valencia en la Facultad de Comunicación y Turismo.

Eduardo Leste
Antropólogo. Actualmente está integrado en el Departamento de Comunicación y Sociología de la URJC y es profesor tutor de la UNED en el área de Antropología Social. Es autor de una decena de artículos en los que ha abordado, siempre desde una perspectiva etnográfica, diferentes aspectos de la reconstrucción patrimonial y nostálgica de la cultura del bacalao. Es autor del libro *Vida y muerte del Bacalao. Usos, transformaciones y olvidos en un proceso de patrimonialización cultural* (PUV, 2024), y forma parte del centro de investigación transdisciplinar "Cultura, Espacio y Memoria" de la Universidade do Porto.

Pedro Montesinos Blasco
Técnico de sonido, músico y licenciado en Ciencias de la Información. Investiga la importancia del sonido y el entorno sonoro en la vida de las personas y trabaja en proyectos de ecología acústica y de los sonidos. Su trabajo como cronista de viajes y como diseñador de sonido ha sido publicado en plataformas como *Altaïr Magazine*. Ha participado junto a Miguel Molina Alarcón en la exposición y en la muestra *Industria/matrices, tramas y sonidos*, con la pieza sonora performativa "Marea de sirenas, voces y olvidos: Puerto de Sagunto industrial" (IVAM-La Mutant, Valencia, 2021). Además, desde Sagunt Territori Acústic y el Grupo de Exploraciones del Entorno Sonoro de Barcelona promueve prácticas de sensibilización y concienciación sobre sonido y entorno sonoro.

Miguel Molina-Alarcón
Catedrático de la Facultad de Bellas Artes de la Universitat Politècnica de València. Como artista e investigador ha trabajado los antecedentes del arte sonoro y de la *performance*. Otra línea de trabajo ha sido la organización de intervenciones artísticas en espacios industriales: la antigua fábrica Cros (*Memoria Industrial*, Valencia, 1994) o en la cementera de Burjasot (*La Edad de Cemento*, 1998). Es coautor, junto a Pedro Montesinos, de la obra sonora performativa *Marea de sirenas, voces y olvidos: Puerto de Sagunto industrial*

(IVAM-La Mutant, Valencia, 2021). Ha publicado varios textos sobre arqueología industrial y el *compact disc* "El artista de mono azul: sonidos de la era industrial" (2003).

Joan Pedro-Carañana

Profesor en el Departamento de Periodismo y Nuevos Medios de la Universidad Complutense de Madrid, doctor europeo en Comunicación, Cambio Social y Desarrollo por la misma universidad y miembro del grupo de investigación Semiótica, Comunicación y Cultura. Ha coeditado los libros *Talking Back to Globalization: Texts, Practices and Interventions,The Propaganda Model Today: Filtering Perception and Awareness* (University of Westminster Press, 2018) y *El Modelo de Propaganda y el Control de los Medios* (Comunicación Social Ediciones y Publicaciones, 2019).

José Manuel Rambla

Periodista, historiador, documentalista y activista cultural. Ha sido redactor del diario *Levante-EMV*, redactor jefe del semanario cultural *Cartelera Turia* y coordinador del *Anuari de la Cultura Valenciana 2021*. Miembro fundador de la Asociación por la Memoria Industrial y Movimiento Obrero de Puerto de Sagunto. Ha dirigido la webserie *Rastros y Rostros* (2023) sobre historia social, política y cultural de Sagunto bajo el franquismo. Ha comisariado la exposición de videoarte *Fundir Multiplicando* (Instituto Cervantes de Rio de Janeiro, 2015) y la exposición *La Batalla de Sagunt. Lluita social y fotoperiodismo* (Universitat de València, 2024). Es autor de *Quan el temps era sang. Sagunt en les cròniques i relats de la Guerra Civil* (Alfons el Magnànim, 2013). En la actualidad colabora en medios como *Infolibro, Eldiario.es, El País* o *La Vanguardia*.

Julio Acher Ramiro Bodí

Doctor en Sociología con la tesis *De chatarra a patrimonio: el proceso de patrimonialización industrial de las antiguas instalaciones sidero-metalúrgicas de Puerto de Sagunto (1984-2014)* (Universitat de València, 2015). Su labor investigadora se ha centrado en el patrimonio cultural y natural, especialmente en la recuperación del patrimonio vinculado a Puerto de Sagunto. Su particular mirada se centra en el patrimonio como un proceso de toma de decisiones sobre el significado del pasado colectivo. Actualmente compagina su trabajo en el Ayuntamiento de València en el área de la acción comunitaria con la investigación y el trabajo profesional en ámbitos como los procesos participativos, la gestión cultural, la museología y el patrimonio cultural.

Miguel Ángel Sáez García
Doctor en Historia y profesor en Historia e Instituciones Económicas de la Universidad de Alicante. Su principal línea de investigación se centra en la historia de la siderurgia española y de Europa occidental, habiendo publicado un buen número de artículos sobre el tema en revistas científicas nacionales e internacionales. Entre sus publicaciones se cuentan también varios capítulos de libros y las monografías *El puerto del acero. Historia de la siderurgia de Sagunto (1900-1984)* (Marcial Pons, 2009), en coautoría con el profesor Pablo Díaz Morlán, y *Acero y Estado. Las políticas siderúrgicas en España (1891-1998)* (Comares, 2023).

Francisco Sierra Caballero
Catedrático de Teoría de la Comunicación e investigador del Instituto Andaluz de Comunicación y Cultura en la Universidad de Sevilla. Director de la Sección de Comunicación y Cultura de la Fundación de Investigaciones Marxistas, ha sido presidente de Unión Latina de Economía Política de la Información, la Comunicación y la Cultura (Ulepicc) y director general de Centro Internacional de Estudios Superiores de Comunicación para América Latina (Ciespal). Edita el blog www.franciscosierracaballero.net.

Juan Antonio Tomás Carpi
Doctor en Ciencias Económicas por la Universitat de València. Es catedrático de Economía Aplicada de esta universidad. Ha dirigido varios máster y numerosos proyectos de investigación regionales, nacionales e internacionales. Sus principales áreas de investigación son el desarrollo económico, el desarrollo sostenible, la

política económica y la economía social. Ha publicado numerosos libros y artículos científicos nacionales e internacionales en todos estos campos. Ha realizado estancias de investigación en Bélgica y Reino Unido. Ha asesorado y realizado transferencia del conocimiento para diversas asociaciones de la sociedad civil, instituciones regionales, nacionales e internacionales. Ha creado una *spin-off* en el ámbito del desarrollo sostenible y el medioambiente.

SOBRE EL FOTÓGRAFO

Tomás Bueno era trabajador siderúrgico en Altos Hornos del Mediterráneo y fotógrafo *amateur* ligado a una compañía de teatro independiente de Puerto de Sagunto. En 1983, en pleno conflicto de AHM, realizó una serie de retratos de sus compañeros de trabajo con la que elaboró algunos *collages* que formarán parte de una exposición colectiva de artistas locales en solidaridad con la lucha de los trabajadores. Tras el cierre de AHM y su despido de la empresa, Bueno se dedicó profesionalmente a la fotografía.